GLAUBEN MACHEN

WERKSTATT*GESCHICHTE* 72
25. Jg., Oktober 2016, 1/2016

REDAKTION
Richard Hölzl, Katja Jana, Julia Kleinschmidt, Eva Lehner, Nina Mackert, Karina Müller-Wienbergen, Silke Törpsch, Georg Wamhof

HERAUSGEBERINNEN DES THEMENTEILS
Dietlind Hüchtker und Kerstin S. Jobst

ANFRAGEN AN DIE REDAKTION
Silke Törpsch
toerpsch@gmx.de

REZENSIONSREDAKTION
Doris Bulach, Iwona Dadej, Karsten Holste, Dietlind Hüchtker, Katharina Kreuder-Sonnen, Sebastian Kühn, Angelique Leszczawski-Schwerk, Andreas Ludwig, Annelie Ramsbrock, Veronika Springmann

REZENSIONSREDAKTION
Dietlind Hüchtker
Geisteswissenschaftliches Zentrum
Geschichte und Kultur Ostmitteleuropas e. V.
an der Universität Leipzig
Specks Hof (Eingang A)
Reichsstraße 4–6
D-04109 Leipzig

FILMKRITIK
Ulrike Weckel
ulrike.weckel@uni-giessen.de

HOMEPAGE
www.werkstattgeschichte.de

TITELBILD
Christine Kriegerowski, Auf der Suche nach einem Heiligen. Ausstellung über den Heiligen Vincent Pallotti (1795–1805) in der St. Christophorus-Kirche in Berlin Neukölln, 15. April bis 15. Mai 2016. © Christine Kriegerowski.

Klartext Verlag
Jakob Funke Medien Beteiligungs GmbH & Co. KG
Friedrichstr. 34–38, D-45128 Essen
Tel.: +49 (0)201/804-8240
Fax: +49 (0)201/804-6810
info@klartext-verlag.de
www.klartext-verlag.de

Wir laden herzlich ein, das gemeinnützige und unabhängige wissenschaftliche Projekt WERKSTATT*GESCHICHTE* durch eine fördernde Mitgliedschaft im Verein zu unterstützen. Gegen eine jährliche Spende von mindestens 80,00 € erhalten fördernde Mitglieder ein Abonnement der Zeitschrift sowie regelmäßige Informationen über die Arbeit des Vereins (Newsletter).
Weitere Informationen erteilt
Michael Wildt, michael.wildt@geschichte.hu-berlin.de

Verlag: Klartext Verlag, Essen
Umschlag- und Innengestaltung:
Michael Herold, Itzehoe
Realisation: Satzzentrale GbR, Marburg
Druck: Majuskel Medienproduktion, Wetzlar
1. Auflage Oktober 2016

ISBN 978-3-8375-1735-4
ISSN 0942-704X

WERKSTATT*GESCHICHTE*
erscheint dreimal im Jahr und
kostet im Abonnement
37,00 € (drei Hefte im Jahr bei 10,25 € pro Heft)
14,00 € Einzelheft

Editorial

glauben machen

Glauben fällt nicht vom Himmel. Dass Deutungs- und Wertesysteme konkurrieren, ist keine überraschende Feststellung. Während aber die Herstellung von wissenschaftlichen Tatsachen vielfach diskutiert worden ist, scheinen Fragen nach der Herstellung von »Glaubenstatsachen«, seien sie religiös oder säkular, weniger selbstverständlich. Dabei sind die Praktiken, mit denen Menschen glauben machen und glaubend gemacht werden, ebenso komplex wie die Praktiken wissenschaftlicher Erkenntnis. Und sie sind ebenso historisch gebunden. Doch wohnt Glaubenssystemen – nicht nur in ihren religiösen Spielarten – meist ein universaler Anspruch inne. Sie meinen, die alleinige Wahrheit und Rechtgläubigkeit (Orthodoxie) zu besitzen, was häufig mit Vorstellungen von Reinheit einhergeht. Eine nähere Betrachtung erhellt jedoch, dass synkretistische Phänomene die Regel sind. Glaubenssysteme nehmen in einem geradezu dialektischen Prozess Aspekte anderer Systeme in sich auf und anverwandeln sich dadurch selbst dem als fremd Markierten. Besonders fällt der synkretistische Charakter von Glaubenspraktiken auf, wenn es um die Konstituierung von Wahrheit und Reinheit geht. So diente beispielsweise die quasi-religiöse Anbetung der Vernunft in der Französischen Revolution nicht nur politischen Interessen, sondern unterstrich auch die Wahrheit der revolutionären Ideen. Historisch gesehen stellt Synkretismus einen Vorwurf dar und verweist auf Auseinandersetzungen um den rechten Glauben, die Rechtgläubigkeit. Der Begriff beschreibt außerdem eine Mischung von Komponenten aus eindeutig als getrennt verstandenen Religionen oder Bekenntnissen. Zudem wird er als analytisches Kriterium benutzt, um (metaphorische) Übertragungen zwischen religiösen und profanen Bereichen zu fassen.

Die AutorInnen des vorliegenden Hefts loten solche Grenzüberschreitungen und Anverwandlungen epochenübergreifend aus. Sie konzentrieren sich auf Praktiken der sakralen und säkularen Verehrung bzw. auf die Konstituierung dessen, was Religion ausmacht: das Heilige, das Sacrum. Damit werden am Beispiel synkretistischer Praktiken zwei zentrale Themenfelder religions- und kulturwissenschaftlicher Forschungen thematisiert. Zum einen geht es um (reklamierte) Wahrheit und Transzendenz sowie die Konstituierung des Wahren und Falschen durch die Festsetzung von Grenzen, zum anderen um Transkulturalität oder Transreligiosität und damit um die Formung von Eigenem und Fremdem oder von Heiligem und Profanem.

Die Beiträge behandeln profane und religiöse Felder, sie zeigen, wie das Heilige Profanes aufnimmt und wie seine transzendente Bedeutung (metaphorisch) auf Profanes übertragen wird. Die transkulturelle oder synkretistische Bedeutung von Heiligkeit besteht, so kann man konstatieren, darin, dass sie in säkularen Bereichen wirkt und gleichzeitig durch Säkulares bestätigt werden kann. Synkretismus oder Transreligiosität sind, so sollen die Diskussionen dieses Hefts zeigen, weder ausschließlich innerreligiöse Phänomene oder gar vor allem der Zeit der Ausbildung von Bekenntnisreligionen zuzuordnen, noch sind sie besonders typisch für eine postmoderne Konsumgesellschaft, die Religion, Glauben und Ethik als Wahlmöglichkeiten präsentiert und der Selbstoptimierung oder Lebensstilen unterordnet. Sie stellen auch keine Übergangsphänomene zwischen Bereichen dar, die in der Moderne vermeintlich sauber getrennt sind. Man kann sie eher als Instrumentarien zur Analyse von Wahrheit, Verehrung und Transzendenz begreifen.

Die Beiträge eröffnen ein breites Spektrum des Synkretistischen und ergänzen sich dabei über die Epochen hinweg. Sie behandeln die Konstituierung des Heiligen, Figuren der Verehrung, Praktiken zum Beweis von Heiligkeit und seine (metaphorische) Übertragung in das Profane.

Michael G. Müller geht zurück in die Zeit der Reformation in Danzig. Er stellt die transkulturellen und transreligiösen Positionen vor, die die Konflikte um den rechten Glauben bestimmten. Nicht nur, dass die Ausbildung der Bekenntniskirchen Unterscheidungen zwischen Orthodoxie, Synkretismus und Heterodoxie schärfte, auch waren wissenschaftliche, theologische und weltliche Akteure beteiligt. Die Aushandlung des Sacrum selbst kann als synkretistisch beschrieben werden.

Christoph Augustynowicz betrachtet das Transkulturelle oder Transreligiöse des Vampirglaubens, der Elemente christlicher, animistischer und profaner Praktiken vereinte und im 18. Jahrhundert Gegenstand wissenschaftlicher Definitionen wurde. Wissenschaftliche Beweisführung diente, so kann er zeigen, der Bestätigung des rechten Vampirs und Vampirglaubens.

Die Herstellung von Nachweisbarkeit greift auch Thomas P. Funk auf, der die Praktiken zur »Wahrheit der Visionen« von Therese von Konnersreuth in den späten 1920er Jahren analysiert. Er stellt fest, dass die Augenzeugenschaft als quasi-kinematografischer Beweis, als mechanische Objektivität behandelt wurde, mit der Wissenschaft und Glauben verbunden werden konnten.

Wie im Beitrag von Michael G. Müller geht es auch im Text von Anja Burghardt um eine Konstituierung des Heiligen, dieses Mal allerdings ist das Heilige selbst ein Synkretismus – oder eine Übersetzung. Burghardt untersucht die ästhetischen Praktiken einer sowjetischen Fotozeitschrift in den 1960er und 1970er Jahren und arbeitet heraus, wie trotz dezidiert antireligiöser Politik sakrale Bildtraditionen die Arbeiter und die Fabrik als Ikonen glorifizierten und diese zu transzendenten Symbolen der sowjetischen Gesellschaft machten.

Im Mittelteil des Hefts plädiert Klaus Kempter dafür, die von Robert Kurz entwickelten Überlegungen zur Theorie von Karl Marx in gesellschaftstheoretisch orientierte historische Debatten einzubeziehen. Rekurrierend auf Kurz' Lesart des so genannten »esoterischen« Marx arbeitet er dessen potentiellen Nutzen für die Geschichtswissenschaft heraus. Er plädiert dafür, bisher bestehende kritisch-marxistische Ansätze um das Paradigma der »Wertkritik« zu erweitern, da dieses neue Erkenntnisse zur Geschichte des Kapitalismus und moderner Gesellschaften bieten könne.

In der Filmkritik nimmt Axel Doßmann die Neuverfilmung des DDR-Bestsellers *Nackt unter Wölfen*, die letztes Jahr in der ARD lief und eine vergleichsweise hohe Einschaltquote erzielte, unter die Lupe. Wollte der DEFA-Film von 1963 sein Publikum noch glauben machen, in Buchenwald habe die Kommunistische Internationale den deutschen Faschismus besiegt und es dabei noch nicht einmal an Menschlichkeit fehlen lassen, so geht es im aktuellen öffentlich-rechtlichen Geschichtsfernsehen um politisch unspezifische Widerständigkeit deutscher Häftlinge gegen die Lager-SS, um väterliche Gefühle und die Bereitschaft, sich für ein jüdisches Kind zu opfern. Axel Doßmann nutzt seine profunden Kenntnisse des historischen Geschehens und der Produktionsbedingungen der verschiedenen Buchenwald-Narrative, um filmische Stärken und Schwächen sowie ungenutzte Chancen dieser Neuverfilmung auszuloten.

Die Expokritik führt in das *Deutsche Fußballmuseum* in Dortmund. Jan Kleinmanns hat die Dauerausstellung besucht und analysiert, wie hier die Geschichte des Fußballs in Deutschland entworfen und vermittelt wird.

Redaktion und HerausgeberInnen trauern um Inge Marszolek, eine Mitbegründerin der Werkstatt*Geschichte*, die am 12. August 2016 nach kurzer Krankheit verstarb. Michael Wildt widmet ihr einen Nachruf.

Dietlind Hüchtker, Kerstin S. Jobst und die Redaktion

Nachruf

Inge Marszolek (1947–2016)

»Das Schicksal ist ein mieser Verräter« (John Green), heißt es in der Todesanzeige für Inge. Nur wenige Wochen dauerte es von der Krebsdiagnose bis zu ihrem Tod am 12. August. Auf dem HerausgeberInnen-Treffen von Werkstatt*Geschichte* am 28. Mai in Berlin hat sie noch engagiert mitdiskutiert und den Vorsitz des Vereins für kritische Geschichtsschreibung an Eckart Schörle übergeben. Mit Inge verlieren wir eine kluge, erfahrene, offene und herzliche Kollegin, Historikerin, Freundin, die Werkstatt*Geschichte* mitgegründet und die Zeitschrift mitgeprägt hat.

Studiert hat sie Geschichte und Romanistik in Bochum und West-Berlin, wie es damals hieß, und war politisch aktiv bei den Trotzkisten. »Wir haben immer auf die Fresse gekriegt, aber wir hatten die bessere Analyse«, war auch später ihr Kommentar zu dieser Zeit. Nein, eine typische »68erin« war sie keineswegs, weil viel zu unabhängig und kritisch, auch selbstkritisch. Bei ihr gab es keinen Glorienschein für die »68er«; doch sich politisch einzumischen, blieb für sie selbstverständlich. Geschichte verstand sie stets als öffentliche Wissenschaft für die und in der Gesellschaft.

Vielleicht war es daher erst einmal folgerichtig, dass sie nach dem Studium und Promotion bei Reinhard Rürup an der TU Berlin mit einer Studie zur Arbeiterbewegung 1945–1948 Lehrerin wurde und bis 1984 als Studienrätin tätig war. Aber die Lust an der Forschung hatte sie nicht aufgegeben; daher arbeitete sie parallel als Wissenschaftlerin an dem vom Land Bremen und der VW-Stiftung geförderten Forschungsprojekt *Widerstand und Verfolgung in Bremen.* Der Band *Bremen im Dritten Reich. Anpassung – Widerstand – Verfolgung*, den sie 1986 zusammen mit René Ott herausgegeben hat, nahm viele Anstöße der Alltagsgeschichte auf, die zu dieser Zeit heftig diskutiert wurde, und ist bis heute für alle unverzichtbar, die sich mit Bremen im Nationalsozialismus beschäftigen.

Zunächst war sie für drei Jahre wissenschaftliche Mitarbeiterin beim Senator für Bildung, Wissenschaft und Kunst, dann bis 1995 stellvertretende Leiterin der Forschungs- und Bildungsstätte zur Geschichte der Arbeiterbewegung im Lande Bremen, habilitierte sich 1994 an der Universität Hannover und war anschließend Geschäftsführerin des Instituts für Regional- und Sozialgeschichte an der Universität Bremen. Von 2000 an war sie Professorin am Institut für Kulturwissenschaft der Universität Bremen. Dass sie in diesen Jahren zwei Kinder bekam, sich von ihrem Mann trennte, ein eigenes unabhängiges Leben aufbaute und dennoch Familie und Beruf miteinander zu verbinden suchte – all das zeigt eine starke, selbstbewusste Frau, die auch kämpfen, mitunter einstecken musste, manchmal kantig war, sogar schroff, und zugleich von einer Zartheit und Zugewandtheit, die mich wie viele andere sehr berührt hat. Und wer erlebt hat, wie mitreißend sie lachte, weiß, wie sehr sie Menschen mochte.

Als Wissenschaftlerin habe ich sie ungemein neugierig und aufgeschlossen erlebt. Es machte einfach großen Spaß, mit ihr über neue historiographische Ansätze zu diskutieren, weil sie an Ideen und Innovation interessiert war. Schaut man auf ihre Publikationsliste, so stechen die Vielfalt der Themen und die Lust an Neuem hervor. Ihre Studien zur Geschichte des 1. Mai standen bereits unter kulturgeschichtlichen Fragestellungen; mit ihrem Buch über Helene Schwärzel, die Frau, die 1944 Goerdeler an die Gestapo verriet, gab sie anregende Anstöße für die historische Untersuchung von Denunziation; schließlich beantragte sie zusammen mit Adelheid von Saldern ein großes mediengeschichtliches Forschungsprojekt zum Radio im Nationalsozialismus, aus dem zwei wichtige Sammelbände und beachtliche Dissertationen hervorgingen. Inge selbst schrieb dazu mehrere Aufsätze, aus denen ich viel gelernt habe. Und so konnte es nicht überraschen, dass sie jüngst noch spannende Beiträge zur Sound History und zur Debatte um die NS-Volksgemeinschaft publizierte.

Zugleich beteiligte sie sich aktiv an der Arbeit an Erinnerungsorten, gehörte etlichen Beiräten an, darunter der Fachkommission der Stiftung Niedersächsischer Gedenkstätten, die sie als Vorsitzende leitete. Dass es heute einen *Denkort Bunker Valentin* bei Bremen gibt, ist ganz entscheidend auf Inges Engagement zurückzuführen. Sie war es, die früh diesen monströsen Bau an der Weser, den Zehntausende Zwangsarbeiter und KZ-Häftlinge unter schwersten Bedingungen errichten mussten, weil das NS-Regime in der letzten Kriegsphase die Produktion von U-Booten forcieren wollte, wieder ins öffentliche Bewusstsein holte und sich erfolgreich dafür einsetzte, ihn in einen Gedenkort zu verwandeln.

Und nicht zuletzt: Inge war eine hinreißende Hochschullehrerin und Betreuerin von DoktorandInnen. »Du hast uns unterstützt, gefordert, verteidigt, vertraut, bekocht, besucht, kritisiert, angespornt, überredet, begleitet, getröstet, getriezt, gekannt, zum Lachen gebracht, promoviert, auf den Weg gebracht…«, haben die ehemaligen und gegenwärtigen DoktorandInnen in ihrer Traueranzeige formuliert. Ja, Inge verlangte viel, aber sie gab auch viel. Bei ihr gab es keine maternalistischen Verhältnisse; vielmehr nahm sie junge WissenschaftlerInnen ernst, hörte zu und dachte über Argumente nach. Kritik diente dazu, die jeweilige Arbeit zu verbessern. Wie wichtig diese Kontakte ihr persönlich waren, dieses Netzwerk aus FreundInnen, KollegInnen, DoktorandInnen, ließ sich manchmal erahnen. Dich zu kennen, Inge, war bereichernd; umso mehr vermissen wir Dich jetzt.

Michael Wildt

Michael G. Müller

Orthodoxie und Synkretismus im Protestantismus

Verhandeln über protestantische Rechtgläubigkeit in Danzig im 16. Jahrhundert

Wie sind die konfessionellen Profile der Landes-und Stadtkirchen im Wirkungsbereich der Reformation seit der Mitte des 16. Jahrhunderts entstanden? Wer war jeweils »Herr« dieser Profilbildungsprozesse – definierte also für die jeweilige Bekenntniskirche die Grenzen zwischen Rechtgläubigkeit (Orthodoxie) und falscher Lehre und sorgte für die Einhaltung dieser Grenzen? Wie wurden konfessionelle Ordnungen innergesellschaftlich durchgesetzt?

Für die Forschung scheinen solche Fragen lange Zeit nicht problematisch gewesen zu sein. Die Literatur zur Geschichte der Konfessionspolitik, der Bekenntniskirchen und der interkonfessionellen Beziehungen in der nachreformatorischen Zeit war in der Regel von zwei Grundannahmen geleitet: Zum einen wurde meist angenommen, dass es spätestens am Ende der sogenannten Konfessionsbildungsprozesse des 16. Jahrhunderts, d. h. nach dem Trienter Glaubensbekenntnis von 1564 und der Verabschiedung des Heidelberger Katechismus der Reformierten von 1563 (bestätigt durch die Dordrechter Synode von 1618/19) bzw. der lutherischen »Konkordienformel« von 1577 sowohl relativ klare konfessionelle Identitäten als auch mehr oder weniger klare Abgrenzungen zwischen den Bekenntnisgemeinschaften gegeben habe.[1] Zum andern vermittelte sie den Eindruck, dass die wichtigen konfessionellen Richtungsentscheidungen weitgehend »souverän« durch die weltlichen Obrigkeiten getroffen wurden (wenn auch in enger Bindung an die Autorität theologischer Leitfiguren und unter genauer Beachtung der politischen Machtkonstellationen) – gewissermaßen nach einer Praxis des *cuius regio eius religio*.[2]

In Bezug auf die erste Annahme haben neuere Forschungen zur Alltagsgeschichte nachreformatorischer Frömmigkeit wie auch zu den intrakonfessionellen Konflikten und den interkonfessionellen Überschneidungen der Zeit inzwischen zu anderen Einsichten geführt. Offenbar waren innerhalb der jeweiligen Bekenntnisgemeinschaften die Verständigungsprozesse darüber, was die Essentialia des Glaubens, also die nicht verhandelbaren Glaubensgewissheiten, je ausmachte und was diese von denen anderer Bekenntnisse im Kern unterschied, bis ans Ende des 16. Jahrhunderts noch keineswegs abgeschlossen. Die kodifizierten Bekenntnisformeln übersetzten sich durchaus nicht von selbst in ein von allen »Konfessionsverwandten« geteiltes bekenntnistheologisches Wissen, und so blieben das Verständnis und die Definition von Orthodoxie, also der nicht

1 Ernst Walter Zeeden, Die Entstehung der Konfessionen. Grundlagen und Formen der Konfessionsbildung im Zeitalter der Glaubenskämpfe, München 1965; ders., Konfessionsbildung. Studien zur Reformation, Gegenreformation und katholischen Reform, Stuttgart 1985; vgl. auch Joachim Bahlcke/Arno Strohmeyer (Hg.), Konfessionalisierung in Ostmitteleuropa. Wirkungen des religiösen Wandels im 16. und 17. Jahrhundert in Staat, Gesellschaft und Kultur, Stuttgart 1999; allgemein Ole Peter Grell/Bob Scribner (Hg.), Tolerance and Intolerance in the European Reformation, Cambridge 2002.

2 Axel Gotthard, Der Augsburger Religionsfrieden, Münster 2004; Heinz Schilling/Heribert Smolinsky (Hg.), Der Augsburger Religionsfrieden 1555. Wissenschaftliches Symposium aus Anlass des 450. Jahrestages des Friedensschlusses, Augsburg 21. bis 25. September 2005, Münster 2007.

verhandelbaren Glaubenswahrheiten, sehr lange uneindeutig, zum Teil auch vehement umstritten (»disputierlich«).[3] Auf jeden Fall wurde im gesellschaftlichen Alltag über konfessionelle Differenz bzw. Koexistenz anders verhandelt als auf der Ebene der Kirchenpolitik.[4] Außerdem ist deutlich geworden, dass die bekenntniskirchlichen Abgrenzungen, welche in Kernregionen der Reformation galten, anderswo von geringer Bedeutung sein konnten – dass also »synkretistische« Verhältnisse in vielen konfessionell gespaltenen Räumen Europas durchaus zur Normalität des sogenannten konfessionellen Zeitalters gehörten.[5]

Überprüft werden müsste aber auch die zweite Annahme der älteren Forschung, nämlich die, dass die weltlichen Obrigkeiten zumindest bei der Festlegung des förmlichen Bekenntnisstandes von Territorien oder Städten weitgehend autonom hätten handeln können. Tatsächlich wissen wir bisher wenig darüber, wie konfessionelle Differenz im je konkreten Fall hergestellt wurde, d. h. welche Autoritäten (z. B. Bekenntniskirchen und deren geistliche Oberhäupter, weltliche Obrigkeiten, einzelne theologische oder weltliche Leitfiguren) daran beteiligt waren; wie sie Deutungsmacht in Bezug auf den »wahren Glauben« erlangen und behaupten konnten, um über das theologisch-bekenntniskirchliche Profil von Gemeinden, Städten oder Landes- bzw. Staatskirchen zu entscheiden. Wer hatte in einem konkreten Kontext die Macht und die Autorität, Orthodoxie zu definieren bzw. andere konfessionelle Milieus auszugrenzen? Wo und wie konnte der Vorwurf des Synkretismus als Argument und Waffe eingesetzt werden, um andere Autoritäten zu delegitimieren bzw. in einen Konflikt mit diesen einzutreten? Welche Faktoren entschieden darüber, ob Versuche, »synkretistische« Verhältnisse zu skandalisieren und die (Wieder-)Herstellung von Orthodoxie einzufordern, erfolgreich waren oder nicht?

Solchen Fragen wird hier im Blick auf das späte 16. Jahrhundert und den städtisch-protestantischen Kontext nachgegangen – und zwar am Beispiel der innerstädtischen Konflikte in Danzig über den »richtigen« protestantischen Bekenntnisstand. Danzig eignet sich für eine solche Fallstudie aus mehreren Gründen: Ähnlich wie die beiden anderen »großen Städte« im Königlichen Preußen (Thorn und Elbing), die sich im 15. Jahrhundert bewusst und freiwillig der Herrschaft der polnischen Krone unterstellt hatten, stand Danzig seit der förmlichen Einführung der Reformation, d. h. seit der Erlangung von Privilegien des polnischen Königs für das Augsburgische Bekenntnis ab 1556 unter dem Einfluss fundamental gegenläufiger Prozesse von protestantischer Konfessionsbildung, d. h. von religiöser Identitätsstiftung wie von äußerer Abgrenzung.[6]

So war für das polnische Danzig einerseits das verpflichtend, was für das protestantische Milieu in Polen-Litauen insgesamt galt, nämlich dass dieses seit 1552 den Schutz durch ein »Interim« und seit 1573 durch ein förmliches Reichstagsgesetz genoss, das die gegenseitige Verfolgung, Benachteiligung oder Belästigung aus Gründen des Dissens über die christliche Religion grundsätz-

3 Kaspar von Greyerz/Manfred Jakubowski-Tiessen/Thomas Kaufmann/Hartmut Lehmann (Hg.), Interkonfessionalität – Transkonfessionalität – binnenkonfessionelle Pluralität. Neue Forschungen zur Konfessionalisierungsthese, Gütersloh 2003.

4 Beispielhaft die Studie von Silke Törpsch, Krieg und konfessionelle Koexistenz in Osnabrück 1628–1633. Rudolf von Bellinckhausens »Kurtze beschreibung so [sich] zu Oßnabrugk hat zugetragenn«, in: Dietlind Hüchtker/Martina Thomsen/Yvonne Kleinmann (Hg.), Reden und Schweigen über religiöse Differenz. Tolerieren in epochenübergreifender Perspektive, Göttingen 2013, S. 236–265.

5 Eindrucksvolle Beispiele aus den östlichen Ländern Polen-Litauens im 16./17. Jahrhundert zeigt Tetiana Shevchenko, Hosius and Mohyla. Catholicism and Orthodoxy in the Polish-Lithuanian Commonwealth in Early Modern Times. A History of a Transcultural Reform Movement, in: Zeitschrift für Ostmitteleuropaforschung 60 (2011) 3, S. 325–377.

6 Michael G. Müller, Zweite Reformation und städtische Autonomie im Königlichen Preußen. Danzig, Elbing und Thorn in der Epoche der Konfessionalisierung (1557–1660), Berlin 1997, S. 58ff.

lich verbot – wohlgemerkt ohne einzelne christliche Bekenntnisse ausdrücklich zu benennen.[7] Zugleich hatten sich die polnisch-litauischen Protestanten verschiedenster Orientierung 1570 im sogenannten *Consensus Sendomirensis* darauf geeinigt, eine »brüderliche Verbindung« (*fraterna coniunctio*) einzugehen und damit die innerprotestantischen Lehrkontroversen um der gemeinsamen Sache willen einstweilen stillzustellen.[8] Andererseits aber stand die Danziger protestantische Kirche dauerhaft unter dem Einfluss des deutschen Protestantismus bzw. der im Reich virulenten konfessionellen Polarisierungsprozesse: Da die Stadtkirche ihre protestantischen Geistlichen lange Zeit ganz überwiegend aus den protestantischen Reichsterritorien rekrutierte, importierte sie damit *nolens volens* auch den im Reich ausgetragenen Bekenntniskonflikt zwischen Lutheranern und Reformierten – und der im erwähnten *Consensus Sendomirensis* zwischen den polnisch-litauischen Protestanten 1570 gemachte *Deal* war, wie sich zeigte, für die aus den protestantischen Reichsterritorien kommenden lutherischen Geistlichen keineswegs akzeptabel.

Vor diesem Hintergrund kam es in Danzig zwischen 1560 und 1604 zu scharfen innerstädtischen Auseinandersetzungen über den rechten Bekenntnisstand. Die dort ausgetragenen Kontroversen dokumentieren besonders eindrücklich, wie breit das Spektrum von potentiell legitimen Definitionen von protestantischer Orthodoxie war und welche Instanzen über Definitionsmacht verfügten. Nicht zuletzt: Aufgrund ihrer langen Dauer, ihrer Intensität sowie ihrer stadt- und landespolitischen Tragweite sind diese Konflikte speziell für Danzig auch ungewöhnlich dicht dokumentiert, in Quellen verschiedenster Provenienz, so dass die Ereignisabläufe fast lückenlos rekonstruiert werden können, und zwar aus der Perspektive aller Konfliktparteien. Wir haben hier also die Chance, die Konfliktpositionen sowie die Modi der Konfliktaustragung besonders nahe zu beobachten.

Das Danziger Beispiel legt zunächst die Annahme nahe, dass in diesem Kontext im Wesentlichen drei Autoritäts- bzw. Berufungsinstanzen und entsprechend auch drei Modi der Definition des orthodoxen Bekenntnisstandes in Betracht zu ziehen sind.[9] 1. Die Autorität der Theologie: Sowohl die Schriften Luthers, Melanchthons, Calvins als auch deren persönliche Empfehlungen konnten als Berufungsinstanzen dienen. Häufiger aber berief man sich auf die verschiedenen Bekenntnisschriften seit der *Confessio Augustana* von 1530 bzw. der *Confessio Augustana Variata* von 1540 sowie deren Auslegung durch theologische Fakultäten, welche auch um Gutachten über konkrete Streitfragen ersucht werden konnten. 2. Die Autorität der weltlichen Obrigkeit: Dem Inhaber des Kirchenpatronats oblag die *cura religionis* in dem Sinne, dass er nicht nur für die Bestellung der Kirchendiener, sondern auch für die Wahrung der Kirchendisziplin und des Bekenntnisfriedens verantwortlich war. Diese Aufgabe nahm die weltliche Obrigkeit durch den Erlass und die Überwachung von Kirchenordnungen oder, im Fall der Gefährdung des Kirchenfriedens, mithilfe von speziellen Dekreten und disziplinarischen Maßnahmen wahr. 3. Die Autorität der Gemeinde: An sich verfügte die Kirchengemeinde zwar über keinerlei formalisierte Mitsprache-

7 Michael G. Müller, »Dissidentes de religione Christianae« in Polen-Litauen. Vom Interim (1552) zur Warschauer Konföderation (1573), in: Heinz Schilling (Hg.), Der Augsburger Religionsfrieden 1555, Gütersloh 2007, S. 377–388.

8 Michael G. Müller, Der »Consensus Sendomirensis« – Geschichte eines Scheiterns? Zur Diskussion über Protestantismus und protestantische Konfessionalisierung in Polen-Litauen im 16. Jahrhundert, in: Joachim Bahlcke (Hg.), Konfessionelle Pluralität als Herausforderung. Koexistenz und Konflikt in Spätmittelalter und Früher Neuzeit. Winfried Eberhard zum 65. Geburtstag, Leipzig 2006, S. 397–408.

9 Überlegungen dazu bei Michael G. Müller, Religion oder Rebellion? Konfessionsstreit und innerstädtische Konfliktaustragung in Danzig und Marienburg um 1600, in: Christina Benninghaus (Hg.), Unterwegs in Europa. Beiträge zu einer vergleichenden Sozial- und Kulturgeschichte, Frankfurt am Main 2008, S. 163–181.

rechte und war in aller Regel auch nicht in der Lage, sich in Bezug auf strittige Glaubensfragen überhaupt zu artikulieren. Doch konnte sie dann zur Berufungsinstanz werden, wenn die seelsorgerische Praxis der Geistlichen oder das kirchenpolitische Handeln der Obrigkeit dem »gemeinen Mann« Anlass zu Unruhe und zu Widerstand gegen die Gefährdung seines Seelenheils gaben.

Unter welchen Umständen und in welcher Weise, auch mit welchen Folgen, diese verschiedenen Autoritäts- und Berufungsinstanzen zueinander in Konkurrenz treten konnten, lässt sich am Beispiel der innerprotestantischen Konflikte des späten 16. Jahrhunderts in Danzig gut beobachten. In der Phase der Einrichtung der protestantischen Kirchen in Danzig, wie in den drei großen preußischen Städten überhaupt, waren seit den 1550er Jahren die externen theologischen Autoritäten die maßgebliche Instanz für die Prägung des Bekenntnisprofils. Die Frage der konfessionellen Orthodoxie stellte hier noch keine politische Herausforderung dar; eher ging es um

die theologische Legitimität der auf die Augsburgische Konfession privilegierten Stadtkirchen sowie um die professionelle Dignität ihres Personals.[10] Da die gesamte Geistlichkeit zunächst von außerhalb des Königlichen Preußen rekrutiert werden musste, waren verlässliche Empfehlungen zentral. Solche erfolgten zum Teil durch die Herkunftskirchen, wie etwa im Fall böhmischer oder schottischer Prediger (in Thorn bzw. in Elbing); meist aber, nämlich bei dem Gros der deutschen Prediger und vor allem in Danzig, setzte man vorrangig auf die Empfehlungen theologischer Fakultäten für deren Absolventen.

Schon beim Einholen von Empfehlungen bzw. bei deren Bewertung waren die städtischen Obrigkeiten allerdings bemüht, der fortschreitenden Polarisierung innerhalb der protestantischen Theologie (und zwischen den protestantischen Universitäten) im Reich Rechnung zu tragen. Recht genau war man zum Beispiel über den sogenannten »Osiandrischen Streit« in der Kirche des nahegelegenen Königsberg (1551/52)[11] informiert. Die Stadtobrigkeit wollte sich nicht auf die von dort kommenden, als fundamentalistisch und gegenüber der Obrigkeit als streitbar geltenden Repräsentanten der lutherischen Orthodoxie einlassen. Stattdessen setzte man darauf, die gewünschten »gelehrten und friedfertigen« Geistlichen[12] aus dem Milieu der gemäßigten, kompromissorientierten melanchthonischen Theologie der »Philippisten« zu rekrutieren, wie sie in Leipzig und Wittenberg ausgebildet worden waren; Rekrutierungsgebiet waren vor allem Kursachsen, Schlesien und Pommern, wo es einen »Überschuss« an qualifizierten Predigern gab.[13]

Wenn damit ein weitgehend einheitliches bekenntnistheologisches Profil der Stadtkirchen sichergestellt werden sollte, so erfüllten sich diese Hoffnungen allerdings nicht. So präzise, wie die städtischen Räte es gewünscht hätten, funktionierte die Vorauswahl nach Kriterien des theologischen Profils nicht; auch orthodoxe Lutheraner fanden ihren Weg in die geistlichen Ministerien der drei Städte. Schon um 1560 kam es denn auch in Danzig zu innerstädtischen Streitigkeiten um die Auslegung der privilegierten Augsburgischen Konfession, wobei sich schon hier die Front-

10 Müller, Zweite Reformation, S. 58 ff.; vgl. auch Heinz Neumeyer, Kirchengeschichte von Danzig und Westpreußen in evangelischer Sicht, Leer 1970 (»evangelische Sicht« ist bei Neumeyer zu übersetzen als deutsch-lutherische Sicht, verbunden mit einem klaren anti-reformierten und anti-polnischen *bias*).

11 Robert Stupperich, Osiander in Preußen. 1549–1552, Berlin 1973.

12 Brief des Thorner an den Danziger Rat vom 5.2.1557, Archiwum Państwowe Gdańsk (APGd.), 300, 53/434, Bl. 14.

13 Vgl. Ernst Koch, Der kursächsische Philipismus und seine Krise in den 1560er und 1570er Jahren, in: Heinz Schilling (Hg.), Die reformierte Konfessionalisierung in Deutschland. Das Problem der Zweiten Reformation, Gütersloh 1986, S. 60–77; Helmuth Heyden, Kirchengeschichte Pommerns, Bd. 2, Köln-Braunfels 1957, S. 51ff.

linie zwischen orthodoxen Lutheranern und Philippisten, die des Krypto-Calvinismus und des Synkretismus beschuldigt wurden, abzeichnete.[14]

In Danzig versuchte der Rat jetzt, den Konflikt noch einmal mit Bezug auf theologische Autorität zu lösen. Aufgrund externer theologischer Gutachten formulierten theologisch gebildete städtische Juristen erstmals eine eigene, lokale Bekenntnisformel – die *Notula Concordiae* von 1562.[15] Darin wurden die Essentialia des in Danzig privilegierten Augsburgischen Bekenntnisses unter Berufung auf die Schriften Melanchthons definiert – in eher großzügiger, d. h. philippistischer Auslegung der *Confessio Augustana*, wenn auch mit ausdrücklicher Abgrenzungen gegen Calvins Abendmahlslehre.[16]

Am Anfang der 1560er Jahre war dies offenbar noch eine halbwegs konsensfähige Option. Gut zehn Jahre später galt das aber schon nicht mehr – und zwar deshalb, weil die konfessionellen Profilbildungsprozesse der Protestanten in Polen-Litauen einerseits und im Reich andererseits jetzt schnell auseinander liefen. Die polnischen Protestanten einigten sich auf der Synode von Sandomierz 1570 auf eine »brüderliche Vereinigung« des augsburgischen, schweizerischen und böhmischen Bekenntnisses. Alle sollten als Repräsentanten der reformatorischen Orthodoxie gelten, nur nicht die Antitrinitarier oder Sozzinianer (die aufgrund ihrer Ablehnung der Dreifaltigkeitslehre außerhalb nicht nur der katholischen, sondern auch der protestantischen Theologie standen), sehr wohl aber die Calvinisten.[17] Im Reich dagegen wurde die Orthodoxie in der lutherischen Konkordienformel von 1577 enger definiert als je zuvor: Nur noch die »Invariata«, das »unveränderte« Augsburgische Bekenntnis von 1530, sollte als verbindliche Bekenntnisschrift gelten; Melanchthons Zusätze und Auslegungen wurden damit ausdrücklich verworfen – als, wie es jetzt hieß, krypto-calvinistisch und synkretistisch.

Inzwischen aber war Danzig, wie auch Elbing und Thorn, bei der innerstädtischen Kirchenpolitik längst auf einem eigenen Weg. Die mit dem Reformiertentum sympathisierende Mehrheit des städtischen Patriziats betrieb spätestens seit den 1570er Jahren das Projekt eines allmählichen, unauffälligen Übergangs zum reformierten Bekenntnis. Das entsprach den religiösen Überzeugungen der oft an »reformierten Orten« ausgebildeten Eliten. Dahinter stand aber auch die politische Einsicht, dass die protestantischen Städte ihre politische und konfessionelle Eigenständigkeit nur in engem Zusammenschluss mit den überwiegend calvinistischen Protestanten in Litauen und Polen würden behaupten können. Jedenfalls strebten die führenden patrizischen Familien und deren Verbündete im geistlichen Ministerium de facto genau das an, was deren lutherische Kritiker in der Geistlichkeit und in der Bürgerschaft ihnen unterstellten: Es ging um einen schleichenden, verdeckten Bekenntniswechsel, ohne dass – mit Rücksicht auf die privilegienrechtliche Situation – die formale Zugehörigkeit zur Augsburgischen Konfession aufgeben werden sollte.[18]

Dies bedeutete freilich, dass die Obrigkeiten der preußischen Städte künftig auf die Option verzichten mussten, ihre Kirchenpolitik theologisch zu rechtfertigen. Ihre eigene Position war nun weder mit den konkurrierenden Logiken der jeweiligen bekenntniskirchlichen Theologie noch mit

14 Müller, Zweite Reformation, S. 64ff.

15 Text der Notel APGd. 300/R/Pp q. 1, Bl. 3 r.–21 v. bzw. Reinhold Curicke, Der Stadt Dantzig historische Beschreibung, Amsterdam 1687, S. 302–310; vgl. auch Gustav Koetz, Die Danziger Concordienformel über das Heilige Abendmahl, Notel genannt, und ihre Apologie (1561–1564), Phil. Diss. Königsberg 1901.

16 So heißt es in der Notel: »Zum dreizehnten halten wir es auch nicht mit dem Zwinglio, Calvino und allen anderen ...«; APGd. 300 R Pp q. 1, Bl.18 r.

17 Kai Eduard Jordt Jørgensen, Ökumenische Bestrebungen unter den polnischen Protestanten bis zum Jahre 1645, København 1942, S. 260ff.; Müller, Der »Consensus Sendomirensis«.

18 Müller, Zweite Reformation, S. 77ff.

denen der Bekenntnispolitik im Reich bzw. dem des polnisch-litauischen Unionsstaat vereinbar. Für lange Zeit versuchten die städtischen Räte denn auch, jeder Herausforderung in Bezug auf eine theologische Festlegung und Rechtfertigung ihres eigenen Bekenntnisstands auszuweichen. Erst 1595, während der Thorner Synode der polnisch-litauischen Protestanten, entschlossen sie sich unter großen Bedenken (und unter ebenso großem Druck der polnisch-litauischen Konfessionsverwandten), dem 1570 geschlossenen *Consensus Sendomirensis* von 1570 nachträglich beizutreten und sich damit indirekt zu ihrem lange verschleierten Reformiertentum zu bekennen.[19] Auch jetzt war dies aber nicht als Bekenntniswechsel im theologischen Sinn zu verstehen. Vielmehr hofften die städtischen Räte darauf, dass es ungeachtet ihrer Parteinahme innerhalb des polnisch-litauischen Protestantismus doch auch weiterhin gelingen könnte, den faktisch praktizierten lutherisch-calvinistischen »Synkretismus« innerstädtisch aufrecht zu erhalten, die eigene Bürgerschaft ahnungslos zu lassen. Diese Hoffnung erwies sich jetzt, in den 1590er Jahren, allerdings als trügerisch.

Immerhin war es den Räten in Danzig, Thorn und Elbing bis dahin, also über mehr als 30 Jahre, gelungen, den von ihnen gewollten und geförderten Synkretismus durchzuhalten, ohne dass die innerstädtischen Opponenten gegen dieses Kirchenregime dessen Legitimität mit Berufung auf theologische Autoritäten wirksam hätten in Frage stellen können. Das lag daran, dass die weltlichen Kirchenpatrone eben über sehr lange Zeit in der Lage waren, im Rahmen und mit den Instrumenten des weltlichen Kirchenregiments die theologische Autorität auszusteuern. Dabei spielte das Recht der städtischen Räte, die Mitglieder des geistlichen Ministeriums zu berufen oder auch zu entlassen, sicher eine wichtige Rolle. Mehr Gewicht hatte aber die Kompetenz der weltlichen Kirchenobrigkeit, Kirchenordnungen zu erlassen, Maßnahmen zur Erhaltung der Kirchendisziplin (also der Kontrolle über das Verhalten der Geistlichen) zu ergreifen und, nicht zuletzt, zu reglementieren, was überhaupt von der Kanzel aus, im Gottesdienst, verhandelt werden durfte.

Tatsächlich waren die städtischen Kirchenordnungen von Anfang an nur in zweiter Linie theologische Regelwerke. In erster Linie waren sie Disziplinarordnungen. Schon in der erwähnten Danziger *Notula Concordiae* von 1562 nahm die Auslegung des Augsburgischen Bekenntnisses weit weniger Raum ein als die Auflistungen der vielfältigen Sanktionen gegen Verstöße von städtischen Geistlichen gegen die Kirchendisziplin – gegen den Kirchenfrieden, gegen das Verbot des »calumnierens«, also der öffentlichen Beschimpfung von Kollegen, gegen das Verbot, die Kirchenpolitik der Obrigkeit auf den Kanzeln zu diskutieren, usw. – natürlich auch gegen persönliche, mit der Amtswürde unvereinbare Verfehlungen. Alle folgenden Danziger Ratsdekrete in Kirchensachen verwiesen bezüglich des Bekenntnisstands entweder nur lakonisch auf die Gültigkeit der »Notel« von 1562 – so zum Beispiel 1581 und 1586.[20] Oder sie beschränkten sich überhaupt darauf, jeden sogenannten Kanzelstreit zu verbieten und die Geistlichen an ihre Gehorsamspflicht gegenüber dem weltlichen Kirchenregiment zu erinnern – so 1575 und 1594.[21]

Durchgesetzt wurde die innerstädtische Kirchendisziplin notfalls mit drastischen Mitteln. Ungehorsame Geistliche wurden ihres Amts enthoben und der Stadt verwiesen, ohne Appellationsrecht und ohne Entschädigung. Es traf fast immer die den Räten unliebsamen kämpferi-

19 Der aus diplomatischen Rücksichten nur in einem »separate scriptum« erklärte Beitritt der preußischen Städte: APGd. 300 R/Pp 82, Bl. 617–619; vgl. auch Gottfried Lengnich, Geschichte der Preußischen Lande Königlich Polnischen Anteils, Bd. 4 (Documente), Danzig 1724, S. 138–140.

20 Jacob Fabricius, Historia Notulae Gedanensis (1603), APGd. 300 R/Pp 2, Bl. 103 r. bzw. Bl. 136 v. Fabricius war seit den späten 1580er Jahren die maßgebliche theologische Autorität unter den Danziger reformierten Geistlichen. Seine »Historia Notulae« bietet eine ebenso parteiische wie ausführliche Darstellung des Danziger Bekenntniskonflikts von den 1560er Jahren bis 1602.

21 Ebd., Bl. 90 r. bzw. Bl. 349 v.

schen Lutheraner. Dabei folgten die Räte mehrfach einem zweistufigen Verfahren. Der jeweilige Wortführer der opponierenden lutherischen Prediger wurde zunächst abgesetzt und der Stadt verwiesen. In einem zweiten Schritt wurden dann die übrigen opponierenden Prediger vor den Rat geladen, damit sie ihre Bekenntnisposition vortragen und rechtfertigen konnten. Ohne ihre Wortführer waren diese dazu aber meistens nicht in der Lage, denn argumentativ waren sie nicht nur den Wortführern der Melanchthonianer oder Krypto-Calvinisten, sondern auch den theologisch besser als sie selbst ausgebildeten städtischen Juristen in der Regel unterlegen. So gaben sich die Opponierenden meist geschlagen, und der Kirchenfrieden wurde auf formal korrekte Weise, d. h. mit einhelliger Zustimmung des gesamten geistlichen Ministeriums, wiederhergestellt.[22]

Bemerkenswert ist daran, dass alle an den innerstädtischen Bekenntniskonflikten direkt Beteiligten – Theologen, weltliche Obrigkeit und Opponenten in der Bürgerschaft – sich der theologischen Unhaltbarkeit der synkretistischen Kirchenverhältnisse eigentlich völlig bewusst waren. Die Behauptung der ratsamtlichen Kirchenpatrone, dass die Stadtkirchen mit ihrer melanchthonischen und tendenziell calvinistischen Auslegung der Augsburgischen Konfession eine theologisch konsistente Basis hätten, war spätestens seit den 1570er Jahren offensichtlich eine reine Fiktion. Dennoch erwiesen sich die Barrieren, welche die städtische Obrigkeit gegen frontale Angriffe auf deren Autorität bei der Gestaltung der Stadtkirchen schützten, als sehr hoch. Der Autorität des legitimen weltlichen Stadtregiments wurde offenbar eine ähnlich sakrale Fundierung zugeschrieben wie der Autorität theologischer Instanzen; gegen das städtische Kirchenregiment vorzugehen, schloss das Risiko ein, sich der Rebellion gegen die legitime Ordnung schuldig zu machen, damit ein weltliches Sacrum zu verletzen. So blieb der seit den 1560er Jahren permanent schwelende Bekenntnisstreit in allen drei Städten, auch in Danzig, letztlich unausgetragen, solange er nur ein Konflikt zwischen konkurrierenden Fraktionen in der Geistlichkeit und deren jeweiligen Parteigängern in der Bürgerschaft bzw. zwischen Geistlichen und der städtischen Obrigkeit war. Hier behielten im Zweifelsfall immer die städtischen Räte und die ihnen verbundenen pro-calvinistischen Geistlichen die Oberhand.

Erst in den 1590er Jahren änderte sich diese Konfliktkonstellation grundsätzlich. Dafür waren wohl vor allem zwei Faktoren verantwortlich. Zum einen erkannten die innerstädtischen Konkurrenten der patrizischen Machtelite, vor allem das »Schattenpatriziat« der Zunftunternehmer und der Anführer der reichen Bürgerschaft, in dem Bekenntnisstreit eine Chance, in einen offenen Konflikt mit den Stadtobrigkeiten einzutreten; sie setzten nun gezielt ihre materiellen und politischen Ressourcen ein, um die Widerstände gegen die regierenden Räte in der Bekenntnisfrage in Richtung einer wohl koordinierten politischen Oppositionsbewegung zu kanalisieren. Zum andern, und in direktem Zusammenhang damit, gewann der hin und wieder aufflammende Gemeindeprotest gegen anstößige (weil ungewohnte) Gottesdienstpraktiken krypto-calvinistischer Prediger unter gezielter Anleitung durch weltliche und geistliche Gegner des Rats jetzt eine neue Dynamik. In dem Maße, wie der Vorwurf, Rat und calvinistische Geistlichkeit setzten das Seelenheil der gesamten Bürgerschaft aufs Spiel, Resonanz in den Gemeinden fand, wurde die Bekenntnisfrage zu einer potentiellen Gefährdung des Stadtfriedens. Dazu bedurfte es keiner selbständigen, gezielten Aktionen der Gemeinde; es genügte, dass die Konfliktführer auf der Seite der Ratsgegner auf die – in einzelnen Protestaktionen manifestierte – Beunruhigung der frommen Bürgerschaft verweisen konnten. Der Gemeinde wurde damit Autorität zu eigenem Recht zugeschrieben, auch wenn sie diese nicht aktiv ausüben konnte.[23]

22 Müller, Zweite Reformation, S. 84ff.

23 Dieses Deutungsmuster der lutherischen Partei exemplarisch bei Eberhard Bötticher, Historisches Kirchenregister der Großen Pfarr-Kirchen in der Rechten Stadt St. Marien, APGd. R/Pp 25, Bl. 695.

Tatsächlich waren die städtischen Pfarrgemeinden im späten 16. Jahrhundert in Bezug auf die Vergewisserung über die Glaubenswahrheiten an sich weder entscheidungsfähig noch entscheidungswillig. Schon die Einführung des Augsburgischen Bekenntnisses im Zuge der »Ratsreformation« der 1550er Jahre war ja nur deshalb weitgehend reibungslos verlaufen, weil die Gläubigen den Übergang zum neuen Bekenntnis eigentlich kaum gespürt hatten. Den entscheidenden Umbruch markierte die Änderung des Abendmahlsritus: Neu war vor allem, dass das Sakrament »in beiderlei Gestalt« gespendet wurde, also die Abendmahlsgemeinde nicht nur den Leib Christi in Gestalt der Oblate, sondern auch das Blut Christi in Gestalt des sogenannten »Laienkelchs« empfing. Ansonsten blieben die gewohnten Kirchenbräuche weitgehend erhalten. Auch die Lutheraner praktizierten die Ohrenbeichte und den Exorzismus als Teil des Taufrituals. Die Heiligenbilder und Darstellungen Jesu und der Jungfrau Maria blieben in den Kirchen an ihrem Platz, und selbst am Ornat der Prediger änderte sich zunächst nichts. Die Priesterehe war im lutherischen Milieu des 16. Jahrhunderts noch kein verbindliches Muster usw.[24]

Aber auch dort, wo nach den 1560er Jahren philippistische bzw. krypto-calvinistische Geistliche die Gottesdienstpraxis in ihren städtischen Kirchen vorsichtig und allmählich zu ändern versuchten – zum Beispiel in Bezug auf den Gebrauch der Bilder, den Verzicht auf die Ohrenbeichte, die Abschaffung des Exorzismus – gab es in der Regel kaum spontanen Protest dagegen. Vielmehr mussten die Repräsentanten der lutherischen Orthodoxie und Opponenten gegen die Calvinismus-affine Kirchenpolitik der Räte erst sozusagen mit dem Finger darauf zeigen, dass hier bekenntnistheologisch nicht alles mit rechten Dingen zuging. Das heißt, die Gemeinde musste allererst instruiert und spezifisch angeleitet werden, damit sie als Träger spontanen Protests der Gläubigen ins Spiel gebracht werden konnte.

Allerdings konnten theologische Aspekte dabei als mobilisierendes Argument praktisch nicht ins Feld geführt werden; worum es bei den Disputen zwischen Lutheranern und Reformierten über die Deutung des Abendmahlsritus, die Bilderfrage, die Prädestinationslehre usw. theologisch eigentlich ging, war den Laien in den Gemeinden schlicht nicht zu kommunizieren – zumal sogar die Geistlichen, wie (freilich parteiische) Berichte von Zeitzeugen bekunden, oft nicht in der Lage waren, die eigene konfessionelle Position in der lutherisch-reformierten Kontroverse klar und konsistent darzulegen.[25] Dafür konnte das religiöse Empfinden der Laien in den Gemeinden auf zwei anderen Ebenen angesprochen werden: Zum einen ließ sich mit dem Verweis auf vorgebliche rituelle Verstöße gegen die Orthodoxie, also gegen das rechte Augsburgische Bekenntnis, eine Frontlinie gegenüber der Gegenpartei innerhalb der städtischen Geistlichkeit markieren. Zum andern konnte die Gemeinde auch durch magische Zeichen und Ereignisse beeindruckt und für die lutherische Sache eingenommen werden.

Auf der ersten Ebene war entscheidend, ob die Protagonisten der jeweiligen Bekenntnispartei in ihren Gemeinden eine Art Katalog von Merkmalen für orthodoxes bzw. deviantes Verhalten der Geistlichen zu etablieren vermochten. Dabei waren die Lutheraner am Ende deutlich erfolgreicher als die Reformierten, da Erstere im Wesentlichen die den Laien vertraute, katholische Gottesdienstpraxis gegen jede Änderung verteidigten. So kam es nur darauf an, die in den Gemeinden tradierten Gewissheiten, was gute Gottesdienstpraxis sei, zu bekräftigen, ferner zu erklären, an welchen sichtbaren Zeichen Verstöße dagegen zu erkennen waren.

24 Anschaulich bei Christoph Hartknoch, Preußische Kirchen-Historia, Darinnen von Einführung der Christlichen Religion in diese Lande wie auch von der Conservation, Fortpflantzung, Reformation und dem heutigen Zustande derselben ausführlich gehandelt wird, Leipzig 1686.

25 Fabricius, Historia Notulae, APGd. 300 R/Pp 2, Bl. 24 r.

Anhand der Anlässe und Abläufe verschiedener Bekenntniskonflikte innerhalb des Danziger Geistlichen Ministeriums lässt sich das gut nachvollziehen. Im »Danziger Reliquienstreit« der 1560er Jahre zum Beispiel ging es theologisch eigentlich um die Frage, ob die katholische Lehre von der Realpräsenz von Leib und Blut Christi im Abendmahl weiter gelten sollte (die lutherische Position, in Fortsetzung der katholischen Transsubstantiationslehre), oder ob das Abendmahl im Sinne Melanchthons seine sakrale Funktion nur durch den symbolischen Akt erhalte – Brot und Wein also außerhalb des Abendmahlsritus keine sakrale Qualität hätten.[26] Übersetzt in die gemeindliche Auseinandersetzung hieß dies, dass die lutherischen Prediger die Gemeinde aufforderten, darüber zu wachen, was mit den Überresten des Abendmahls geschah: Der im Kelch verbliebene Wein durfte nicht einfach in eine Flasche zurückgeschüttet, die Brocken der beim Abendmahl gebrochenen Oblaten nicht einfach zusammengefegt und in den Müll geworfen werden. Der für die Laien schwer nachvollziehbaren, weil zu akademischen, Auslegung der Melanchthonianer, wonach Brot und Wein nur durch die »Nießung« sakramentale Bedeutung erlangten, begegneten die Lutheraner mit dem spontan überzeugenden Argument, es könne wohl nicht sein, dass das Abendmahl erst durch die »stinkende Fresse« der Menschen zu einem Sakrament werde.[27]

In ähnlicher Weise wurde in den städtischen Gemeinden über die Frage des Exorzismus als Teil des Taufritus, die Ohrenbeichte oder die Bilderfrage verhandelt. Die lutherischen Prediger erklärten den Laien, durch welche Unterlassungen oder Abänderungen des Ritus die Grenzen der Orthodoxie überschritten wurden und welche Gefahren für das Seelenheil der Gläubigen damit verbunden waren – etwa dass der Verzicht darauf, Täuflinge vor der Taufe dem Exorzismusritual zu unterziehen, die Wirksamkeit der Taufe selbst in Frage stelle.[28] In aller Regel reagierten die Gemeinden auf solche Skandalisierung der vorgeblich krypto-calvinistischen Praktiken damit, dass sie den beschuldigten Geistlichen den Gehorsam verweigerten, wenn sie nicht gar, wie im Streit von 1587 um die drohende Entlassung des Lutheraners Friccius, gewaltsam gegen diese vorgingen.[29]

Daneben konnten Zeichen und Wunder in den Gemeinden als Argument ins Spiel gebracht werden. Wiederholt erregten »Prophetinnen« mit ihren Appellen zur Rückkehr zum reinen Glauben die Aufmerksamkeit der Gemeinden – so eine Lehrersfrau, die 1587 auf den Straßen, bei Zunftversammlung und in den Kirchen gegen den üblen Lebenswandel der »Calviner« wetterte und unter Berufung auf ihre Visionen großes Unheil für die ganze Stadt prophezeite.[30] Erheblich breiteres Aufsehen erregten aber 1588 die Ereignisse um den Tod des führenden reformierten Geistlichen im Danziger Ministerium, Peter Praetorius. Es erhob sich nicht nur »groß frolocken« unter dessen Gegnern, die mit dem Ruf »der Calviner ist todt« durch die Straßen zogen. Vielmehr streuten diese auch das Gerücht, dass der Leichnam auf wundersame Weise vom Teufel entführt worden sei – weshalb die Familie sich bei dem Begräbnis gezwungen sah, den Sarg ungewöhnlich lange offen zu präsentieren, um die herbeigeströmte Menge von der Intaktheit der Leiche zu überzeugen.[31]

26 Eick Sternhagen, Melanchthons Abendmahlsverständnis unter besonderer Berücksichtigung der Confessio Augustana variata von 1540 und dessen Bedeutung für den Erhalt des Protestantismus, in: Günter Frank (Hg.), Fragmenta Melanchthoniana, Bd. 1: Zur Geistesgeschichte des Mittelalters und der frühen Neuzeit, Heidelberg 2003, S. 121–134.

27 Fabricius, Historia Notulae, APGd. 300 R/Pp 2, Bl. 51 v.

28 Ebd., Bl. 67 v., Bl. 68 r.

29 Reinhold Curicke, Der Stadt Dantzig historische Beschreibung, Amsterdam 1687, S. 342–344. Der Reprint, Hamburg 1979, beruht leider auf einer durch den Danziger Rat zensierten Fassung, welche den Konflikt zwischen Reformierten und Lutheranern unterschlägt.

30 Fabricius, Historia Notulae, APGd. 300 R/Pp 2, Bl. 253 r.

31 Ebd., Bl. 280 r./v.

Letztlich wurde die Gemeinde nicht trotz, sondern gerade wegen ihrer Manipulierbarkeit zur Entscheidungsinstanz. Anders als über die im Ratsdienst stehenden Geistlichen hatte die Danziger Obrigkeit über die Gemeinden keine unmittelbare Gewalt, jedenfalls nicht in Bezug auf deren Glaubensüberzeugungen – und vor allem solange nicht, wie sich Wortführer der obrigkeitlichen Kirchenpolitik direkt Gehör bei den Laien verschaffen konnten. Zugleich aber war die ständig zunehmende »Beunruhigung« der Bürgerschaft ein Faktor, der nicht nur die Stabilität, sondern auch die Legitimität des Ratsregiments im Binnen- wie im Außenverhältnis untergrub. Über Jahrzehnte, noch bis in die 1590er Jahre, hatte der Rat versucht, den Gemeindeprotest mithilfe vordergründiger, den ratsloyalen reformierten Geistlichen zum Teil durchaus brutal abgerungener Kompromisse stillzustellen.[32] Als diese Strategie um 1600 endgültig gescheitert war, zog der Rat den Schluss, dass er namentlich um des Friedens in den Gemeinden willen vor der lutherischen Partei im geistlichen Ministerium und im weltlichen Schattenpatriziat kapitulieren musste.[33] Die 1604 vollzogene Rückkehr der Stadt zum lutherischen Bekenntnisstand ermöglichte die Reintegration der geistlichen und weltlichen Ratsgegner – und mit der stadtpolitischen Demobilisierung der Stichwortgeber für den religiösen Gemeindeprotest erlosch auch dieser selbst.

Von den Schlussfolgerungen, die aus solchen Beobachtungen zu ziehen wären, könnte folgende wichtig sein: Wenn man die Begriffe Orthodoxie und Synkretismus ihres polemischen Potentials entkleidet, d. h. von ihrer Funktion in der zeitgenössischen konfessionellen Kampfrhetorik abstrahiert, dann zeigt sich, dass sie keineswegs in einem Gegensatz zueinander stehen. Die im 16. Jahrhundert in verschiedenen regionalen und politischen Kontexten ausgehandelten konfessionellen Orthodoxien repräsentierten offenbar ihrerseits meist nur Kodifizierungen synkretistischer Verhältnisse – wie derer in den lutherischen Kirchen, welche sich weitgehend über die Fortsetzung katholischer Kirchenbräuche legitimierten bzw. von anderen protestantischen Richtungen absetzten. Zudem war Orthodoxie im 16. Jahrhundert allemal verhandelbar, und zwar meist auch auf der Grundlage gewollter oder in Kauf genommener Synkretismen; was als Orthodoxie konsensfähig sein sollte, musste nicht nur zwischen unterschiedlichen religiösen Sensibilitäten, sondern auch zwischen verschiedenen Autoritäten, also Machtinstanzen, verhandelt werden. Schließlich: In den Augen der Zeitgenossen gab es sicher nicht nur das »Sacrum« des Bekenntnisses, sondern auch andere »Sacra«, zum Beispiel das des weltlichen Regiments. So sollten wir auch bei der Rekonstruktion der Entstehung religiöser Ordnungen darauf achten, in welchen Beziehungen und Konkurrenzen diese mit anderen sakralen Ordnungen ihrer Zeit standen.

32 Mit Verbitterung kommentierte Fabricius zum Beispiel die Ratsentscheidung der 1570er Jahre, gegen die eigenen Überzeugungen und gegen jede theologische Vernunft den Taufexorzismus wieder einzuführen. Ebd., Bl. 95 r. ff.

33 Müller, Zweite Reformation, S. 138ff.

■ Christoph Augustynowicz

Verwesung, Exkommunikation und Heiligkeit zwischen West und Ost

Der Vampirglaube als religiös-synkretistisches Phänomen?

> *»Seit langer Zeit bilden sich die Griechisch-Orthodoxen ein, daß die in Griechenland beerdigten Körper der Römisch-Katholischen nicht verfaulen, zumal sie exkommuniziert sind. Dem steht präzise unsere katholische Auffassung entgegen, wonach die Körper, die nicht verwesen, vom Siegel der ewigen Seligkeit gezeichnet sind.«*[1]

Ausgehend von dieser Aussage Voltaires wird im Folgenden gefragt, inwiefern Vorstellungen von parasitär-saugenden und wiedergehenden (Un)Toten, die gängig als Vampire bezeichnet werden, die *mental map*[2] Europas (mit)prägten: Sowohl in der Literatur des 19. und frühen 20. Jahrhunderts als auch in den populärkulturellen Diskursen des 20. und 21. Jahrhunderts wird der Vampir häufig im östlichen Europa verortet und prägt so ein eingeschliffenes, geradezu kanonisiertes Set von Bildern zu dessen Charakterisierung als unverständlich und rückständig zumindest mit.

Das Hauptaugenmerk soll auf zwei Aspekte gelegt werden, nämlich zum einen auf die zivilisatorischen Ein-, Ausschlüsse und Abgrenzungen, die durch das Vampirmotiv geschaffen und zum anderen auf deren Demontage und Korrektur durch Ambivalenzen und Synkretismen, die ihrerseits im Vampirmotiv manifest werden. Für Voltaire war die Vampirfigur vor allem Metapher für sozioökonomische Ungleichheit, womit er vielleicht nicht der erste, aber der exponierteste unter den im 18. Jahrhundert mit dem Vampirglauben befassten Autoren war. Der Vampir war Voltaire aber mehr als das – er war Parameter tiefenhistorischer und globaler Unaufgeklärtheit. Im vorliegenden Zusammenhang wird Voltaires Statement, mit dem er Anspruch auf Aufdeckung eines grundlegenden Widerspruches erhebt, zum Anlass genommen, das Vampirmotiv auf sein ihm inhärentes, Stereotypen stiftendes und verfestigendes Potential hinsichtlich der europäischen West-Ost-Dichotomie zu befragen. Die Entstehung dieser Dichotomie hat Larry Wolff im 18. Jahrhundert angesetzt. Als wesentliches Argument zieht er dabei den Umstand heran, dass mit den verbesserten Kommunikations- und insbesondere Verkehrsmöglichkeiten die Reisetätigkeit in Europa zum 18. Jahrhundert hin wesentlich zunahm. Damit sei nach und nach bewusst geworden, dass die Gegenüberstellung eines mediterranen, auf die Zentren der Antike und vor allem auf Rom ausgerichteten Süden Europas einerseits und eines kontinentalen, barbarischen, fremden Norden Europas andererseits anachronistisch und nicht mehr haltbar war. Wolffs zentrales Argument ist, dass der Südosten Europas durch seine Zugehörigkeit zum Osmanischen Reich dem Kontinent seit dem 15. Jahrhundert entfremdet worden sei. Seine Qualitäten als Wir-Gruppe seien daher für viele Reisende verloren gegangen oder zumindest reduziert worden: Die Zentren Europas hätten sich von Rom, Florenz und Venedig nach Paris, London und Amsterdam verlegt also vom Süden in den Westen – just von hier seien auch die Reisenden gekommen, die nun

1 Voltaire, Schlagwort »Vampires« im Dictionnaire Philosophique, Paris 1809, in: Klaus Hamberger, Mortuus non mordet. Dokumente zum Vampirismus 1689–1791, Wien 1992, S. 263–267, hier S. 264.

2 Vgl. Frithjof Benjamin Schenk, Mental Maps. Die Konstruktion von geographischen Räumen in Europa seit der Aufklärung, in: Geschichte und Gesellschaft 28 (2002), S. 493–514.

implizit das Bild eines barbarischen Osten prägten, das sie mehr und mehr zwischen Ostsee und Ägäis aufspannten.[3]

Mit der Auflösung und Differenzierung der strikten Gegenüberstellung von West und Ost sind Mehrdeutigkeiten sowie vor allem religiöse Grenz- und Überlappungsräume, wie sie im vorliegenden Heft interessieren, im Kern angesprochen. Darüber hinaus sind die in diesen Räumen und ihren Vorstellungs- und Deutungswelten entstehenden Verschmelzungen (Synkretismen) geeignet, weitere, der Religion im konfessionellen Zeitalter und der Wissenschaft im Zeitalter der Aufklärung zugeschriebene dichotome Kategorien (ungläubig vs. gläubig, unaufgeklärt vs. aufgeklärt) und ihre Narrative zu differenzieren und zu diskutieren. In den diskursiven Feldern von Vampir(ismus)-Glaube und -Bekämpfung wird nämlich mit Hinblick sowohl auf die Religion als auch auf die Aufklärung die Auflösung der anthropologisch so grundlegenden Dichotomie Leben vs. Tod hin zu einer stärker synkretistischen Vorstellung eben in Gestalt des untoten, schädigenden Wiedergängers virulent.

Der Vampir ist über seinen Wandel vom naturwissenschaftlichen über das belletristische hin zum populärwissenschaftlichen kulturellen Motiv, verdichtet im Tripos »Monster – Mythos – Medienstar«,[4] auch ein religiös-profaner Grenzgänger. Gemäß einer von Hagen Schaub aus den Forschungsergebnissen von Clemens Ruthner erarbeiteten Klassifikation vampirologischer Beschäftigung, die von vier Phasen (mythisch-folkloristische Vorstellungen, wissenschaftlich-publizistische Diskussion, literarische und filmische Bearbeitung, populärkulturelle Beschäftigung) ausgeht, soll hier vor allem auf die wissenschaftlich-publizistische Diskussion des 18. Jahrhunderts eingegangen werden.[5] Der fiktionale Vampir des 19. und 20. Jahrhunderts in seinen literarischen, filmischen und darüber hinausgehenden populärkulturell-intermedialen Dimensionen bleibt in diesem Beitrag im Sinne vertiefter Erörterungen, aber durchaus auch im Sinne bewusst gebrochener Erwartungshaltungen, fast gänzlich ausgeklammert. Konkret wird auf folgende Punkte eingegangen: 1) Praktiken der Sinnstiftung: Wo und unter welchen Umständen wurde an die Existenz von Vampiren geglaubt und wie wurde der Vampirismus, darauf aufbauend, diskursiv hergestellt? 2) Konflikte und Koexistenzen: Zwischen welchen Deutungsmustern stellen Vampirglaube und Vampir(ismus)-Diskussion Grenzen und Eindeutigkeiten, aber auch Synkretismen und Ambivalenzen her?

Praktiken der Sinnstiftung

Der für die regen Diskussionen des 18. Jahrhunderts grundlegende Vampir des Volksglaubens ist gemäß der Definition von Peter Mario Kreuter durch vier Kriterien charakterisiert und von anderen, ähnlichen Vorstellungen einigermaßen klar abgrenzbar: Er/Sie ist einE wiederkehrendeR ToteR, schädigend (in der Regel blutsaugend), stofflich-greifbar und individuell.[6]

Hinsichtlich seiner räumlich-regionalen Verortung geht in der rezenten Forschung ein Ansatz dahin, den Vampir als spezifisches Phänomen des südosteuropäischen, slawischen und orthodoxen Raumes zu sehen; kulturologisch aufschlussreicher sind jedoch, gerade bei Fokussierung synkretistischer Momente, stärker überregional-vergleichende Ansätze. Räumlich engere und weitere

3 Larry Wolff, Inventing Eastern Europe. The Map of Civilization on the Mind of the Enlightenment, Stanford 1994, S. 4–8.

4 Florian Kührer, Vampire. Monster – Mythos – Medienstar, Kevelaer 2010.

5 Hagen Schaub, Blutspuren. Die Geschichte der Vampire, Graz 2008, S. 28.

6 Peter Mario Kreuter, Der Vampirglaube in Südosteuropa. Studien zur Genese, Bedeutung und Funktion. Rumänien und der Balkanraum, Berlin 2001, S. 28.

Zugänge müssen einander aber auch nicht kategorisch ausschließen; die Annahme einer spezifisch südeuropäisch-slawisch-orthodoxen Verwurzelung und Herkunft des Vampirglaubens kann ja immerhin auch als Anlass zur Erforschung des Transfers von Vorstellungen einzelner Akteure gelesen werden. Jedenfalls ist daran zu erinnern, dass auch in den katholischen slawischsprachigen Räumen und im deutschsprachigen Raum Vorstellungen von Untoten und Wiedergängern feststellbar sind.[7]

Für eine Fokussierung der Vampir(ismus)-Vorstellung auf einen geographisch (sehr) großzügig definierten südosteuropäischen Raum sprechen etymologische Hinweise, wobei der Ursprung des Wortes im Dunkeln liegt. Zumeist wird eine slawische Wurzel angenommen, jedoch auch eine Herleitung aus dem türkischen *Uber* wurde neben anderen Ursprüngen diskutiert; vermittelnd ist der Ansatz einer frühen slawischen Entlehnung aus den Turksprachen. Phonetisch ganz ähnlich kommen beide Varianten *Wampir* und *Upir* in Polen vor, Varianten von letzteren finden sich im Kaschubischen, im Tschechischen und in den Karpaten. Enger in Südosteuropa gibt es im Albanischen neben Varianten des *Broukalakas* den *Sampiro* und den *Dhampir*, im Griechischen den *Vampiras*, in Romani-Dialekten Südosteuropas den *Ipiri*. Stellvertretend für den Variantenreichtum steht das Bulgarische, hier gibt es nicht weniger als 22 Varianten, darunter *Ubur* und *Vapir*.[8]

Dementsprechend breit sind auch die Bedeutungsinterpretationen. Einer der wichtigsten Vampir(ismus)-Autoren des 18. Jahrhunderts, Johann Christoph Harenberg, zog griechische Belege zusammen und hielt die Bedeutung *nach Blut gieren* für wahrscheinlich; in allen weiteren etymologischen Interpretationen fehlt das Bild des Blutsaugers.[9] Die phonetische Nähe zum slawischen Wortnest für Feder (z. B. russ. *pero*, poln. *pióro*) wurde zur Grundlage für die Vermutung gemacht, der Vampir sei ein gefiedertes oder fliegendes Wesen. Durch die Vorsilbe wurde eine Verneinung unterstellt, wonach der Vampir der *Nicht-Flieger* sei; auch der *Nachtflieger* (russ. *nietopyr*) wurde ausprobiert. Eine angenommene Entlehnung aus den Turksprachen führt zu den breiten semantischen Feldern der Hexe und des Verschlingens.[10] In den Diskussionen des 18. Jahrhunderts gibt es hinsichtlich der Vorstellung von Vampiren dann letztlich »nur drei geographisch wohldefinierte Erscheinungsformen, allesamt seit dem späten 17. Jahrhundert bekannt, denen das Prädikat des Vampirs ex tunc verliehen wird«, [11] nämlich den *Broukalakas* in der Levante, die slowenische Variante *Strigon* sowie das polnische Paar des *Upyr*/der *Upierzyca*. Geschlechtliche Dichotomie dringt somit lediglich im Polnischen an die morphologisch-semantische Oberfläche, darüber hinaus sind die vorliterarischen Vorstellungen von Vampir und Vervampirung weder an ein Geschlecht noch an eine Generation gebunden.

Mit der Mitte des 17. Jahrhunderts konkretisieren sich Vorstellungen von Wiedergängern zumeist in Quellen mit starkem Reiseberichtcharakter und wurden vor allem im heutigen Griechenland verortet.[12] Gegen 1670 setzte eine Literatur der *miracula mortuorum* ein, die sich mit Leichenphänomenen beschäftigte[13] und à la longue die Frage der klaren Abgrenzung zwischen Leben und Tod aufwarf; diskursanleitend ist hier der Titel von Ludwig Christian Friedrich Garmann, der 1670 seine Arbeit *De Miraculis Mortuorum* veröffentlichte.[14] In den 1690er Jahren

7 Schaub, Blutspuren, S. 11–22, S. 153.

8 Kreuter, Vampirglaube, S. 68f.; Schaub, Blutspuren, S. 23f.

9 Vgl. dazu Kreuter, Vampirglaube, S. 69–73, S. 173f.

10 Schaub, Blutspuren, S. 23.

11 Hamberger, Mortuus, S. 18.

12 Montague Summers, The Vampire. His Kith and Kin, London 1928 (Neudruck New York 1991), S. 22f.

13 Vgl. dazu Hamberger, Mortuus, S. 12.

14 Vgl. dazu Schaub, Blutspuren, S. 111–113.

wurde eine Reihe von Anfragen zur Vorbeugung gegen Wiedergänger an die Sorbonne gestellt und von dortigen Professoren begutachtet; bereits 1679 hatte Philipp Rohr mit seiner Dissertation *De Masticatione Mortuorum* Geräusche in Gräbern thematisiert, die die Diskussion im 18. Jahrhundert stark prägte.

Zwischen 1725 und 1732 kam es im äußersten Südosten der Habsburgermonarchie, an der Grenze jenes Teils des heutigen Serbien, der vom Frieden von Passarowitz (1718) bis zum Frieden von Belgrad (1739) kurzfristig Teil der Monarchie, davor und danach aber Teil des Osmanischen Reiches war,[15] zu einer Reihe von Fällen, die eine Generation von Gelehrten ihrer Zeit beschäftigen sollten und deren Diskurse Klaus Hamberger so gründlich dokumentiert hat: Angeblich wiedergehende und saugende Untote sorgten dafür, dass die Administration eine Reihe von Toten exhumieren, untersuchen und schließlich, als Zugeständnis an magisch-religiöse Praktiken der Bevölkerung, deren Herzen durchbohren, sie enthaupten und verbrennen ließ. Mag auch so mancher Arzt an Untote geglaubt haben, so wird doch spätestens in den Maßnahmen Maria Theresias zur Unterbindung magischer Praktiken bezüglich Toter, auf die noch zurückzukommen sein wird, unmissverständlich deutlich, wie wenig der Obrigkeit an der Aufrechterhaltung derartiger Glaubens- und Vorstellungswelten gelegen war.[16]

Johann Christoph Harenberg und Michael Ranft sind die zentralen Autoren, die angesichts dieser Erscheinungen als erste argumentierten, man habe es buchstäblich mit »Einbildung« zu tun, wobei lebhaft diskutiert wurde, ob die »Einbildung« als Korruption der lebenden Seele oder als Phantasma des (un)toten Körpers zu verstehen sei, wie Anja Lauper gezeigt hat.[17] Auch der Philosoph und Schriftsteller Jean Baptiste Boyer Marquis d'Argens sprach 1738 in seinen fiktiven jüdischen Briefen, die er für seine Auseinandersetzung mit den einschlägigen Berichten als Genre wählte, von Furcht und Vorurteil als Motor des Vampirismus.[18]

Aber auch härtere Fakten wie Ernährung und Naturraum kamen sehr früh ins Spektrum möglicher Ursachen und Erklärungen; Harenberg argumentierte darüber hinaus wegen der Nähe zum Osmanischen Reich mit dem Einfluss von Opiaten und brachte das Motiv des Scheintodes in die Diskussion;[19] der als Putoneus bekannte Arzt Johann Christoph Meinig brachte die Vampirerscheinungen erstmals mit dem Phänomen des Albdrucks in Verbindung und setzte so Maßstäbe für die Verarbeitung im 19. Jahrhundert.[20] Georg Tallar schließlich führte bereits um 1756 Missverständnisse in der Diskussion auf Sprach- und Übersetzungsprobleme zurück.[21] Er war zwar der einzige Teilnehmer der aufgeklärten Vampir(ismus)-Debatte, der Forschungen vor Ort, wenn

15 Karl Vocelka, Glanz und Untergang der höfischen Welt. Repräsentation, Reform und Reaktion im habsburgischen Vielvölkerstaat, Wien 2001, S. 107–111.

16 Hamberger, Mortuus, S. 18.

17 Anja Lauper, Die ›phantastische Seuche‹. Episoden des Vampirismus im 18. Jahrhundert, Zürich 2011, S. 74; vgl. dazu auch Heinz Schott, Vampirismus in der Medizingeschichte, in: Christian Begemann/Britta Herrmann/Harald Neumeyer (Hg.), Dracula unbound. Kulturwissenschaftliche Lektüren des Vampirs, Freiburg i. Br. 2008, S. 35–49, hier S. 40.

18 137. Jüdischer Brief, in: Hamberger, Mortuus, S. 217–222, hier S. 219; vgl. dazu auch Schaub, Blutspuren, S. 139.

19 Johann Christoph Harenberg, Vernünfftige und Christliche Gedancken über die Vampirs oder blut-saugenden Todten (…). Wolfenbüttel 1733, in: Hamberger, Mortuus, S. 122–129, S. 241–248, hier S. 127, S. 241–248; vgl. dazu Lauper, Die ›phantastische Seuche‹, S. 55.

20 Kreuter, Vampirglaube, S. 86f.; Schaub, Blutspuren, S. 122f.

21 Georg Tallar, Visum Repertum Anatomico-Chyrurgicum, Hofkammerarchiv Wien, in: Hamberger, Mortuus, S. 260–262.

man so will Feldforschungen, betrieb,[22] er war aber auch der erste, der den Vampir ausdrücklich als Blutsauger bezeichnete – davor bezeugen die Protokolle eher Drücken oder Würgen als Betätigungsmodus der Vampire.[23] Tallar leistete somit einer missverständlichen Bedeutungseinengung und -umpolung Vorschub und war also nicht nur Entdecker, sondern auch ein (Mit)Verursacher sprachlicher und diskursiver Transitverzerrungen.

Tatsächlich waren (und sind) die zum Aberglauben abgewerteten religiösen Praktiken und Vorstellungen der Bevölkerung ein effizientes Mittel zur Markierung angenommener zivilisatorischer Diskrepanz; seiner bezichtigt wurden in der Vampirismus-Diskussion des 18. Jahrhunderts die Rätzen,[24] die Istrier,[25] die Juden,[26] die Papisten[27] oder gar die gesamte russische Nation (die Orthodoxen)[28] und in diesem Sinn schließlich die Griechen.[29] Johann Heinrich Zopf nahm 1733 eine territoriale Verortung des Vampirismus im östlichen Europa vor: Zentren seien nämlich Serbien und andere Gebiete des Königreichs Ungarn, Mähren, Böhmen, Polen und das mit Potential zur Omnipräsenz konnotierte »Anderswo«.[30] Vampirismus wurde zur imperialen Kategorie der Peripherie, wie Thomas Bohn verdeutlicht hat, und gerade deswegen auch wiederholt mit Epidemien in Zusammenhang gebracht. [31] Neben der Militärgrenze im Südosten der Habsburgermonarchie ist es übrigens Schlesien, das bereits im 16. und 17. Jahrhundert als Zentrum eines Vampirismus-Glaubens gesehen wird, wie etwa Karen Lambrecht gezeigt hat.[32]

Zentrales Subjekt der Vampirismus-Forschung im Reich wurde Sachsen; als ihre Hauptstadt und zentrale Institution hinsichtlich der Referenz und Diskussion, wenn auch ausdrücklich nicht der Kolportage, kann jedoch die preußische Universität in Halle/Saale angesehen werden.[33] Seitens der Autoren sei exemplarisch Michael Ranft herangezogen, der die deutsche Fassung seines Werkes *Vom Kauen und Schmatzen der Toten in Gräbern* 1734 in Leipzig publizierte. Ranft steht paradigmatisch für die Ambivalenz der Aufklärung, wenn er zum einen unmissverständlich klar macht: »Es mag uns demnach jemand von den klopfenden und schmatzenden Toten erzählen, was er will, wir leugnen ihre Existenz dennoch gänzlich«, zum anderen jedoch Berichten aus Ungarn über Menschen, die bis zu 170 Jahre alt werden, durchaus neutral gegenüber steht.[34]

Aber nicht nur die evangelischen Zentren der Wissenschaft artikulieren sich aufgeklärt in der Sache und dichotom in der Verortung. Der Benediktiner Augustin Calmet thematisierte 1746 in seiner vielbeachteten und noch von Voltaire verspotteten Abhandlung von 1746 unter anderem

22 Schaub, Blutspuren, S. 120.

23 Kreuter, Vampirglaube, S. 167–169.

24 Gmelin an Treu, 1732 November 1, in: Hamberger, Mortuus, S. 65f.

25 Bericht Valvasors, 1689, in: Hamberger, Mortuus, S. 71–73.

26 Sarganeck an Treu, 1732 Juni 9, in: Hamberger, Mortuus, S. 76f.

27 Besondere Nachricht des Putoneus, nach Ranft, in: Hamberger, Mortuus, S. 119–121, hier S. 120.

28 Kramers »Gedanken über die serbischen Vampire«, in: Hamberger, Mortuus, S. 140–142.

29 Traité de Apparitions Calmets, in: Hamberger, Mortuus, S. 234–241, hier S. 236.

30 Johann Heinrich Zopf, Dissertatio de Vampyris Serviensibus. Duisburg 1733, in: Hamberger, Mortuus, S. 204–206.

31 Vgl. Thomas Bohn, Vampirismus in Österreich und Preussen. Von der Entdeckung einer Seuche zum Narrativ der Gegenkolonisation, http://www.kakanien.ac.at/beitr/vamp/TBohn1.pdf , S. 1 (letzter Zugriff 18.2.2015).

32 Karen Lambrecht, Wiedergänger und Vampire in Ostmitteleuropa – Posthume Verbrennung statt Hexenverfolgung?, in: Jahrbuch für deutsche und osteuropäische Volkskunde 37 (1994), S. 49–77, hier S. 57–65.

33 Hamberger, Mortuus, S. 26f.; vgl. dazu auch Lauper, Die ›phantastische Seuche‹, S. 50–52.

34 Michael Ranft, Traktat von dem Kauen und Schmatzen der Toten in Gräbern, Leipzig 1734 (Neudruck in einer Bearbeitung von Nicolaus Equiamicus, Diedorf 2006), S. 34, S. 67.

auch zivilisatorische Phasenverschiebung, wenn er Vampirismus und verwandte Phänomene zunächst im England und Dänemark des 12. Jahrhunderts verortet und sie nun, im 18. Jahrhundert, gewissermaßen als in Ungarn angekommen sieht.[35] Im unmittelbaren Zentrum des Katholizismus, im Vatikan, bezog Prospero Lambertini als Papst Benedikt XIV. nach 1755 gegenüber dem Erzbischof von Gnesen ganz klar Stellung zu den geopolitischen Implikationen des Vampirglaubens, wenn er den Toten Polens das Recht auf Umherwandeln als Teil der adelsrepublikanischen Privilegien bestätigte und die Totenruhe und vor allem ihre Ächtung folglich zu einem Gradmesser ge- oder missglückter Sozialdisziplinierung und daher Modernität machte.[36] Calmet hatte dieser Kritik an binnenkatholischen Vorstellungen und Zuständen übrigens mit der These vorgebaut, in Polen sei der Glaube an Vampire so verbreitet, dass jeder, der sie nicht teile, für einen Ketzer gehalten werde.[37] Der Papst sah die Erzbischöfe als verantwortlich für die Bekämpfung des Aberglaubens an und setzte ihr Interesse an der Aufrechterhaltung des Glaubens an Wiedergänger schlichtweg mit Geldgier gleich – Exorzismen seien ein gutes Geschäft. Maria Theresia als Königin von Ungarn und ihrem Arzt Gerhard van Swieten gestand er diesbezüglich einen Aufklärungsauftrag zu – van Swieten hatte 1755 ein Gutachten zu Vampirismus-Fällen im österreichisch-schlesischen Hermersdorf (heute Svobodné Hermanice in Mähren, westlich von Ostrava) verfasst und dabei vor allem die Geistlichkeit der gezielten Aufrechterhaltung von Aberglauben beschuldigt.[38] Auch Georg Tallar machte ziemlich genau zu dieser Zeit darauf aufmerksam, dass das Vernichten von Vampiren vor allem ein lukratives Geschäftsmodell sei.[39]

Dieser Hermersdorfer Fall, der dem Gutachten van Swietens zugrunde lag, ist aus heutiger Forschungsperspektive weniger wegen des Aufzeigens der im 18. Jahrhundert virulenten Vampirängste relevant, sondern vielmehr deshalb, weil er deutlich macht, welch ungeahnt starken und ungebrochenen Rückhalt diese Ängste bei den hohen Ebenen der kirchlichen Hierarchien hatten. Was war geschehen? Anlässlich einer neuerlichen Exhumierung und Exekution einer Toten wurde bekannt, dass das bischöfliche Konsistorium von Olmütz in den Jahren seit der großen Vampirepidemie, also ein Vierteljahrhundert hindurch, zahlreiche Fälle von Vampirexekutionen vorbei an der staatlichen Evidenz hatte durchsetzen können. Anders als in den serbischen Fällen hatte diesmal nicht ein eigenmächtiger Feldscher die Leichenschändungen zu verantworten, sondern die kirchliche und noch dazu die bischöfliche Autorität! Der Vampirglaube sollte nun im Rahmen der Habsburgermonarchie kategorisch und systematisch bekämpft werden. Als unmittelbare Reaktion auf das Gutachten gab Maria Theresia ein *Rescriptum* heraus, gemäß dem Praktiken der *magia posthuma* strikt untersagt und – noch wichtiger und einschneidender – ihre Untersuchung und Ahndung den geistlichen Autoritäten – ganz im Sinne aufklärerischer und säkularer Ideen – entzogen wurden. Sogar die Ausarbeitung einer neuen Gerichtsordnung, der *Constitutio Criminalis Theresiana* von 1766, kann mit dem Hermersdorfer Fall in unmittelbaren kausalen Zusammenhang gebracht werden.[40] In der Publizistik schließlich wurden die Vorgänge in Hermersdorf von der friderizianisch-preußischen Presse nahezu tagesaktuell genutzt, um die Habsburgermonarchie als orientalisch-rückständig zu markieren. Konkretes Mittel dafür war die Perzeption und Titu-

35 Traité de Apparitions Calmets, in: Hamberger, Mortuus, S. 235f.

36 Brief Benedikts XIV., in: Hamberger, Mortuus, S. 254f.

37 Auskünfte Pater Sliwiskis, 1745 Februar 3, nach Calmet, in: Hamberger, Mortuus, S. 74f.

38 Bernhard Unterholzner, Vampire im Habsburgerreich, Schlagzeilen in Preußen. Wie Mythen zu politischen Druckmitteln werden, in: Christoph Augustynowicz/Ursula Reber (Hg.), Vampirglaube und magia posthuma im Diskurs der Habsburgermonarchie, Wien 2011, S. 89–103, hier S. 91.

39 Lauper, Die ›phantastische Seuche‹, S. 41.

40 Vgl. dazu ebd., S. 21–24.

lation Maria Theresias ausschließlich als Königin von Ungarn.[41] In der preußischen Berichterstattung wurden darüber hinaus die Hermersdorfer Exhumierungen, die ja eigentlich erst der Anlass für das Gutachten van Swietens gewesen waren, als Werk der kaiserlichen Administration dargestellt. Die Gründe für diese Markierung der habsburgischen Obrigkeit als rückständig waren macht- und zivilisierungspolitischer Natur – es sei daran erinnert, dass der Schauplatz an der Grenze zwischen habsburgischem und hohenzollernschem Herrschaftsgebiet lag: Friedrich II. war daher an einer klaren Ziehung und Etablierung der neuen, seit dem Frieden von Berlin (1742) bestehenden Grenze gelegen, die Schlesien an die Hohenzollern-Monarchie band; darüber hinaus womöglich sogar an einer offensiven Arrondierung: Preußen war der Fortschritt und die Zukunft, Österreich hingegen der Rückschritt und die Vergangenheit – das war die ganz klare Botschaft der Berichterstattung.[42]

Nahe am Zentrum des Katholizismus, in Neapel, hatte es Kardinal Giuseppe Davanzati bereits in seiner 1739 verfassten und 1744 veröffentlichten *Dissertazione sopra i vampiri* auf den Punkt gebracht: Vampirismus komme nur in Dörfern Mährens und Ungarns vor und betreffe nur Leute niedriger Herkunft[43] – einer derartigen Verschiebung der Grenze vampirischer Betroffenheit vom Geographischen ins Soziale, allerdings im religiösen Sinn, hatte übrigens schon Ranft in der Überarbeitung seines Traktates Vorschub geleistet.[44] Der Glaube an Vampire und somit die Notwendigkeit von Aufklärung werden von Davanzati somit ganz klar als Phänomene der Peripherie dargestellt. Wegweisend warf er die Frage auf, warum solche Phänomene nicht in bedeutenden Städten Europas auftreten, konkret in Neapel, Rom, Paris oder London, und argumentierte damit ironischerweise genau in die Richtung, die der große Kleruskritiker Voltaire eine Generation später aufgreifen sollte.

Konflikte und Koexistenzen

Bei der Analyse der Konflikte und Koexistenzen, der Ambivalenzen und Synkretismen, die der Glaube an Vampire als Deutungsmuster freilegt, stellen sich zunächst folgende zentralen Fragen: Wie wird man zum Vampir? Wie (un)schuldig ist der Vampir, in welchem Ausmaß ist er Täter und/oder Opfer? Welche wesentlichen Elemente machen zum einen ein gutes Leben und zum anderen einen guten Tod aus?

Potentielle Vervampirung hing – und hängt, wo heute noch daran geglaubt wird – gemäß gängigen Vorstellungen in hohem Ausmaß vom Geburts- und Todesmoment sowie von den Begräbnisumständen ab. Nur um das Ausmaß zu zeigen, in dem die diesbezüglichen Deutungen formalen Vorstellungen verhaftet waren: Gefahr wurde häufig schon gesehen, wenn etwa ein Tier, vor allem eine Katze, über den Leichnam oder den Sarg sprang, aber auch schon dann, wenn eine

41 Unterholzner, Vampire, S. 100.

42 Ebd., S. 98–100; zum Frieden von Berlin vgl. Peter Baumgart, Schlesien als eigenständige Provinz im altpreußischen Staat, in: Norbert Conrads (Hg.), Deutsche Geschichte im Osten Europas. Schlesien, Berlin 1994, S. 345–464, hier S. 352f.

43 Giuseppe Davanzati, Dissertazione sopra i vampiri, Napoli 1774 (sic!), in: Hamberger, Mortuus, S. 228–234, hier S. 232; zur Datierung auf 1744 vgl. Gábor Klaniczay, Historische Hintergründe. Der Aufstieg der Vampire im Habsburgerreich des 18. Jahrhunderts, in: Julia Bertschik/Christa Agnes Tuczay (Hg.), Poetische Wiedergänger. Deutschsprachige Vampirismus-Diskurse vom Mittelalter bis zur Gegenwart, Tübingen 2005, S. 83–111, hier S. 103.

44 Vgl. dazu Oliver Hepp, Vom Aberglauben hin zur »magischen Würckung« der Einbildung. Michael Ranffts *Tractat von dem Kauen und Schmatzen der Todten in Gräbern*, in: Augustynowicz/Reber, Vampirglaube, S. 105–123, hier S. 116.

Beerdigung bei oder nach Sonnenuntergang stattfand. Weitere Anfälligkeit für Transformationen zum Vampir wurde, so Claude Lecouteux, bei Kindern mit auffallenden Schwangerschafts- oder Säugumständen vermutet, etwa bei fünft- oder siebtgeborenen, bei rothaarigen oder blauäugigen Menschen, bei Gesetzlosen und Randständigen, also Außenseitern, bei Leuten mit zwei Seelen (russ. etwa *dvoedušniki*), bei behaarten und noch dazu unter besonderen liturgischen Umständen geborenen Kindern und schließlich bei Personen, die selbst bereits vampirischem Einfluss ausgesetzt waren.[45]

Voraussetzung für Reinheit, so die Vorstellung, ist jedenfalls ein guter, altersgemäßer Tod, der einen abgeschlossenen Übergang gewährleistet.[46] Die Angst vor Vampiren ist mithin die Angst vor eben nicht gänzlich transformierten Verstorbenen, welche die *rite de passage* vom Leben zum Tod nicht vollzogen haben. Sie ist mithin nicht ausschließlich, aber doch unmissverständlich und wesentlich als ein Symptom des kirchlichen (katholischen wie evangelischen wie orthodoxen) Versagens zu lesen, ausreichende Erklärungen für das Phänomen des Todes anzubieten[47] – hier kann nur am Rande erwähnt werden, dass auch der Vampirwerdung in ihrer literarischen Überhöhung ihre Auffassung und Inszenierung als *rite de passage* mit den drei Phasen von Trennung, Übergang/Umwandlung und Angliederung inhärent ist, wie etwa Hans Brittnacher wiederholt und eindrücklich gezeigt und betont hat.[48]

Der Vampirglaube hat zunächst das Potential, zwischen vorchristlichen und christlichen Deutungsmustern zu vermitteln, also angenommene chronologische und geopolitische Brüche synkretistisch einzuebnen. Die Slawistin Dagmar Burkhart bezeichnet den Vampirglauben sowie die in ihm deutlich werdenden Glaubensvermischungen und Begriffsverwirrungen hinsichtlich seines synkretistischen Potentials geradezu als paradigmatisch: »Die Skala des Synkretismus reicht von präanimistischen und animistischen Glaubensvorstellungen bis zu einem ausgesprochenen Seelen- und Geisterglauben meist christlicher Prägung.«[49] Ein zentraler synkretistischer Moment, auf den hier nicht näher eingegangen werden kann, liegt daher in der Analogie zu nichtlinearen, zyklischen Lebenserklärungsmodellen der Antike, in denen die menschliche Individualität gegenüber der Kreisläufigkeit etwa des agrarisch geprägten Lebensrhythmus weit hintan steht.[50]

Der Bezug des Vampirmotivs zur Antike wurde auch von den Autoren des 18. Jahrhunderts betont, wobei hinsichtlich des jeweiligen konfessionellen Kontextes klar unterschieden werden kann: Der Protestant Ranft erachtete die hier noch auszuführende Idee, Unverweslichkeit sei ein Zeichen für Heiligkeit, ausdrücklich als falsch, sah darin aber synkretistisches Potential, wenn er darauf hinwies, »dass sich auch die Heiden und Ketzer gleichermaßen mit der Unverweslichkeit ihrer Körper groß machen können«.[51] Ranfts zentrale Referenz für als tatsächlich unterstellte und auf natürliche Ursachen zurückgeführte Unverweslichkeit waren dabei Beispiele aus der mythischen und historischen Antike, etwa Hektor oder Alexander der Große.[52] Der Katholik und Benediktiner Augustin Calmet hingegen leugnete dem Vampirglauben vergleichbare Vorstellun-

45 Kreuter, Vampirglaube, S. 32–37, S. 178–186; Lecouteux, Die Geschichte der Vampire. Metamorphose eines Mythos, Düsseldorf 2001, S. 67–71.

46 Ebd., S. 41, S. 49.

47 Schaub, Blutspuren, S. 62.

48 Vgl. dazu etwa Hans Richard Brittnacher, Blut. Grundsätzliche Bemerkungen zur Erfolgsgeschichte des Vampirs, in: Augustynowicz/Reber, Vampirglaube, S. 17–37, hier S. 32.

49 Dagmar Burkhart, Kulturraum Balkan. Studien zur Volkskunde und Literatur Südosteuropas, Berlin 1989, S. 65.

50 Kreuter, Vampirglaube, S. 146.

51 Ranft, Traktat, S. 55.

52 Ebd., S. 54–57.

gen in der Antike gänzlich. Er machte auf einen zentralen Widerspruch aufmerksam, der auch im Rahmen dieses Beitrages weiter beschäftigen wird, wenn er ganz unverblümt die Frage nach der Ambivalenz der Vampirfigur und ihrer Erklärbarkeit stellte: So es Wiedergänger gibt, wer ist verantwortlich für sie? Ist es Gott, der den Verstorbenen erlaubt oder befiehlt, in ihren Körper zurückzukehren, oder ist es der Teufel, der sich der Körper der Verstorbenen bemächtigt?[53]

Wie die Auseinandersetzung mit dem Vampirmotiv bei Ranft und Calmet deutlich macht, warf die Frage nach der Ursache und Verantwortung für Vervampirung früh die Frage nach allfälliger Heiligmäßigkeit der Vampirfigur auf – ja sogar das Wesen der Heiligkeit selber wurde in den Diskussionen um Vampirismus und Gegenmittel virulent, wenn etwa die bereits erwähnten Gutachter der Sorbonne bereits im Jahr 1693 zu dem Urteil kamen, Maßnahmen zur Vernichtung, insbesondere die Verstümmelung vermeintlicher Vampire, seien gegen die Unantastbarkeit und somit gegen die Heiligkeit des Grabes gerichtet.[54] Ausdrücklich zwischen Heiligsprechung und Steinigung verortete etwa der Wiener Theologe Laurentius Hentschel das Vampirismus-Phänomen am Höhepunkt seiner Wirkmächtigkeit 1732. Vampire waren für ihn ausdrücklich Produkte der Phantasie, die ihrerseits wiederum der Wirkung des Teufels entsprang und durch Gebet und die Doktrin Christi zu bekämpfen sei, aber ausdrücklich nicht mit Mitteln, die er abergläubisch nannte.[55] Der Marquis d'Argens charakterisierte und stilisierte die Opfer des Vampirismus explizit als Märtyrer, wenn auch als eingebildete.[56]

Ein Spiegel dieser Ambivalenz ist erneut das Dispositiv der (Un)Verweslichkeit, womit sich der Bogen nicht nur zu Ranfts bereits skizzierten Ausführungen, sondern auch zu jenem einleitend zitierten Paradoxon spannt, das Voltaire so eindringlich beschäftigte. Die Faszination am unverwesten Körper begegnet in zwei »entgegengesetzten religiösen und kulturellen Kontexten bzw. symbolischen Bedeutungsrahmen: bei Heiligen und Vampiren, den Gottgesegneten und den Gottverfluchten«.[57] Zentraler Ausgangspunkt für diese Ambivalenz ist die sich im 18. Jahrhundert verdichtende Einsicht, dass Verwesungsprozesse unregelmäßig ablaufen[58] – all die Phänomene, für die die *miracula mortuorum*-Literatur des 17. Jahrhunderts dem Vampir(ismus)-Diskurs eine Folie angeboten hatte, sind dafür symptomatisch: Unverweslichkeit (*incorruptio*) bei Grabesöffnungen, Ausfluss aus Körperöffnungen, angebliches Wachstum von Körperhaaren über den Todeszeitpunkt hinaus, Geruchlosigkeit des Leichnams, Abschichtung der Oberhaut mit gleichzeitiger Bildung einer neuen Haut, Abfallen von Körperteilen sowie schließlich geschlechterspezifische Symptome wie Fäulnis des Uterus bei Frauen und Penis-Erektion, das so genannte »Wilde Zeichen«, bei Männern.[59] Die Sakralisierung der Unverweslichkeit im Christentum geht zurück auf den Übergang von der Antike zum Mittelalter. Aus einer stark an Reliquien orientierten Frömmigkeit entstand im römischen Einflussbereich nämlich die Vorstellung, heilige Körper(teile) würden nicht verwesen. Zunächst auf zufällige Funde beschränkt, wurde Unverweslichkeit hier bald bewusst beobachtet; im Hochmittelalter und der frühen Neuzeit wurde das Motiv schließlich auf frühe

53 Traité de Apparitions Calmets, in: Hamberger, Mortuus, S. 235–238.

54 Spruch der Sorbonnischen Doctoren 1693, nach Calmet, in: Hamberger, Mortuus, S. 222–225, hier S. 222f.

55 Laurentius Hentschel, »Pro actione supernaturali«, in: Johann Jacob Freundt de Weyenberg, An nimurum sanguisugorum Vampyris dictorum actio sit supernaturalis an vero naturalis, Wien 1732, in: Hamberger, Mortuus, S. 206–210.

56 Jüdischer Brief 137, in: Hamberger, Mortuus, S. 218.

57 Marco Frenschkowski, Die Unverweslichkeit der Heiligen und Vampire. Eine Studie über kulturelle Ambivalenz, in: Augustynowicz/Reber, Vampirglaube, S. 53–68, hier S. 53.

58 Ebd., S. 54.

59 Vgl. dazu Hamberger, Mortuus, S. 12.

Heilige rückprojiziert. Die Idee heiliger Unverweslichkeit besteht auch in den orthodoxen Kirchen, erinnert sei nur an den Bischof Nikita von Novgorod im frühen 12. Jahrhundert, an Aleksandr Nevskij im hohen 13. Jahrhundert oder an die unverwesten Leichname im Höhlenkloster von Kiew. Die Idee der heiligen Unverweslichkeit ist also der West- wie der Ostkirche geläufig; immer steht sie für Wirkung der Heiligen über den Tod hinaus.[60]

Worin bestehen aber die Unterschiede? Der Katholizismus sieht für die Hinterbliebenen Möglichkeiten vor, die verstorbene Person etwa durch Weihwasserspenden, Gebete, Messopfer oder Almosen vor der Verdammnis und dem Vergessen zu bewahren. In diesem Zusammenhang ist relevant, dass gerade in der Zeit der prominenten Vampirvorfälle an der Wende vom ersten zum zweiten Viertel des 18. Jahrhunderts der so genannte Arme-Seelen-Kult, der sich vor allem dem Gebet für Verstorbene widmete, auf einem Höhepunkt war; auch das in der frühen Neuzeit entwickelte ikonographische Programm des *memento mori*, also die stetige verbildlichte Erinnerung an die eigene Vergänglichkeit, sollte auf den Tod vorbereiten und in diesem Sinn einen guten Tod garantieren. Ist das Skelett Sinnbild für einen guten christlichen Tod im Sinne einer raschen Transformation und somit einer zügigen *passage*, so ist das *memento* hingegen eindringliche Abbildung der Zwischenstadien und des Verfalls. In der Vorstellung der orthodoxen Kirchen hingegen waren die Möglichkeiten der Hinterbliebenen, für das Seelenheil eines Verstorbenen zu wirken, deutlich eingeschränkt: Ein Sterbesakrament gibt es in der Orthodoxie ausdrücklich nicht; Toten-, Sterbe- oder Hinterbliebenenbetreuung sind schwach akzentuiert. Entsprechende Bedürfnisse werden eher durch Rückgriffe auf vorchristlich-animistische Vorstellungen (Totenklagen, Grabbeigaben) kompensiert als von der Kirche bedient.[61] Ein signifikanter Unterschied katholischer und orthodoxer thanatologischer Vorstellungen besteht schließlich in der Idee des Fegefeuers, deren Entstehung als Produkt der Debatten lateinischer und griechischer klerikaler Autoritäten im 13. Jahrhundert Jacques Le Goff so eindringlich nachgezeichnet hat.[62] Derartige Vorstellungen einer »dritten Gesellschaft im Jenseits«[63] gab und gibt es in den orthodoxen Kirchen – wie übrigens auch in den Protestantismen – ausdrücklich nicht.

Tatsächlich ist die von Voltaire paraphrasierte Idee, die Exkommunikation bringe Wiedergänger hervor, ein Teil der orthodoxen Dogmatik.[64] Der rasche Zerfall eines Leichnams gilt hier ausdrücklich als Gnade; das Fehlen der Verwesung kann hingegen als Zeichen eines Fluches gesehen und als solcher auf gottloses Leben, Häresie oder dämonische Einflüsse zurückgeführt werden.[65] In den orthodoxen Kirchen ist die Idee der Auferstehung und der Erlösung somit stark abstrahiert und jedenfalls erst nach dem vollständigen Zerfall des Leichnams möglich. Exhumierung wurde somit zur notwendigen Kontrolle und das Grab 40 Tage nach der Beerdigung rituell wieder geöffnet, um den Verwesungszustand zu kontrollieren.[66]

Im Katholizismus höhlte der Glaube an Vampire hingegen unmissverständlich grundlegende Positionen des Glaubensbekenntnisses aus: Zentrale Positionen wie etwa der Heiligenkult oder die Vorstellung vom Abendmahl sind dort in ihrer positiven Konnotation durch das Bild schädigender und untoter Wiedergänger gegengezeichnet.[67] Prospero Lambertini nahm daher in seinen

60 Frenschkowski, Unverweslichkeit, S. 56–60.

61 Kreuter, Vampirglaube, S. 144f.; Schaub, Blutspuren, S. 60–62.

62 Jacques Le Goff, Die Geburt des Fegefeuers. Vom Wandel des Weltbildes im Mittelalter, München 1990, S. 340–343.

63 Ebd., S. 254.

64 Summers, The Vampire, S. 33.

65 Frenschkowski, Unverweslichkeit, S. 61f., S. 66.

66 Schaub, Blutspuren, S. 153.

67 Ebd., S. 153f.

frühen, 1734 bis 1738 entstandenen Schriften zur Heiligsprechung *De servorum Dei Beatificatione et beatorum Canonizatione* unmittelbar nach den Vampirfällen klar Stellung: Unverweslichkeit war und blieb ein unveräußerlicher Teil der katholischen Vorstellung von Heiligkeit.[68] Wie Gábor Klaniczay gezeigt hat, markierte Lambertini den Vampirglauben in diesem Zusammenhang ausdrücklich als Aberglauben, wenn er seine Behandlung unter die Überschrift *De vanitate vampirorum* stellte.[69] Dessen Bekämpfung wurde zu einem wesentlichen Aufgabengebiet der katholischen Aufklärung, wie ja hier bereits aus einschlägigen Stellungnahmen Calmets, Tallars und Henschels deutlich wurde. Den Umstand, dass damit gleichzeitig das Beharren der katholischen Kirche auf der Heiligenverehrung anachronistisch wurde, ist wiederum im einleitenden Zitat von Voltaire substanziell angesprochen.

Wie ebenfalls bereits deutlich wurde, ist die Vampir(ismus)-Debatte schließlich auch Symptom der evangelisch-katholischen Auseinandersetzungen und somit der konfessionellen Spaltung innerhalb der Westkirche. Auch Ranft, der übrigens als einer der wenigen Teilnehmer der Vampir(ismus)-Diskussion jüdische und islamische thanatologische Zusammenhänge mitberücksichtigte, sah vor allem den Unterschied zwischen katholischem und protestantischem Zugang: Die »Papistischen« würden das Kauen und Schmatzen der Toten in ihren Gräbern für ein göttliches Wunder halten; er selbst sei »von der Gegenpartei und eines besseren Glaubens«.[70] Putoneus, Mathematiker und Arzt in Leipzig, erachtet den Aberglauben als ein Argument für die Aufrechterhaltung der für ihn irrigen Idee des Fegefeuers.[71] Im katholisch-protestantischen Gegensatz spielt der Vampirglaube somit eine unmissverständliche Rolle als Marker zivilisatorischer Unterlegenheit.

Welche vermittelnden Vorschläge gab es aber? Synkretistisches Potential zur Auflösung der Ambivalenz von Heiligkeit und Verwesung hat eine Position, die knapp ein Jahrhundert vor den Vampirismus-Diskussionen des 18. Jahrhunderts geäußert wurde und hier abschließend thematisiert werden soll: Leo Allatios/Leone Allacci, zum Katholizismus konvertierter Grieche, Vatikanischer Bibliothekar und somit mit der entsprechenden obrigkeitlichen Autorität ausgestattet, stellte in seinen *De Graecorum hodie quorundam opinationibus* von 1645 die Unverweslichkeit der Vampire dem Fegefeuer gleich und differenzierte sie damit von den Heiligen – wie gezeigt wurde, ist diese Argumentation der Diskussion des 18. Jahrhunderts nicht fremd. Deutlich stärker auf die Verschmelzung von Deutungsmustern abzielend und somit synkretistisch hingegen ist Allatios' Schlussfolgerung: Vampirismus sei ein Ergebnis von Exkommunikation, erst deren bischöfliche Aufhebung ermögliche Reinigung durch das Aufblähen der Verwesung (griech. *tympaniaios*), die ihrerseits im Fall der Heiligen eben nicht notwendig sei.[72] Für Allatios als Verfechter einer griechisch-römischen Ökumene war die Figur des Wiederkehrers eine Brücke hin zur katholischen Vorstellung des Fegefeuers[73] und hatte in diesem Sinn synkretistisches Potential zwischen katholischen und orthodoxen Vorstellungen, die ihrerseits gerade in Griechenland in ganz wesentlicher Wechselwirkung zu griechisch-vorchristlichen Vorstellungen stehen. Es ist erstaunlich, welch geringe Rolle dieser vermittelnde Ansatz in der Vampirismus-Diskussion des 18. Jahrhunderts spielte.

68 Frenschkowski, Unverweslichkeit, S. 57.

69 Vgl. dazu Klaniczay, Historische Hintergründe, S. 103.

70 Ranft, Traktat, S. 20.

71 Besondere Nachricht des Putoneus, nach Ranft, in: Hamberger, Mortuus, S. 120.

72 Frenschkowski, Unverweslichkeit, S. 65; vgl. dazu auch Summers, The Vampire, S. 29.

73 Vgl. dazu Karen Hartnup, ›On the Beliefs of the Greeks‹. Leo Allatios and Popular Orthodoxy, Leiden 2004, S. 233–236.

Zusammenfassend sei festgehalten, dass die Angst vor Vampiren vor allem die Angst vor jenen Verstorbenen war (und ist), welche die *rite de passage* vom Leben zum Tod nicht oder nur teilweise vollzogen – diese wiederum ist als Symptom des kirchlichen Versagens, ausreichende Erklärungen für das Phänomen des Todes anzubieten,[74] zu lesen. In diesem Versagen liegt aber auch das synkretistische Potential des Vampir(ismus)-Glaubens: Er steht an der Grenze zwischen Leben und Tod, im Überlappungsbereich katholischer und orthodoxer Christenheit, an der Schwelle von magischem zu naturwissenschaftlichem Denken.[75] Allgemein ordnet sich der Vampirdiskurs dem Übergang vom symbolischen zum kausalen Weltbild ein, den ja die Aufklärung markiert; zentrale Mittel dieser Schwelle sind auch in diesem Zusammenhang Entzauberung und buchstabengetreues Verständnis.[76]

Die damit noch einmal hervorgehobene Ambivalenz der Aufklärung wird vor allem anhand der involvierten Akteure deutlich: Zunächst als Phänomen des Volksglaubens, also der Glaubensvorstellungen breiter, un- oder wenig gebildeter Bevölkerungsschichten angenommen, entfaltete der Vampirismus zunächst vor allem durch die Notwendigkeit der Abgrenzung von ihm, dann aber auch seine Wirkmächtigkeit auf die gelehrte Welt – hier wirkte, mit den Worten von Sabine Doering-Manteuffel, die »doppelte Funktion der Medien. Was aufklären sollte, konnte zugleich alte Glaubensformen alimentieren«.[77] Wie sehr nämlich die Vampirmaterie selbst im gelehrten Diskurs des 18. Jahrhunderts noch eine Persistenz naturmagisch-magnetischer Annahmen und eine Verhaftung im Denken in »Ähnlichkeiten und Kontiguitäten«[78] bedeutete, sei somit noch einmal ausdrücklich betont.

Wie früh und wie inhärent das Vampirmotiv darüber hinaus genutzt wurde, um geopolitische und sozioökonomische Dichotomien und Ungleichheiten abzubilden, wie sehr der Vampir mithin ein religiös-profaner Grenzgänger ist, wurde ebenfalls gezeigt. Bezüge zur vor- und außerchristlichen Weltdeutung konnten hier nur peripher behandelt werden; multipel religiös ist das Phänomen jedenfalls wegen seiner Ambivalenz zwischen Werte- und Deutungssystemen. Die Vampirfigur als Mittel der Projektion geozivilisatorischer Abgrenzung einerseits und synkretistischer Grenzüberschreitung andererseits zueinander in Beziehung gesetzt zu haben war somit das zentrale Motiv dieses Beitrages.

Mit dem Ausgang des 18. Jahrhunderts verschärfte sich das bereits von Voltaire artikulierte sozialkritisch-metaphorische Potential des Blutsauger-Motivs im Kontext der Französischen Revolution hin zur politischen Brisanz.[79] Nur wenige Zeit später, mit der Romantik, änderte sich zu Beginn des 19. Jahrhunderts die Einstellung zu den Toten; ihre Betrachtung, ihre Gegenwart wurde nun nachhaltig tabuisiert, die Grundlagen für die Literarisierung des Leichnams hin zum Monster waren geschaffen.[80] Der Vampir war und blieb ein Star.

74 Schaub, Blutspuren, S. 62.

75 Vgl. dazu Clemens Ruthner, Erlesene Leichname. Spuren des Vampirs in der deutschsprachigen Literatur, in: Norbert Stefenelli (Hg.), Körper ohne Leben. Begegnung und Umgang mit dem Tod, Wien 1998, S. 113–123, hier S. 114.

76 Vgl. dazu Peter Burke, Historiker, Anthropologen und Symbole, in: Rebekka Habermas/Nils Minkmar (Hg.), Das Schwein des Häuptlings. Sechs Aufsätze zur Historischen Anthropologie, Berlin 1992, S. 21–41, hier S. 34–36.

77 Sabine Doering-Manteuffel, Das Okkulte. Eine Erfolgsgeschichte im Schatten der Aufklärung. Von Gutenberg bis zum World Wide Web, München 2008, S. 103.

78 Lauper, Die ›phantastische Seuche‹, S. 74.

79 Klaniczay, Historische Hintergründe, S. 110f.

80 Schaub, Blutspuren, S. 66.

■ Thomas P. Funk

»Wie die Laufbilder bei den Lichtspielen«

Episteme filmischer Objektivität in den Visionsberichten der Therese von Konnersreuth

Am 13. Februar 2005 wurde der Seligsprechungsprozess der Stigmatisierten Therese Neumann von Konnersreuth (1898–1962) offiziell eröffnet. Therese Neumann, deren Karfreitagsleiden seit dem erstmaligen Aufbrechen ihrer Stigmata im Jahr 1926 bis zu ihrem Tod ein Massenpublikum in die kleine bayerische Marktgemeinde nahe der tschechischen Grenze zog, ist bis heute umstritten. Sie erlebte, so heißt es, die Passion Jesu Christi etwa siebenhundert Mal mit.[1] Mitglieder ihres Freundes- und Verehrer_innenkreises, des sogenannten »Konnersreuther Kreises«, zeichneten ihre Visionen des gesamten Lebens Jesu, Visionen aus dem Leben der Heiligen und der »Glaubensgeheimnisse« auf.[2] Therese Neumann wurde von ihnen als Augenzeugin des Lebens und der Kreuzigung Jesu begriffen, und ihre Darstellungen autorisierten sie als Augenzeugen, die sich in Konnersreuth von der Wahrheit des Geschehens überzeugten. Damit verschachteln sich zwei Ebenen der Augenzeugenschaft: die – für die Vision angenommene – Kopräsenz Therese Neumanns mit Jesus Christus und die Kopräsenz der Autoren mit Therese Neumann. Anhand der Visionsberichte aus dem Konnersreuther Kreis analysiere ich, wie Mitglieder des Kreises in den späten 1920er Jahren mit der Befragung der »Augenzeugin« Therese Neumann das Ziel verfolgten, das biblische Geschehen lückenlos zu rekonstruieren und die Wahrheit der katholischen Lehre zu beweisen. Mein Augenmerk richte ich dabei auf Episteme kinematographischer Objektivität, dem Vergleich der Visionen Therese Neumanns mit der technologischen Aufzeichnung, Speicherung und Wiedergabe audiovisueller Wahrnehmungsdaten im modernen Film, die, so meine These, dazu dienten, die rätselhafte visionäre Augenzeugenschaft der Stigmatisierten zu plausibilisieren. Dies geschieht unter der Bedingung des Glaubens an die filmtechnologische Reproduzierbarkeit von »Wirklichkeit«, im historischen Kontext der »Wissenschaftskrisis« der zwanziger Jahre, in der das wissenschaftliche Ethos wertfreier Objektivität mit Fragen nach dem Sinn der Wissenschaft und Klagen über ihren weltanschaulichen Relativismus konfrontiert wurde.[3] Die Mitglieder des Kreises begriffen die Visionärin als technikanaloges Instrument, mit dem sich die ewige Gültigkeit religiöser Wahrheiten wissenschaftlich beweisen ließ. Thereses Augen, berichtete etwa Erwein Freiherr von Aretin im August 1927 über das von ihm in Konnersreuth Gesehene, hätten in ihren Visionen das jenseitige Geschehen ähnlich einer Filmkamera neutral, störungsfrei

1 Johannes Steiner, Theres Neumann von Konnersreuth. Ein Lebensbild nach authentischen Berichten, Tagebüchern und Dokumenten, 9. Aufl., München 1985 [1963], S. 129.

2 Johannes Steiner, Visionen der Therese Neumann. Nach Protokollen, akustischen Aufzeichnungen und Augenzeugenberichten, 2 Bde., München 1973.

3 Max Weber, Wissenschaft als Beruf (1919), in: Johannes Winckelmann (Hg.), Gesammelte Aufsätze zur Wissenschaftslehre, 6. Aufl., Tübingen 1985, S. 582–613; Siegfried Kracauer, Die Wissenschaftskrisis. Zu den grundsätzlichen Schriften Max Webers und Ernst Troeltsch, in: ders., Das Ornament der Masse. Essays, Frankfurt am Main 1977, S. 197–208.

und exakt wahrnehmen können.[4] Diese Annahme weckte unter Verehrer_innen Erwartungen, sie könne bereits heute, wie es in der Bibel steht, »durch und durch erkennen« (1 Kor 13,9), was Zeitgenoss_innen bis ans Ende der Tage lediglich glauben und hoffen durften und was modernen Wissenschaftler_innen aufgrund ihres fehlenden Glaubensbekenntnisses gänzlich zu sehen verwehrt bleibe. Eine anti-intellektuelle, gegen die säkulare Wissenschaft gerichtete Polemik prägt die Verehrung Therese Neumanns bis heute: Der kindlich-schlichten Bauernmagd, heißt es, würden göttliche Geheimnisse geoffenbart, die den »Weisen und Klugen« (Mt. 11, 25), den Gelehrten und Wissenschaftlern verborgen blieben.[5]

Mein Artikel untersucht die Verfertigung der Visionsberichte im Spannungsverhältnis zwischen der epistemischen Tugend der mechanischen Objektivität, die beansprucht, wertfrei zu sein, und der Tugend des »Augenzeugen«, der durch die Wahrhaftigkeit seines subjektiven Bekenntnisses eine Wahrheit glaubhaft macht. Ich zeige, dass der Rekurs auf die »epistemischen Tugenden« (Lorraine Daston) der mechanischen Objektivität und des Augenzeugen eine argumentative Strategie darstellt, um die transzendente Wahrheit des katholischen Glaubens zu verteidigen und den immanenten Deutungshorizont der modernen Naturwissenschaften, der Medizin, der Psychologie und der Psychiatrie, zu kritisieren.[6] Im Versuch, mit der empirizistischen Rekonstruktion des Lebens Jesu zugleich die heilsgeschichtliche Wirklichkeit Christi zu beweisen, verknüpften die Interpreten wissenschaftliche Nüchternheit mit der subjektiven Emphase des religiösen Bekenntnisses. Die Plausibilisierung der Schauungen Therese Neumanns mit Argumenten des Kinofilms vermittelt, so meine These, zwischen dem Anspruch der Autoren auf wissenschaftliche Objektivität religiöser Wahrheit und einer »authentischen« Präsenzerfahrung des Numinosen, die sie zum politisch-religiös orientierten Handeln drängt.

Mein Artikel konzentriert sich auf die Veröffentlichungen des Konnersreuther Kreises, in dessen Zentrum, neben Therese Neumann selbst und ihrem Seelsorger, Pfarrer Joseph Naber, verschiedene bekannte Persönlichkeiten des öffentlichen Lebens im süddeutschen Raum standen, unter anderem der Professor für Altertumskunde an der Bischöflichen Philosophisch-Theologischen Hochschule Eichstätt, Franz Xaver Wutz, der Chefredakteur der *Münchner Neuesten Nachrichten*, Fritz Gerlich, sein bereits erwähnter Kollege Erwein Freiherr von Aretin (Journalist, Astronom, enger Vertrauter des bayerischen Kronprinzen und überzeugter Monarchist) und der adlige Großgrundbesitzer Erich Fürst von Waldburg-Zeil. Der armenisch-katholische Erzbischof von Lemberg (heute: L'viv), Joseph Teodorowicz, der katholische Publizist Friedrich Ritter von Lama, der durch Vortragsreisen deutschlandweit bekannte Kaplan Helmut Fahsel sowie der Priester der Konnersreuther Nachbargemeinde Münchenberg, Leopold Witt, zählten zeitweilig zum näheren Umfeld der Stigmatisierten. Ich analysiere die Entstehung der Visionsberichte Therese Neumanns als mehrstufigen, arbeitsteiligen Prozess, der sich zwischen der Volksheiligen und ihren Interpreten des Konnersreuther Kreises vollzog. In diesem Prozess wurden Wissensformen der Theologie, der Altertumskunde, der Naturwissenschaften, des Spiritismus und audiovisueller Medientechnologien vermischt, um, so der Anspruch der Beteiligten, die Visionsberichte von allen subjektiven Störfaktoren wie von allen Spuren des Produktionsprozesses zu reinigen und dadurch die »Wahrheit« des biblischen Geschehens wieder herzustellen.

4 Erwein von Aretin, Die Erscheinungen von Konnersreuth, in: Die Einkehr. Unterhaltungs-Beilage der Münchener Neuesten Nachrichten [Nr. 209]. 8. Jg., Nr. 57, 3.8.1927, S. 225–228, hier S. 227.

5 Steiner, Theres Neumann, S. 95.

6 »Die im Sinne der Ablehnung religiöser Gebundenheit ›voraussetzungslose‹ Wissenschaft kennt in der Tat ihrerseits das ›Wunder‹ und die ›Offenbarung‹ nicht. Sie würde ihrer eigenen ›Voraussetzungen‹ damit untreu.« Weber, Wissenschaft, S. 603.

Meine Analyse der Visionsberichte Therese Neumanns gliedert sich wie folgt: Ich untersuche (1), wie die Mitglieder des Konnersreuther Kreises Therese Neumann als Augenzeugin des Lebens Jesu darstellten, die in ihren Visionen mit mechanischer Objektivität das biblische Geschehen erfasste und damit eine wissenschaftliche Erforschung des Lebens Jesu ermöglichte. Daran anschließend analysiere ich (2) die Verfertigung der Visionsberichte als empirizistische Rekonstruktion der historischen wie religiösen »Tatsachen« des von Therese geschauten biblischen Geschehens. Diese stellt sich dar als ein Prozess, in dem die Berichte von Spuren der Kommunikation Therese Neumanns mit ihren Interpreten gereinigt wurden. Schließlich beschreibe ich (3) die politischen Konsequenzen, die die Mitglieder des Konnersreuther Kreises als Augenzeugen zweiter Ordnung, als Augenzeugen der Augenzeugin Therese Neumanns, aus ihrer Begegnung mit der »Wahrheit von Konnersreuth« zogen: Partei zu ergreifen für die universale, katholische Wahrheit, gegen die »Irrlehren« der säkularen Wissenschaft und gegen die »Herrschaft Satans«,[7] die sie bald im Nationalsozialismus verkörpert sahen. Die wissenschaftliche Rhetorik der mechanischen Objektivität deute ich als Strategie religiöser Subjekte, gegen die Dominanz rein »diesseitiger« Deutungshorizonte in Wissenschaft und Politik Ansprüche einer transzendenten, universalen Wahrheit zu artikulieren, einer religiösen Wahrheit, die jede Abweichung als Häresie verurteilt. 31

Bevor die Verfertigung der Visionsberichte analysiert wird, skizziere ich das Feld, in dem die Phänomene Therese Neumanns in den späten 1920er Jahren verhandelt wurden. Wie konnten Visionen, in denen eine junge Frau die Präsenz Christi erlebte (ganz ähnlich wie Brentanos Katharina Emmerick mehr als 100 Jahre zuvor), in einer Zeit Wahrheit und Wahrhaftigkeit für sich beanspruchen, in der Radio- und Bildfernübertragung die Erfahrung der globalen Welt in Echtzeit ermöglichten und Kinofilme Vergangenes in Gegenwart verwandelten?

Visionen im Zeitalter des Kinofilms und der audiovisuellen Reproduzierbarkeit

Therese Neumann wurde bald nach ihrer ersten Stigmatisierung im Jahr 1926 durch zahlreiche Presseartikel weltweit bekannt. Maßgeblich dazu beigetragen hatte ein Bericht des bereits oben erwähnten Journalisten Freiherr Erwein zu Aretin, der am 3. August 1927 in der Sonntagsbeilage der *Münchner Neuesten Nachrichten* erschien und alsbald in 32 Sprachen übersetzt worden war.[8] Stigmata, Visionen und weitere Therese Neumann zugeschriebene außergewöhnliche Phänomene wie Nahrungslosigkeit zeitigten Hysterie- und Betrugsvorwürfe. Um den Charakter der Phänomene zu überprüfen, ließ das Bistum Regensburg im Juli 1927 ihre Nahrungslosigkeit medizinisch untersuchen. Therese Neumanns Weigerung, sich weiteren Untersuchungen zu unterziehen, bewegte das Heilige Offizium 1936 zur Drohung, sie für ungehorsam zu erklären.[9] Damit hätte ihr der »heroische Tugendgrad« des Gehorsams abgesprochen werden müssen, der eine Vorbedingung zur posthumen Eröffnung eines Seligsprechungsprozesses darstellt. Nicht nur säkulare, sondern auch katholische Mediziner, Psychologen und Theologen äußerten bereits kurz nach dem Bekanntwerden ihres Falls Zweifel an der Übernatürlichkeit der Phänomene und an der Objektivität ihrer Visionen. Vertreter der noch jungen katholischen Religionspsychologie wollten eine objektive Gegebenheit göttlicher Eingebung im Falle Therese Neumanns nicht ohne weitere Prüfung gelten lassen und setzten sich für eine empirische Untersuchung ihrer »Mystik« unter dem

7 Erwein von Aretin, Therese Neumann. Die stigmatisierte Sühneseele von Konnersreuth, Gröbenzell 1952, S. 46.

8 Aretin, Erscheinungen; Erwein von Aretin, Fritz Michael Gerlich. Lebensbild des Publizisten und christlichen Widerstandskämpfers, 2., erg. Aufl., München 1983 [1949], S. 50f.

9 Steiner, Theres Neumann, S. 26–28, S. 56–71.

Gesichtspunkt ihrer subjektiven Erfahrung ein. Sie mahnten eine vorsichtige Unterscheidung von natürlichen, außer- und übernatürlichen Bewusstseinszuständen Therese Neumanns an.[10] Die Visionärin selbst bestritt die Deutungshoheit der Wissenschaft generell: »Ja, wenn die Wissenschaft noch so dagegen arbeitet und gescheiter sein will als der lb. Heiland selbst«, schrieb sie in einem Brief im Oktober 1927, müssten sie »am Ende doch zugeben, dass sie aus sich nichts wissen«.[11] Um Therese Neumann im »Kampf um Konnersreuth« als glaubwürdige Augenzeugin des Leidens Christi gegen die Diskreditierungen der Wissenschaftler publizistisch und juristisch zu verteidigen, bildete sich alsbald der Konnersreuther Kreis. Die Mitglieder des Kreises, die meisten von ihnen selbst Wissenschaftler, machten es sich zur Aufgabe, die Visionen Therese Neumanns akribisch genau zu dokumentieren und die »Wahrheit von Konnersreuth« in Zeitungsartikeln und Buchveröffentlichungen zu verbreiten. Sie bürgten als Augenzeugen und mit ihrer »wissenschaftlichen Persona«[12] für die Glaubwürdigkeit Thereses und die Echtheit ihrer Phänomene.

Die Mitglieder des Konnersreuther Kreises, der sich in der Bischofsstadt des benachbarten Bistums Eichstätt zusammenfand, verband ein rechtskonservatives Politikverständnis, das sich auf die politische Theologie des katholischen Gegenrevolutionärs Donoso Cortés berief.[13] Mitglieder des Kreises pflegten enge persönliche Kontakte zu zentralen Protagonisten des katholischen Integralismus und Rechtskatholizismus.[14] Sie deuteten Therese Neumann als Sühneseele, die ihre zahlreichen Leiden für die Sünden der modernen Welt aufopferte, sowie als göttliches Zeichen, das die Menschen der Neuzeit zur Buße und zur Rückkehr zu Gott aufforderte.[15] Im »Kampf um Konnersreuth« verteidigten sie ein von Gott gesetztes Naturrecht, das durch die menschliche Vernunft objektiv erkennbar sei, gegen die weltanschauliche Hegemonie säkularer Wissenschaft, gegen staatliche Herrschaftsansprüche und die demokratische »Volksherrschaft«. Da der immanente Deutungsrahmen der Naturwissenschaft jegliche Transzendenzbezüge vorschnell abschneide, müsse er als Irrtum verurteilt werden. Indem die Mitglieder des Konnersreuther Kreises den universalen Wahrheitsanspruch der katholischen Kirche mit naturwissenschaftlicher Objektivität verteidigten, kritisierten sie die Säkularität der modernen Gesellschaft, die den Glauben an Gott nur als eine von mehreren Weltanschauungen begriff.[16] Nicht auf den subjektiven Glauben kam es ihnen an, sondern auf die subjektive Verpflichtung zur Anerkennung einer objektiven, für alle erkennbaren, von der römisch-katholischen Kirche bereits als wahr erkannten Seinsordnung, die sich, so ihre feste Überzeugung, mit mechanischer Präzision offenbare und mit wissenschaftlicher Präzision aufgezeichnet werden könne. In der Auseinandersetzung, der von Mitgliedern des

10 Georg Wunderle/Alois Mager (Hg.), Um Konnersreuth. Neueste religionspsychologische Dokumente, Würzburg 1931.

11 Steiner, Theres Neumann, S. 66.

12 Lorraine Daston, Eine kurze Geschichte der wissenschaftlichen Aufmerksamkeit, München 2001, S. 48.

13 Andreas Dornheim, Adel in der bürgerlich-industrialisierten Gesellschaft. Eine sozialwissenschaftlich-historische Fallstudie über die Familie Waldburg-Zeil, Frankfurt am Main 1993, S. 231–348, hier S. 130.

14 Mitglieder des Kreises veröffentlichten in der rechtskonservativen katholischen Zeitschrift *Schönere Zukunft.* Gerlich pflegte Kontakte mit dem Herausgeber der Baseler *Schildwache*, Robert Mäder, und dem Churer Bischof Georgius Schmid von Grüneck, der als Urheber des literarischen Antimodernismus gilt. Sein Briefwechsel mit beiden ist dokumentiert in: Rudolf Morsey (Bearbeiter), Fritz Gerlich – ein Publizist gegen Hitler. Briefe und Akten 1930–1934, Paderborn 2010. Zum Rechtskatholizismus vgl. Otto Weiß, Rechtskatholizismus in der Ersten Republik. Zur Ideenwelt der österreichischen Kulturkatholiken 1918–1934, Frankfurt am Main 2007.

15 Zur katholischen Konzeption der Sühneseele vgl. Paula M. Kane, »She Offered Herself up«. The Victim Soul and Victim Spirituality in Catholicism, in: Church History 71 (2002) 1, S. 80–119.

16 Charles Taylor, Ein säkulares Zeitalter, Frankfurt am Main 2009, S. 14.

Konnersreuther Kreises als »Kampf gegen Konnersreuth«[17] wahrgenommen wurde, aktualisierten sich damit innerkatholische Konfliktlinien, die sich im Antimodernismusstreit Ende des 19. Jahrhunderts ausgebildet hatten.[18] Im Beharren auf der Objektivität der Visionen und der biblischen Berichte schloss der Konnersreuther Kreis an den neoscholastisch geprägten Antimodernismus an. Dieser verurteilte Tendenzen, welche die Subjektivität und »Vielfalt religiöser Erfahrung« (William James) betonten, als »modernistischen« Relativismus, der die Deutungshoheit des katholischen Lehramts in Frage stellte.[19] Die Objektivierungsstrategien des Konnersreuther Kreises können im Kontext des katholischen »Triumphalismus« verstanden werden: einer Ekklesiologie, die den sakralen Charakter der Amtskirche hervorhob, die dank ihrer göttlichen Einsetzung niemals vom Weg der Wahrheit abirren könne.[20] Angesichts der vehementen Kritik am Säkularismus der Moderne erstaunt der Synkretismus des Konnersreuther Kreises, der ewige Wahrheiten mit medientechnologischen Argumenten und naturwissenschaftlicher Methodik verteidigte.

Die Stigmatisierung Therese Neumanns fällt in eine Zeit, die als massenmediale Epochenschwelle bezeichnet werden kann: 1923 wurden die ersten Radioprogramme gesendet, 1925 der Tonfilm, 1926 der Farbfilm, 1929 das Fernsehen erfunden. Nur wenige Tage nach ihrer ersten Karfreitagsvision gelang die erste Bildfernübertragung.[21] In den 1920er Jahren wurde das Potential von Film und Photographie als historischer Quelle gepriesen und die hohe Beweiskraft von Filmen gewürdigt. Das kinematische Auge galt als perfektes Instrument, um Realität mit größtmöglicher Präzision und Objektivität aufzuzeichnen und die Unvollkommenheit des menschlichen Auges mit wissenschaftlicher Genauigkeit zu kompensieren. Fragen der Inszenierung, Selektion und Montage des Materials, mithin der Herstellung von Realitätseffekten, klammerte diese Feier des filmischen Realismus allerdings aus.[22] Nicht nur als Medium, das Realität objektiv abbilden und reproduzieren konnte, sondern auch als Medium, das ästhetische und affektive Präsenzeffekte gezielt hervorrufen konnte, wurde der Film geschätzt.[23] Seine sinnliche Dichte und Intensität ließen Vergangenheit lebendig werden und beschworen den Geist vergangener

17 Fritz Gerlich spricht vom »Kampf gegen Konnersreuth«, der mit »außerordentlich starken Übertreibungen« geführt werde. Gerlich, Stigmatisierte, S. 137. Friedrich Ritter von Lama widmete dem »Kampf gegen Konnersreuth« eine eigene Rubrik in seinen *Konnersreuther Jahrbüchern*. Vgl. z. B. Friedrich Ritter von Lama, Konnersreuther Jahrbuch 1930. Der Konnersreuther Chronik zweite Folge, Karlsruhe 1931, S. 171, S. 191, S. 199.

18 Zum Modernismus vgl. u. a. Claus Arnold, Kleine Geschichte des Modernismus, Freiburg i. Br. 2007; Peter Neuner, Der Streit um den katholischen Modernismus, Frankfurt am Main 2009.

19 Friedrich Wilhelm Graf, Moderne Modernisierer, modernitätskritische Traditionalisten oder reaktionäre Modernisten, in: Hubert Wolf (Hg.), Antimodernismus und Modernismus in der katholischen Kirche. Beiträge zum theologiegeschichtlichen Vorfeld des II. Vatikanums, Paderborn 1998, S. 67–106, hier S. 75f.; Franz Xaver Kaufmann, Kirche begreifen. Analysen und Thesen zur gesellschaftlichen Verfassung des Christentums, Freiburg 1979, S. 48–51, S. 60–67.

20 Ebd. Als triumphalistisch bezeichnet Kaufmann die Kirchenepoche vom Ersten zum Zweiten Vatikanischen Konzil, eine Zeit, in der »der papalistische Triumphalismus ein funktional-äquivalentes Interpretament zur evangelischen Säkularisierungsthese gewesen ist, um die Veränderungstendenzen der Neuzeit zu verarbeiten«. Ebd., S. 61.

21 O. A., Die erste Bildfernübertragung, Münchner Neueste Nachrichten. 6.4.1926, S. 9.

22 Peter Burke, Augenzeugenschaft. Bilder als historische Quellen, Berlin 2003, S. 176–178; Norman K. Denzin, The Cinematic Society. The Voyeur's Gaze, London 1995, S. 16, S. 24f.

23 Burke, Augenzeugenschaft, S. 185. Zum Präsenzeffekt vgl. Hans Ulrich Gumbrecht, Is There a Problem With »Authentic Presence«?, in: Christian Kiening (Hg.), Mediale Gegenwärtigkeit, Zürich 2007, S. 71–79.

Epochen.[24] In der Präsentation historischer und religiöser Stoffe überwand der Spielfilm nicht nur räumliche, sondern auch zeitliche Distanz. Mit Louis Lumières *La Passion* (1897) setzte eine wahre Welle von »Christusfilmen« ein.[25] Im Zeitalter der massenmedialen Reproduzierbarkeit von Kunstwerken warteten, so zitierte Walter Benjamin eine Äußerung des französischen Regisseurs von Historienfilmen, Abel Gance, »[a]lle Religionsstifter, ja alle Religionen [...] auf ihre belichtete Auferstehung«.[26] Während Benjamin dies als »Liquidierung des Traditionswertes am Kulturerbe«[27] beklagte, feierten Vertreter der katholischen Kirche die »werbende populäre Stärke des Films«.[28] Cecil deMilles *König der Könige*, der 1927 im Salzburger Festspielhaus im Beisein des Fürstbischofs und der hohen Geistlichkeit seine europäische Uraufführung erlebte,[29] wurde als Beweis gefeiert, dass das Leiden Christi »durch den Film nicht entheiligt, sondern der Kraft einer besonders suggestiven Übermittlung teilhaftig« werde.[30] Die Entwicklung moderner Massenmedien ermöglichte die Fortsetzung einer »nichthegemoniale[n] Spiritualitätsgeschichte des 19. und 20. Jahrhunderts«, die, so Helmut Zander, in einem objektivistischen Wunderbegriff »empirische Naturwissenschaft und religiöse Erfahrungen miteinander zu verbinden suchte« und »objektive Belege für die Existenz des Jenseits und für das Eingreifen einer übernatürlichen Welt« präsentieren wollte.[31] Zander zeigt, dass medientechnologische und naturwissenschaftliche Argumente die katholische Frömmigkeit in Westeuropa und die popularreligiöse Deutung außergewöhnlicher Phänomene wie Marienerscheinungen, Prophetien und Visionen bereits seit den 1830er Jahren prägten.[32] Die technikanaloge Konzeption der physiologischen Sinnesorgane als Mittel zur Erforschung der jenseitigen Welt war popularen katholischen Kulten und dem Spiritismus gemeinsam.[33] In den 1920er Jahren, einer Zeit des wiedererwachenden Okkultismus, lag es nahe, die außergewöhnlichen Phänomene Therese Neumanns in einem bereits etablierten Spannungsfeld

24 Burke, Augenzeugenschaft, S. 185.

25 Daniel Lopez, Films by Genre. 775 Categories, Styles, Trends and Movements Defined, with a Filmography for Each, Jefferson 1993, S. 251.

26 Walter Benjamin, Das Kunstwerk im Zeitalter seiner technischen Reproduzierbarkeit. Drei Studien zur Kunstsoziologie, Frankfurt am Main 1996, S. 14.

27 Ebd., S. 13f.

28 R. Prevot, König der Könige. Europäische Uraufführung des amerikanischen Christusfilms im Salzburger Festspielhaus. Münchner Neueste Nachrichten. 18.8.1927, S. 1.

29 Ebd.

30 O. A., Konnersreuth im Film, Münchner Neueste Nachrichten. 21.8.1927, S. 15. Auch Konnersreuth weckte das Interesse der Filmindustrie, doch Therese lehnte ein Millionenangebot ab, sich in der Leidens-Ekstase filmen und in den Kinopalästen vorführen zu lassen. Franz Spirago, Klarheit über Konnersreuth. Antworten auf die verschiedenen Zweifel und Einwendungen betreffend die stigmatisierte Jungfrau Therese Neumann, Lingen (Ems) 1928, S. 19. Hugo von Hofmannsthal trug sich mit dem Plan einer Verfilmung des Stoffs. Hugo von Hofmannsthal, Film für Lillian Gish [1927], in: ders., Sämtliche Werke. Kritische Ausgabe, Bd. XXVII: Ballette, Pantomimen, Filmszenarien, hg. von Gisela Bärbel Schmid/Klaus-Dieter Krabiel, Frankfurt am Main 2006, S. 243–258.

31 Helmut Zander, Maria erscheint in Sievernich. Plausibilitätsbedingungen eines katholischen Wunders, in: Alexander C. T. Geppert/Till Kössler (Hg.), Wunder. Poetik und Politik des Staunens im 20. Jahrhundert, Frankfurt am Main 2011, S. 146–176, hier S. 158. Zander pointiert: »Marienerscheinungen als katholischer Spiritismus sozusagen.« Ebd.

32 Ebd..

33 Helmut Zander, Höhere Erkenntnis. Die Erfindung des Fernrohrs und die Konstruktion erweiterter Wahrnehmungsfähigkeit zwischen dem 17. und dem 20. Jahrhundert, in: Marcus Hahn/Erhard Schüttpelz (Hg.), Trancemedien und Neue Medien um 1900. Ein anderer Blick auf die Moderne, Bielefeld 2009, S. 17–55, hier S. 36–40.

zwischen spiritistischer Séance, öffentlicher Darbietung von Hypnose und Trance, Parapsychologie und psychiatrischer Pathologie zu deuten.[34] Während manche ihre Visionen als Ausdruck einer von der Norm abweichenden, »hysterischen« Subjektivität sahen, deuteten andere Therese Neumanns Visionen als sich regelmäßig wiederholende Fernübertragung jenseitiger Ereignisse, die auf rätselhafte Weise objektiv »da« waren. Konzeptionen von spiritistischen und technischen Medien, Vision und Television gingen in den späten 1920er Jahren eine enge Wechselbeziehung ein; medientechnologische Argumente versahen spiritistische Praktiken mit wissenschaftlicher Legitimität.[35] Mit Zander verstehe ich die Aneignung der naturwissenschaftlichen Epistemologie einer subjektfreien, a-perspektivischen und mechanischen Objektivität[36] als Strategie katholischer Akteure, die Deutungshoheit der säkularen Naturwissenschaft mit deren eigenen Mitteln infrage zu stellen.[37] Damit wiesen sie die Behauptung katholischer Modernisierungsdefizite zurück. Diese finden sich etwa in Ernst Blochs Deutung, im Fall Konnersreuth und dem »Blutschwitzen der ekstatischen Jungfrau Therese Neumann dortselbst« handele es sich um ein längst anachronistisches »Stück Gotik in Deutschland«.[38]

Im anbrechenden Zeitalter audiovisueller Massenmedien dienten also Vergleiche mit der Filmkamera, die wissenschaftlich präzise Realität aufzeichnete, mit dem Film als Medium, das Aufzeichnungen ohne Informationsverlust reproduzierte, und dem Kino als einem populären Ort, an dem Authentizitätseffekte erfahrbar wurden, der Plausibilisierung der Visionen Therese Neumanns – und damit zugleich der Behauptung von Wahrheitsansprüchen der katholischen Kirche.

Visionen: Das Auge als Objektiv

Ort der Visionen war das »Leidenszimmer« Therese Neumanns im elterlichen Wohnhaus. In ihrem Bett liegend sah Therese, von ihren Interpreten eng umstanden, das Passionsleiden. Verschiedene Quellen, etwa die Biographien der Visionärin, die Fritz Gerlich und Johannes Steiner verfasst hatten, aber auch Berichte von Mitgliedern der bischöflichen Untersuchungskommission, die Therese Neumann 1928 aufsuchte, lassen eine Aufgabenverteilung deutlich werden: Pfarrer Naber interpretierte die ekstatischen Zustände der jungen Frau und vermittelte zwischen ihr und den anwesenden Personen.[39] Der Eichstätter Professor Franz Xaver Wutz vertrat als Alttestamentler die *scientific community*. Der Historiker und Journalist Fritz Gerlich fungierte, mit Stift und

34 Vgl. die Beiträge in Hahn/Schüttpelz, Trancemedien.

35 Stefan Andriopoulos, Okkulte und technische Television, in: ders./Bernhard J. Dotzler (Hg.), 1929. Beiträge zur Archäologie der Medien, Frankfurt am Main 2002, S. 31–53; Hahn/Schüttpelz, Trancemedien; Zander, Höhere Erkenntnis.

36 Zander, Maria, S. 154; Lorraine Daston, Wunder, Beweise und Tatsachen. Zur Geschichte der Rationalität, Frankfurt am Main 2003, S. 139–141.

37 Lorraine Daston und Peter Galison charakterisieren die »epistemische Tugend« der »mechanischen Objektivität« als wissenschaftliche Haltung gegenüber Untersuchungsobjekten, die die Objektivität der Natur durch die Ausschaltung subjektiver Einflüsse des Forschers, seiner Persönlichkeit und seines Willens, mittels technischer Apparate festzuhalten bestrebt war. Lorraine Daston/Peter Galison, Objektivität, Frankfurt am Main 2007, S. 151ff.

38 Ernst Bloch, Erbschaft dieser Zeit, Frankfurt am Main 1962 [1935], S. 108.

39 Fritz Martini, Beobachtungen bei Therese Neumann in Konnersreuth. 22./23. März 1928, durch Prof. Martini, in: Dr. Deutsch, Ärztliche Kritik an Konnersreuth! Wunder oder Hysterie?, Lippstadt 1938, S. 13–31.

Stenoblock, als Protokollant.[40] Seit 1928 dokumentierte Thereses Bruder Ferdinand die Phänomene mit Filmkamera und später auch mit Tonaufnahmegerät,[41] um den empirischen Beweis zu führen, dass Therese mit Leib und Seele am jenseitigen Geschehen teilnahm. Die Arbeitsteilung der Interpreten, die den wissenschaftlichen Charakter ihres Projektes unter Verweis auf ihre Augenzeugenschaft sowie auf ihre akademische Ausbildung und Position autorisierten, ähnelte einer spiritistischen Séance, die sich ebenfalls als wissenschaftliche Erforschung des Jenseits verstand. Mindestens zwei Mitglieder des Konnersreuther Kreises hatten spiritistische Erfahrungen gesammelt. Pfarrer Joseph Naber, dem sein Biograph Augustin Niedermeier eine »Offenheit für spiritistische Phänomene« attestiert, hatte zu Beginn der 1890er Jahre Geisterbeschwörungen abgehalten.[42] Erwein Freiherr von Aretin, Journalist der *Münchner Neuesten Nachrichten* (er hatte seinen Kollegen Fritz Gerlich erst zum Besuch in Konnersreuth bewegt),[43] war Mitglied eines bekannten spiritistischen Zirkels von Albert von Schrenck-Notzing und an paranormalen Phänomenen äußerst interessiert.[44] Die *Münchner Neuesten Nachrichten* hatten bereits vor dem Ersten Weltkrieg zur Popularisierung des Spiritismus beigetragen, der seit Ende des 19. Jahrhunderts Einzug in urbane, großbürgerliche Milieus gefunden hatte.[45]

Thereses Passionsleiden setzte stets unvermittelt ein. Erzbischof Joseph Teodorowicz, ein häufiger Gast in Konnersreuth, gab den Leser_innen einen konkreten Eindruck, wie die sichtbare Passion der Stigmatisierten zugleich einem jenseitigen Geschehen eine erschütternde Präsenz verlieh: »Durch die Stigmatisierte wird der Damm der Zeiten durchbrochen, das blutige Leiden Christi flutet im gewaltigen Strombette in die Gegenwart hinein; das Leiden Christi vollzieht sich in der Gegenwart im Bewusstsein der Stigmatisierten wie zum ersten Male.«[46] Thereses Wiederholung der Passion Christi war eng mit dem christlichen Festkalender verbunden: Ihre Leidensvisionen, so hieß es übereinstimmend, wurden ihr an allen Freitagen zuteil; zwischen Weihnachten und Aschermittwoch, zwischen Ostern und dem Herz-Jesu-Fest sowie in der Oktav eines Festes fielen jedoch sie aus. Nicht nur das Eintreten, auch das Ausmaß der Stigmatisierung lasse sich mit nachgerade »unheimlicher« Sicherheit vorhersagen. An gewöhnlichen Freitagen würden nur ihre Augen, Herzwunde und Kopf bluten, während der Fastenzeit zudem Hände, Füße und Schulter; ausschließlich am Karfreitag würden sämtliche Stigmata bluten.[47] Die Ekstasen begannen pünktlich und mit der Genauigkeit eines Uhrwerks: In den Nächten von Donnerstag auf Freitag setzten sie um 0:30 Uhr ein. Blut trat aus den Augen Therese Neumanns und nach und nach aus

40 Fritz Gerlich, Die Stigmatisierte Therese Neumann von Konnersreuth, Erster Teil: Die Lebensgeschichte der Therese Neumann, München 1929, S. 286.

41 O.A., In Memoriam Ferdinand Neumann (+24. Februar 1999), Therese Neumann Brief 11 (Dezember 1997), S. 50f., hier S. 51. Die Aufnahmen befinden sich im Familienbesitz.

42 Augustin Niedermeier, Joseph Naber. Der Pfarrer der Konnersreuther Resl, Regensburg 2001, S. 35f. Niedermeier vermutet aber, dass die Vorbehalte der katholischen Kirche gegenüber parapsychologischen und spiritistischen Versuchen Naber von einer eingehenderen Beschäftigung abgehalten haben.

43 Aretin, Gerlich, S. 51.

44 Martina King, Nachwort. Astronomie und Dichtung, in: Karl Otmar von Aretin/dies. (Hg.), Der Dichter und sein Astronom. Der Briefwechsel zwischen Rainer Maria Rilke und Erwein von Aretin, Frankfurt am Main 2005, S. 154–204, hier S. 171f.

45 Ulrich Linse, Mit Trancemedien und Fotoapparaten der Seele auf der Spur. Die Hypnose-Experimente der Münchner ›Psychologischen Gesellschaft‹, in: Hahn/Schüttpelz, Trancemedien, S. 97–144, hier S. 101–109.

46 Josef Teodorowicz, Konnersreuth im Lichte der Mystik und Psychologie, Salzburg 1936, S. 515.

47 Helmut Fahsel, Konnersreuth. Tatsachen und Gedanken. Ein Beitrag zur mystischen Theologie und Religionsphilosophie, Berlin 1931, S. 112.

ihren Stigmata. Während ihrer Visionen, hieß es, nehme sie nichts von ihrer Umgebung wahr.[48] Die Visionärin richte ihren Oberkörper auf und strecke ihre Arme wie im Gebet stundenlang einem für die Betrachter_innen unsichtbaren Jesus entgegen. Ihr Kopf folge dem Geschehen im jenseitigen Raum, ihre Augäpfel seien unablässig in Bewegung. Nur die theatralische Mimik und Gestik der Leidenden lasse ahnen, was sie sehe, hineingerissen in den Raum des historischen Palästina. Teodorowicz empfand sich als Betrachter der Leidenden aus der Welt ihrer Visionen ausgeschlossen:

> *»Wir fühlen eine unsichtbare Welt [...]. Wir Sehende sind blind, und diese Blinde ist sehend. Für uns ist dieser kleine Zimmerraum eng begrenzt, für sie bilden jetzt die Wände ihrer Kammer keine Hemmung; ihr Dörflein [...] ist entschwunden; und an dessen Stelle treten die längst in Trümmer gesunkenen Straßen und Paläste, sowie der Tempel von Jerusalem. Rings um uns [im Leidenszimmer] sind nur vier Personen, vor ihren Augen aber bewegt sich eine ungeheure bunte Masse von Schriftgelehrten und Doktoren, von römischen Soldaten, von Jüngern und frommen Frauen: alles das wälzt sich durch die Gassen von Jerusalem.«*[49]

So pünktlich ihre Leidensvisionen begannen, so pünktlich endeten sie: am Freitagmittag, 1:00 Uhr Konnersreuther Zeit, 3:00 Uhr Jerusalemer Zeit, zur Todesstunde Jesu.[50] Thereses leidender Körper synchronisierte die Mitteleuropäische Zeit auf den Armbanduhren der Betrachter mit der Zeit Jesu, unter Berücksichtigung der zeitzonenbedingten Zeitverschiebung. Das war für die Zeitgenossen einleuchtend: Bereits 1884 hatte eine internationale Konferenz die *Greenwich Meantime* etabliert, welche durch Telegraphensignale ohne Zeitverlust in alle Ecken der Welt verbreitet wurde.[51] Den Körper Therese Neumanns begriffen die Hagiographen des Konnersreuther Kreises als Medium, an dem und durch den das Unsichtbare sichtbar wurde, als Schwelle zwischen sichtbarem und unsichtbarem Raum, zwischen der säkularen, alltäglichen Zeit der Gegenwart, der historischen Zeit Jesu und der religiösen Heilszeit der versprochenen Erlösung. Ihre ausdrucksvolle Gestik und Mimik, vor allem aber das Fließen ihres Blutes vergegenwärtigte den Betrachter_innen den Körper Jesu Christi. Als Spur eines vergangenen Ereignisses authentifizierte der leidende Körper Thereses ihre Visionen des Lebens und Leidens Jesu als Eindrücke einer Augenzeugin.[52] Auf dieses Zeugnis waren die Betrachter angewiesen, um das Leben Jesu als historische Wahrheit zu rekonstruieren und zu verteidigen. Der Augenzeuge eines singulären Ereignisses, schreibt die Kulturwissenschaftlerin Sybille Krämer, spiele im Prozess der Wahrheits-

48 Leopold Witt, Die Leiden einer Glückseligen. Heimatblümchen aus dem Stiftland, II. Teil: Das kleine Leben der stigmatisierten Jungfrau Therese Neumann von Konnersreuth, Waldsassen 1929, S. 93.

49 Teodorowicz, Konnersreuth, S. 195.

50 Steiner, Theres Neumann, S. 132. Erwein von Aretin berichtet, dass man 1927, im Jahr des größten Besucherandrangs, die Postautofahrten von Konnersreuth nach Waldsassen »so eingerichtet [habe], dass die Besucher von Konnersreuth die erschütternde Vision des Todes Christi um 12:50 Uhr (gleich 15:00 Uhr der Ortszeit von Jerusalem!!) noch miterleben konnten«. Aretin, Therese Neumann, S. 53. Die »große Schauung der Kreuzigung« begann stets gegen 12:00 Uhr. Steiner, Visionen, S. 214.

51 Wilhelm Damberg stellt einen Zusammenhang her zwischen der weltweiten Standardisierung der Zeitzonen und der Vereinheitlichung der Liturgie, in deren Zentrum bekanntlich das Messopfer steht. Wilhelm Damberg, Entwicklungslinien des Europäischen Katholizismus im 20. Jahrhundert, in: Journal of Modern European History 3 (2005), S. 164–182, hier S. 169.

52 Zur Figur des Augenzeugen vgl. Sybille Krämer, Vertrauen schenken. Über Ambivalenzen der Zeugenschaft, in: Sibylle Schmidt/dies./Ramon Voges (Hg.), Politik der Zeugenschaft. Zur Kritik einer Wissenspraxis, Bielefeld 2011, S. 117–140.

findung eine einzigartige Rolle, indem er die Evidenz eines vergangenen Ereignisses erzeuge, die anders nicht zu haben sei.[53] Krämer skizziert ein Modell der Augenzeugenschaft, das sich durch verschiedene Momente auszeichnet: Augenzeugenschaft beruhe auf der körperlichen Kopräsenz des Augenzeugen mit dem beglaubigten Ereignis, der Neutralität und Objektivität seiner »Tatsachenfeststellung«, dem sozialen Akt, die Wahrheit vor einem Forum öffentlich zu bezeugen sowie auf dem sozialen Akt, die Autorität und persönliche Glaubwürdigkeit des Zeugen anzuerkennen.[54] Augenzeugenschaft verknüpft damit »Episteme und Ethik, Erkennen und Anerkennen«.[55] Krämer beschreibt den Augenzeugen als »Boten«, der einen zeitlichen oder räumlichen Abstand überwindet, indem er in seiner Physis ein »Materialitätskontinuum« stiftet:[56] »Zeugen sind nicht nur Träger von Informationen [...], sie sind selbst Spuren der Ereignisse, insofern sie das Erlebte am eigenen Körper erfahren haben.«[57] Um die Authentizität der Augenzeugenberichte Therese Neumanns zu plausibilisieren, verglichen die Interpreten des Konnersreuther Kreises ihre Visionen mit der Kinematographie. Wie ein mechanischer Apparat würden ihre Augen, die in der Ekstase rastlos tätig seien, das Geschehen in Echtzeit aufzeichnen. Bischof Teodorowicz zufolge drehe sich ihre Pupille »unaufhörlich nach rechts, nach links, nach oben, nach unten, je nachdem die Einzelheiten des Bildes und der Szene vom Auge ergriffen werden«.[58] Dieser Vorgang, so Teodorowicz, gehe ohne Bewusstsein vonstatten: »Keine Sammlung unter dem Befehl des schaffenden Ichs ist hier zu merken, dieses Auge geht vielmehr im fortwährenden Schauen auf, ohne irgend welche Unterbrechung, ohne irgend welche Rastzeit.«[59] Ähnlich dem »Kameraauge« also, das Deleuze zufolge als »anonymer Blickwinkel einer nicht-identifizierten Person unter Personen« das eigentliche »Mitsein« einer Kamera mit einer Person kennzeichne,[60] registrierten ihre Augen das, was sie sah, in der Weise eines *»halbsubjektiven Bildes«*,[61] während sie sich frei durch den geschauten Raum bewegte. Wenn sie jedoch in die Ereignisse eingreifen wolle, werde sie, so beklagten ihre Interpreten, von den Handelnden auf merkwürdige Weise nicht wahrgenommen.[62] Dieser Mangel an subjektiver Präsenz steigerte offensichtlich den Eindruck filmischer Echtheit: Der filmische Charakter der Vision äußert sich, so Aretin, im Erlebnis, dem kontinuierlichen Zeitstrom der Bilder ausgeliefert zu sein: Wie im Film rolle in »unaufhaltsamer Steigerung das größte und folgenschwerste Geschehen der Menschheitsgeschichte gewissermaßen unmittelbar vor uns ab«,[63] und zwar exakt in der durch die Evangelien bekannten Folge. Die Visionen, so Bischof Teodorowicz, würden sich »wie die Laufbilder bei den Lichtspielen einstellen und verschwinden,

53 Ebd., S. 125.

54 Ebd., S. 119.

55 Ebd., S. 125.

56 Ebd., S. 126f. Die epistemologische Ungewissheit der Zeugenaussage werde dadurch kompensiert, »dass infolge der Tatsache, dass der Zeuge persönlich dabei gewesen ist, er wie ein Effekt dieses kausalen Geschehens angesehen wird und fungiert«. Ebd., S. 127.

57 Sybille Schmidt/Ramon Voges, Einleitung, in: dies./Krämer/Voges, Politik, S. 7–22, hier S. 17.

58 Teodorowicz, Konnersreuth, S. 449.

59 Ebd.

60 Gilles Deleuze, Das Bewegungs-Bild. Kino 1, Frankfurt am Main 1989, S. 105.

61 Ebd., S. 104 (Hervorhebung durch Deleuze).

62 Leopold Witt, Konnersreuth im Lichte der Religion und Wissenschaft. Die Leiden einer Glücklichen. Heimatblümchen aus dem Stiftland, 1. Teil. Das kleine Leben der stigmatisierten Jungfrau Therese Neumann von Konnersreuth nach ihren eigenen mündlichen Darstellungen, 2., verm. Aufl., Waldsassen 1927, S. 190.

63 Aretin, Erscheinungen, S. 227.

um anderen Platz zu machen«.[64] Das Visionsgeschehen mit seinem mehrstündigen dramatischen Handlungsbogen verglich der Bischof sogar mit dem Filmepos *König der Könige*.[65] Nicht nur die Art und Weise, wie Therese Neumann Begebenheiten wahrnahm, auch wie sie das Wahrgenommene speicherte und reproduzierte, begriffen die Interpreten als filmisch: Teodorowicz pries die »erstaunliche Genauigkeit ihres Gedächtnisses«, das »auch die kleinsten Einzelheiten« reproduzieren könne.[66] Wenn die Visionen Therese Neumanns allein das Produkt ihrer überreizten Phantasie seien, gab Ritter von Lama zu bedenken, müsse eine exakte Wiederholung doch unmöglich sein![67] Die Vision laufe aber, betonte Erwein Freiherr von Aretin, wie die Vorführung eines Films so exakt, regelmäßig und störungsfrei ab, dass die Interpreten ihren Inhalt mit jeder Wiederholung genauer erfassen konnten. Alsbald konnten die Interpreten Therese Neumanns »mit größter Präzision alles Kommende bis auf die kleinste Geste voraussagen«.[68] Bis in die jüngere Gegenwart werden die Visionen Therese Neumanns durch Vergleiche mit dem Film, aber auch anderen Medientechnologien der Bildübertragung und -speicherung plausibilisiert. Johannes Steiner etwa, seit 1929 mit Therese bekannt, Mitarbeiter Fritz Gerlichs und 1978 Gründungsmitglied des Fördervereins für die Seligsprechung Therese Neumanns, »Konnersreuther Ring e. V.«,[69] erklärte ihre Schauungen im Jahr 1973 mit der spiritistischen Theorie der vierten Dimension: Gott selbst gewähre ihr durch »geistiges Übertragen« ein »Hineinverbundenwerden in die zeitlose göttliche Ewigkeit« und damit die Möglichkeit, am historischen Ereignis der Kreuzigung teilzunehmen.[70] Im Jahr 1994 veröffentlichte die Abteilung für Selig- und Heiligsprechungsverfahren des Bistums Regensburg Forschungen von Günther Schwarz über das »Aramäisch-Phänomen« Therese Neumanns.[71] Der Autor knüpfte an die unveröffentlicht gebliebene Arbeit des Alttestamentlers Franz Xaver Wutz aus den 1930er Jahren an, der von der Fähigkeit Therese Neumanns überzeugt war, aramäische Begriffe, die sie in ihren Visionen gehört habe, mechanisch zu reproduzieren. Schwarz, der historische Tonbandaufnahmen mit Erzählungen und Befragungen Therese Neumanns analysiert hatte, sah in seiner Forschung den »seit langem gesuchten Nachweis dafür, dass das, was man Geschichte [...] nennt, in der geistigen Welt auf geistige Weise in Bild und Ton gespeichert ist ...«.[72]

Grundlage der Visionsberichte ist also eine Situation, in der Therese Neumann als Augenzeugin beobachtet und befragt wird, die ein jenseitiges, historisches Geschehen mit der mechanischen Objektivität einer Kamera wahrnimmt – als Augenzeugin, die sich durch die Spuren des Leidens Christi an ihrem Körper authentifiziert. Das Setting von Seherin, Interpreten und Protokollanten ähnelt einer wissenschaftlichen Versuchsanordnung und soll eine neutrale, objektive Beobachtung der Phänomene ermöglichen.

64 Teodorowicz, Konnersreuth, S. 260.

65 Ebd., S. 456.

66 Ebd., S. 209.

67 Friedrich Ritter von Lama, Therese Neumann von Konnersreuth. Eine Stigmatisierte unserer Zeit, Bonn 1928, S. 89.

68 Aretin, Erscheinungen, S. 227.

69 Bettina Beringer, Der Verlag Schnell & Steiner. Ein Beitrag zur publizistischen Selbstbehauptung, Zürich 1981, S. 19–21; Emmeram H. Ritter, Dr. Johannes Steiner feiert seinen 90. Geburtstag, Therese Neumann Brief 3 (April 1992), S. 18–21, hier S. 20.

70 Steiner, Visionen, S. 21, S. 22.

71 Günther Schwarz, Das Zeichen von Konnersreuth, Regensburg 1994.

72 O. A., Feierliche Buchpräsentation in Fockenfeld, Therese Neumann Brief 6 (November 1994), S. 4–9, hier S. 6, S. 9.

Visionsberichte: Reinigung der Wahrheit

Was Therese Neumann in ihren Visionen sah, war Gegenstand der wissenschaftlichen Neugierde ihrer Betrachter. Sobald Therese ihre Außenwelt wieder wahrzunehmen begann, befragten ihre Beobachter die Stigmatisierte nach dem Inhalt ihrer Visionen. Die Veröffentlichung detaillierter Gesprächsprotokolle in Fritz Gerlichs Biographie Therese Neumanns sowie von Transkriptionen historischer Tonbandaufnahmen erlauben Aufschlüsse über den Produktionsprozess der Visionsberichte. In diesem arbeitsteiligen Prozess versuchten ihre Befrager, die Wahrnehmungsdaten Therese Neumanns möglichst vollständig zu erfassen, um die historische Lebenswelt Jesu Christi einem empirizistischen Historiographieverständnis entsprechend zu rekonstruieren. Berichte vom Widerwillen der Visionärin, die Fragen ihrer Interpreten zu beantworten, weisen darauf hin, wie hartnäckig die technikanaloge Konzeption Therese Neumanns als kinematographischer Apparat, der mit mechanischer Objektivität funktioniert, die Eigenwilligkeit ihrer Person ausblendet und ignoriert.

Grundlage der Visionsberichte waren die mündlichen Erzählungen und Befragungen Therese Neumanns. Immer wieder, heißt es, wurden ihre ekstatischen Zustände, die sich über Stunden erstreckten, vom »kindlichen Zustand der Eingenommenheit« unterbrochen, in denen Therese von ihren Interpreten befragt wurde und über das von ihr soeben Geschaute mit der »Ausdrucksfähigkeit eines fünfjährigen Kindes«, aber der »Denkfähigkeit eines Erwachsenen« berichtete.[73] Die Verfertigung der Visionsberichte lässt sich als Prozess der Reinigung des Textes von subjektiven Verzerrungen beschreiben, ein Reinigungsprozess, der notwendig erscheint, um die unverzerrte Repräsentation objektiver Tatsachen zu gewährleisten. So eliminierten die Interpreten Hinweise auf ihre körperliche Anwesenheit während des Passionsleidens aus ihren Texten. Zudem tilgten sie Spuren von Auseinandersetzungen zwischen der Visionärin und ihren Interpreten, die Wissen als Produkt eines kommunikativen, intersubjektiven Prozesses hätten erscheinen lassen. Beim Verfertigen der Texte kombinierten die Interpreten verschiedene wissenschaftliche Techniken: Befragungen, stenografische Protokolle, die Transkription von Ton- und Filmaufnahmen. Das schriftliche Material unterwarfen sie schließlich der Auswahl, Bearbeitung, Kürzung und Montage. Das Interesse der Interpreten, die an die Selbstevidenz technisch reproduzierter Bilder glaubten, richtete sich auf die Dokumentation objektiver »Tatsachen«. Fragen nach psychologischen Möglichkeitsbedingungen der visionären Schau, nach einer subjektiven Interpretation der Daten und nach der Art und Weise ihrer Übermittlung klammerten sie aus. Sie waren sich sicher, dass die Erzählungen Therese Neumanns, die unmittelbar nach dem Ende der Visionen aufgezeichnet wurden, widerspruchsfrei, objektiv und zugleich »immer wieder neu und frisch nach jeder Vision« seien.[74] Dieser Eindruck der sinnlichen Präsenz, der unmittelbaren Wiedergabe und der experimentellen Reproduzierbarkeit des Geschauten ermöglichte es, Therese wiederholt nach immer weiteren Details zu befragen. Obwohl die Interpreten davon ausgingen, dass die Sinne der Visionärin die geschauten Ereignisse objektiv und unverzerrt wahrnahmen, erschien ihnen die mündliche Reproduktion des Geschauten defizitär. Therese Neumann wurde als Augenzeugin mit hervorragendem Gedächtnis, aber mangelnder Ausdrucks- und Konzentrationsfähigkeit befragt. Stück für Stück versuchten die Interpreten des Konnersreuther Kreises, aus ihrem fragmentarischen, sprunghaften Erzählen, die Lebensgeschichte Jesu zusammenzusetzen. Um Lücken zu füllen und Unklarheiten zu beseitigen, ergänzten sie die Erzählungen durch die Ergebnisse vorangegangener Gespräche und verglichen sie mit dem biblischen Bericht sowie den Forschungsergebnissen der Altertums-

73 Steiner, Theres Neumann, S. 38f.

74 Fahsel, Konnersreuth, S. 50.

kunde. Sie strebten an, ein realistisches Abbild der Lebenswelt Jesu zu verfertigen und dabei die Lücken der biblischen Überlieferung zu füllen. Ihre Befrager waren fest davon überzeugt, dass der filmische Charakter der Visionen Therese Neumanns die toten Buchstaben der Bibel bei weitem übertreffe, und ebenso fest waren sie augenscheinlich davon überzeugt, dass die Verschriftlichung und sukzessive Vervollständigung ihrer Visionsberichte der Präzision und Schärfe des filmischen Bildes in nichts nachstehen werde.[75] Am Beginn der Textproduktion stand ein Beobachtungsprotokoll, das Mimik und Gestik sowie das Austreten des Blutes während ihrer Passionsekstasen in knappen Worten erfasste, den Inhalt ihrer Visionen lediglich mit Schlagworten bezeichnete und eine kontinuierliche Chronologie der Ereignisse etablierte.

> *»In der zwölften Schauung von 11:40 bis 11:43 Uhr sah sie das zweite Beten [Jesu Christi am Ölberg]. Ihre Augäpfel begannen sich einzubluten. Die oberen Lider schoben das Blut auf das Unterlid. Nach 11:43 Uhr, nach Beendigung der Schauung, fiel Therese Neumann wie immer in das Kissen zurück. Ein Blutstropfen trat in den rechten inneren Augenwinkel über.«*[76]

Das körperliche Geschehen allein erscheint stark interpretationsbedürftig und ohne die nachfolgenden Erklärungen Thereses im »kindlichen Zustand der Eingenommenheit« kaum verständlich. Bei der weiteren Bearbeitung der Protokolle wurde die Erzählung von Schilderungen des körperlichen Geschehens, von Blut und Schmerz, gereinigt. Aus den detaillierten Befragungsprotokollen, die Fritz Gerlich in seiner 1929 erschienenen Biographie Therese Neumanns wiedergibt, wird ersichtlich, dass der Erzählfluss der Visionärin häufig von den mühsamen Nachfragen der Experten unterbrochen wurde. Darin artikulierten sich eine geteilte Frömmigkeit, aber auch Interessenkonflikte, die sich in einer unterschiedlich gearteten Konzentration der Beteiligten ausdrückten.[77] Das besondere Interesse der Historiker und Bibelwissenschaftler des Kreises galt der Sachkultur der Lebenswelt Jesu, die sie pedantisch genau zu erfragen und zu erfassen suchten. Während Therese Neumann ihre Aufmerksamkeit auf die Gestalt Jesu Christi konzentrierte, versuchten ihre Interpreten, ihr Auskünfte über alltägliche Orte, Gegenstände und Personen zu entlocken, die sie für nicht erwähnenswert hielt. Weil die Interpreten sie jedoch als technikanalogen Wahrnehmungsapparat begriffen, der auch Dinge aufzeichnete, die ihrem Verstand entgingen, versuchten sie, Thereses Aufmerksamkeit mit jeder Wiederholung der Vision auf immer neue Einzelheiten zu lenken. Der Text liest sich wie eine Addition zahlloser Details, im Bericht über die Abreise aus Nazareth etwa Wolldecken, Zelttücher, Windeln und die Reisekleidung Josephs und Marias.[78] Vor allem exakten Maßangaben galt die Aufmerksamkeit der Interpreten. Durch »immer erneutes Lenken ihrer Erzählung« entlockten sie Therese zahlreiche Details, etwa über die Höhen- Längen- und Breitenmaße des Stalls in Bethlehem. Nach einem Vergleich »mit den schon teilweise berichteten früheren Angaben« fertigten sie mit dem Lineal einen strikt geometrischen Grundriss des Stalles an, der den Standort der Krippe (»etwa 1 ½ m von der Mauer weg und ¾ m hoch«) zeigt und die Standorte von Esel, Maria, Kind, Joseph sowie von »Theres« mit Kreuzen markiert.[79] Damit reduzierten sie die körperliche Präsenz der Volksheiligen auf ein nüchternes indexikalisches Zeichen. Der dunkle Raum, in dem die entrückte Therese, soweit ihr Standort zuließ, Zeugin der Geburt Jesu wurde, ist in der Skizze vollkommen transparent, schattenlos erhellt. Die Rekonstruktion historischer Räume

75 Witt, Leiden, S. 16; Aretin, Erscheinungen, S. 226.

76 Gerlich, Stigmatisierte, S. 280.

77 Zum Zusammenhang von Affektstilen und Interessen vgl. Daston, Aufmerksamkeit, S. 11f.

78 Gerlich, Stigmatisierte, S. 177–180.

79 Ebd., S. 184–187.

erscheint als enge Kollaboration zwischen Therese und dem Alttestamentler Professor Wutz. Dieser, durch eigene Forschungen mit allen Straßenzügen des alten Jerusalem vertraut, assistierte der Visionärin als Stadtführer, der ihr »die Häuser und Straßen erklärte, durch die sie ihn im Geiste führte, und der in das Chaos des Geschehens, das sie sah, die Ordnung brachte, die sie selbst nicht bringen konnte«.[80] Die Forscher sahen in der Visionärin eine profunde Beobachterin des historischen Palästinas, vor allem Jerusalems. Ihre Auskünfte, etwa über den Weg Christi vom Gerichtshof bis zum Kalvarienberg, über die Flora auf den Hügeln oder über den Plan des Tempels, übersteige die Gelehrsamkeit der hervorragendsten Archäologen und Bibelkundigen.[81]

Therese selbst versuchte sich immer wieder den langwierigen Befragungen zu entziehen, um sich ganz in die religiöse Kontemplation des Lebens Christi vertiefen zu können.[82] Der Versuch der erschöpfenden Inventarisierung der Umwelt Jesu stieß auf ihren Widerstand. Gerlichs ungekürztes Protokoll gibt Auskunft, wie die Visionärin Professor Wutz unwirsch abwies, als er unentwegt auf die Schilderung des Weges Christi, der Häuser und anderer, für sie nebensächliche Details zurückkam: »Frag mich doch nicht so laars (leeres) Zeug!« Wenn er mit ihr nicht über Jesus reden wolle, schloss sie, »na hälst's Mäu, damit i allein an den lieben Heiland denken kann«.[83] So drohte der Versuch der Interpreten, angesichts der außergewöhnlichen Situation ihre wissenschaftliche Haltung der Nüchternheit zu wahren und damit dem wissenschaftlichen Ethos der »mechanischen Objektivität« gerecht zu werden, immer wieder zu scheitern. Gerlich beschreibt, wie seine Bemühungen, seiner religiösen Erregung Herr zu werden, von Therese Neumann verspottet wurden: »Du strengst dich derart an, kühl zu beobachten, dass du innerlich dabei austrocknest!«[84] Solche Spuren von Interessenkonflikten wurden aus späteren Berichten getilgt. Der stark emotional gefärbte Charakter ihrer Betrachtung ging im Prozess der Verschriftlichung weitgehend verloren und wurde durch die Sachlichkeit des Tatsachenberichts ersetzt.

Therese Neumanns eigenwilliges Beharren auf der frommen Selbsttechnik der *Compassio* steht in eigentümlicher Spannung zur Konzeption ihrer »mechanischen Objektivität«. Die Protokollanten scheinen ihre Subjektivität, die sich in der Kontemplation des Leidens artikulierte und bildete, als Störfaktor in der Produktion der Visionsberichte begriffen zu haben. Wurden die Interpreten ihr als Subjekt mystischer Erfahrung gerecht? Namhafte katholische Religionspsychologen wie Georg Wunderle, der Gründervater dieser Disziplin in Deutschland, kritisierten, dass Mitglieder des Konnersreuther Kreises relevante Fragen nach dem spezifischen Charakter des Bewusstseinszustands Therese Neumanns während ihrer Ekstase, ihres »erhobenen Ruhezustands« und des »kindlichen Zustands der Eingenommenheit« ungeklärt ließen.[85] Der katholische Religionspsychologe Alois Mager etwa wollte die Phänomene nicht der katholischen Mystik zuordnen, da die Kirche Visionen als »selbstbewusst stellungnehmendes Erfassen der göttlichen Realität« verstehe. Er betrachtete das Fehlen jeglicher subjektiver Beteiligung – also gerade das, was ihre Verteidiger als Kriterium der Objektivität priesen –, als Merkmal unbewusster Aktivität, der Hysterie, der

80 Aretin, Erscheinungen, S. 225.

81 Teodorowicz, Konnersreuth, S. 195, S. 453.

82 Gerlich, Stigmatisierte, S. 186.

83 Ebd., S. 149.

84 Ebd., S. 284.

85 Wunderle, Georg, Die Stigmatisierte von Konnersreuth. Vortrag auf dem internationalen religionspsychologischen Kongress zu Erfurt am 27. Juni 1930, in: ders./Alois Mager (Hg.), Um Konnersreuth. Neueste religionspsychologische Dokumente, Würzburg 1931, S. 5–22, hier S. 12, S. 16–22. Dabei spricht sich Wunderle »offen für die Möglichkeit eines Wunders aus«. Ebd., S. 13 (Hervorhebung von Wunderle).

Suggestion, der Autosuggestion und des Mediumismus.[86] Der Verzicht des Kreises, das Bewusstsein und die Subjektivität Therese Neumanns zu thematisieren, kann als Strategie zur Abwehr modernistischer Tendenzen innerhalb der katholischen Kirche und Theologie verstanden werden, als bewusste Entscheidung zur überspitzten Polemik gegenüber einer als »modernistisch« diffamierten Aufwertung der subjektiven mystischen Erfahrung der Gläubigen, die auf der Objektivität einer jeglicher subjektiven Wahrnehmung vorgängigen Welt beharrte.[87] Im Jahr 2007 veröffentlichte Transkriptionen von Tonaufnahmen der Visionärin, die seit 1938 angefertigt worden waren,[88] lassen erkennen, dass die kollektive Wissensproduktion einer Prüfung Therese Neumanns ähnelt, die durch hohe Erwartungen, Anspannung und Leistungsdruck geprägt war. Professor Wutz, der überzeugt war, dass Therese die aramäischen Worte Jesu am Kreuz »mechanisch nach dem Klang wiedergeben« könne,[89] forderte sie auf, die Worte Jesu zum Schächer am Nebenkreuz zu wiederholen. Therese Neumann triumphierte: »Ha! Freili weiß i des: *Amen Amen amarna lach*«, zögerte dann aber, um schließlich zu resignieren: »I kanns ja nit!« Wutz ergänzte darauf die Antworten aus früheren Gesprächen, worauf Therese ihren Lehrer wie einen Schüler lobte und gleichzeitig ihre Vergesslichkeit eingestand: »Hm, ja so heißt's. Du hast gut g'hört, dös hab i jetzt nimmer g'wißt, bloß ein kleins bißl.«[90] Solche Spuren, in denen die Befragung als gemeinsame Wissensproduktion und als aktive Aushandlung von Machtverhältnissen zwischen der Visionärin und den wissenschaftlichen Experten sichtbar wird, wurden in den Bearbeitungen der Visionsberichte ebenfalls beseitigt.[91] Therese Neumann erscheint dort meist als passives Werkzeug des göttlichen Willens und als transparentes Medium, das einen unmittelbaren Blick in die jenseitige Welt gewährt.

Um die Protokolle in Berichte zu verwandeln, nahmen die Interpreten zahlreiche Eingriffe in das verschriftlichte Material vor. Pfarrer Naber brachte die diskontinuierliche Erzählung in eine Chronologie, die allmählich die gesamte Lebensgeschichte Jesu von der Empfängnis bis zur Himmelfahrt umfasste. Dabei, so Gerlich, habe er Kürzungen vorgenommen, Wiederholungen eliminiert und mit den Fragen der Anwesenden die Spuren der Gesprächssituation aus dem Visionsbericht getilgt.[92] Genaue Orts- und Zeitangaben bilden die stereotype Einleitungsformel seiner Berichte und vermitteln, verstärkt durch zahlreiche Maßangaben, den Eindruck eines objektiven raumzeitlichen Zusammenhangs. Die Visionsberichte des Konnersreuther Kreises stellen die Vorstufe zu weiteren Produktionsschritten dar. Spätere Autoren übernahmen und bearbeiteten die Texte.[93] Wie ihr Biograph Johannes Steiner begreifen die Kompilatoren die Augenzeugenberichte

86 Alois Mager, Religionspsychologie und die Vorgänge in Konnersreuth. Referat auf dem 1. internationalen Kongress für Religionspsychologie in Wien (am 26. Mai 1931), in: Wunderle/Mager, Um Konnersreuth, S. 37–42, hier S. 41.

87 Peter Hünermann, Antimodernismus und Modernismus. Eine kritische Nachlese, in: Hubert Wolf (Hg.), Antimodernismus und Modernismus in der katholischen Kirche. Beiträge zum theologiegeschichtlichen Vorfeld des II. Vatikanums, Paderborn 1998, S. 367–375.

88 Gisela Schinzel-Penth, Was geschah damals wirklich? Passion und Auferstehung von Jesus Christus in Bibelberichten, Visionen, Forschungen. Vergleiche der Visionen von Anna Katharina Emmerich und Therese Neumann mit den Berichten im Neuen Testament und mit den Ergebnissen neuer Forschungen, 2. Aufl. unter Mitarbeit von Dr. Helmut Pflüger, St. Ottilien 2007, S. 271.

89 Gerlich, Stigmatisierte, S. 176.

90 Schinzel-Penth, Was geschah, S. 271.

91 Etwa in Steiner, Visionen.

92 Vgl. Gerlich, Stigmatisierte, S. 178.

93 Etwa Steiner, Visionen; Schwarz, Zeichen; Gisela Schinzel-Penth, Was geschah. Bereits Ende der 1920er Jahre ist eine Tendenz zur Kanonisierung der Visionsdarstellungen des Konnersreuther Kreises zu beobachten, so etwa bei Friedrich Ritter von Lama, Therese Neumann von Konnersreuth. Eine Stigmatisierte

der kanonischen Autoren des Konnersreuther Kreises als Quellen, die mit mechanischer Objektivität Zugang zu Therese Neumann selbst ermöglichten – der »Urquelle aller Texte«.[94] In ihrem Umgang mit dem äußerst heterogenen Material unterscheiden sich die Autoren. Steiner, selbst mit Therese eng vertraut, fügte in seinen 1973 erschienenen *Visionen der Theres Neumann* unterschiedliche Visionsberichte in eine chronologische Ordnung, die dem Lebenslauf Jesu folgt.[95] Da auch er davon ausging, dass sich Thereses Schauungen lebenslang ohne Abweichung wiederholten, stellte er Visionsberichte aus dem Jahr 1927 unmittelbar neben Berichte aus den 1950er Jahren.[96] Während die Visionärin alterte, wiederholten sich ihre Visionen ohne die geringste Veränderung im Kreislauf des Kirchenjahrs. Wie die Christusfilme ließen Therese Neumanns Visionen Christus auferstehen zu immer neuem Leben, das schließlich auch den Tod der Seherin überdauerte.

Die Annahme, Therese Neumann sehe das jenseitige Geschehen des Lebens und der Kreuzigung Jesu Christi mit der mechanischen Objektivität eines Films vor sich ablaufen, ermöglichte den Mitgliedern des Konnersreuther Kreises also eine Befragung der Augenzeugin mit dem Ziel einer vollständigen Rekonstruktion der biblischen »Wahrheit« als wissenschaftlicher Tatsache. In ihrem Versuch einer objektiven Rekonstruktion des jenseitigen Geschehens zielten die Interpreten darauf ab, Äußerungen der Subjektivität Therese Neumanns aus dem Bericht zu eliminieren. Im folgenden Abschnitt frage ich nach dem subjektiven Sinn, welchen die Interpreten ihrer Rekonstruktion »objektiver Tatsachen« abgewannen.

Augenzeugenschaft und Bekenntnis

Die synkretistische Aneignung von naturwissenschaftlichen und kinematographischen Epistemologien der mechanischen Objektivität kann als Strategie in der politisch-theologischen Auseinandersetzung mit der säkularen Moderne verstanden werden – einer Auseinandersetzung, die durch heftige Polemik, unerbittliche Härte und eindeutige Parteinahme geprägt war.[97] In dieser Parteinahme ähneln die Verfasser der Visionsberichte den Aposteln im Neuen Testament, die als passionierte, einem inneren Drang folgende Zeugen und Advokaten in einer Person auftreten, um im Rechtsstreit die »historischen Tatsachen« der christlichen Religion, der Verurteilung, Kreuzigung und Auferstehung Jesu gegen seine Gegner zu verteidigen.[98] Bei einem Besuch in Konnersreuth, schreibt der Schweizer Benediktinerpater Maurus Carnot in seinem Nachruf auf Fritz Gerlich, seien ihm Wutz und Gerlich ob der zahllosen Fragen, die sie Therese Neumann stellten, »wie

unserer Zeit, 2., verm. Aufl., Bonn 1928, S. 56–66, oder bei Luciano Berra, Augen, die den Heiland sahen. Therese Neumann von Konnersreuth, Dülmen 1931, S. 67–89.

94 Steiner, Visionen, S. 27–31, Zitat S. 27.

95 Steiner, Visionen.

96 Ebd., S. 27, S. 116.

97 In der Rekonstruktion der Visionen spiegelt sich das spannungsvolle Verhältnis von Heils- und Religionsgeschichte. Auf synkretistische Weise verbanden die Mitglieder des Konnersreuther Kreises die Absicht, im Sinne der von Papst Pius X. 1905 eingerichteten Bibelkommission eine historisch-philologische Relativierung göttlich offenbarter Wahrheiten abzuwehren, mit dem Anliegen der Bibelwissenschaft der 1920er Jahre, in der Rekonstruktion der historischen Lebenswelt Jesu einen »Zugang zum ›wirklichen Leben‹ Israels *hinter* aller Literatur« zu finden. Heinrich Denzinger, Kompendium der Glaubensbekenntnisse und kirchlichen Lehrentscheidungen, hg. von Peter Hünermann, 37. Aufl., Freiburg 1991, DH 3373, DH 3561–3567, DH 3650–3654, DH 3576; Hans-Joachim Kraus, Geschichte der historisch-kritischen Erforschung des Alten Testaments, 3., erw. Aufl., Neukirchen-Vluyn 1982, S. 402.

98 Allison A. Trites, The New Testament Concept of Witness, Cambridge 1977, S. 83f., S. 222–230.

zwei wissenschaftliche Folterknechte« erschienen.[99] »Und doch«, rechtfertigt er ihre Grausamkeit, »die ehemalige Ochsenmagd und Schwerarbeiterin gibt dem einen Aufschlüsse zu einem hochwissenschaftlichen Werk, wie keine Universität sie ihm hätte geben können; den andern führt sie auf dem Steiglein kindlicher Demut zur Mutterkirche und [...] zur Schar der Märtyrer!«[100] Carnot wies auf den letztlich engen Zusammenhang hin, den die Mitglieder des Konnersreuther Kreises zwischen der epistemischen Haltung der mechanischen Objektivität und der Haltung des Augenzeugen herstellten. Die Feststellung objektiver Tatsachen kann nun als Fundierung einer religiösen Wertorientierung begriffen werden. Im »Kampf um Konnersreuth«, für die Wahrheit Therese Neumanns und des Gekreuzigten, verließ Gerlich den neutralen Boden wissenschaftlicher Objektivität und begab sich auf das Feld des Politischen – um zugleich, in einer anti-politischen Wendung, der Politik eine Absage zu erteilen: Die unmittelbar einsichtige göttliche Wahrheit sei universal, nicht partikular, und jede Abweichung nicht durch den Partikularismus subjektiver Erfahrung legitimiert, sondern eine objektive Häresie. In der Entscheidung, im Namen der katholischen Universalität den heroischen Kampf gegen deren Feinde, gegen Liberale, Bolschewisten und seit 1931 auch gegen Nationalsozialisten aufzunehmen, berief sich Gerlich auf seine persönliche Verpflichtung als Augenzeuge der »Wahrheit von Konnersreuth«. Fritz Gerlich wurde am 30. Juni 1934 im KZ Dachau von den Nationalsozialisten ermordet. Seit 1931 hatte er sich in den Leitartikeln seiner Wochenzeitung *Der Gerade Weg* – die politische Linie des Blatts wurde vom Konnersreuther Kreis und den Ekstase-Worten Therese Neumanns maßgeblich bestimmt[101] – gegen den Nationalsozialismus gewandt. Seine Artikel führten nach der Machtübertragung zum Verbot der Zeitung, zu seiner Verhaftung und schließlich zur Ermordung.[102] Seine Biographen deuteten Gerlichs Tod als Martyrium für ein christliches Deutschland – und als unmittelbare Folge seiner Begegnung mit Therese Neumann.[103]

Die Wandlung Fritz Gerlichs vom kritischen Beobachter zum Blutzeugen spielt in der Hagiographie Therese Neumanns eine zentrale Rolle. Erwein von Aretin bezeichnete Gerlichs ersten Besuch in Konnersreuth im September 1927 als »Damaskuserlebnis«.[104] Angesichts der überwältigenden *Imitatio Christi* Therese Neumanns, ihres leidenden Körpers und ihrer Blutströme, die beglaubigten, dass sie selbst in ihren Visionen als Augenzeugin den Tod Christi miterlebte, konvertierte der Augenzeuge Gerlich. Das Ereignis der Kreuzigung Christi, dessen Spuren Gerlich am Körper der Stigmatisierten sah, verwandelte den nüchternen wissenschaftlichen Beobachter in einen engagierten Bekenner, der seinem subjektiven Bekenntnis objektive, universale Geltung verlieh. Im Gegensatz zum Kinobesucher, der sich in der dunklen Zauberwelt des Kinosaals zurücklehnt, im Gegensatz auch zum Wissenschaftler, der eine handlungsentlastete Situation des Experiments herstellt, um beobachten zu können, drängte es Gerlich zum Handeln. 1931 ließ er sich auf den Namen Michael taufen, den Namen des »Vorkämpfers der heiligen Scharen, der ihm Vorbild und Fürbitter sein sollte in dem unerhörten Kampf gegen das Böse, gegen das Satanische des heraufziehenden Hitlertums«.[105] Das Bistum Regensburg konstruiert gegenwärtig einen ganzen »Kreis der Märtyrer«, die wie Gerlich als Zweifler nach Konnersreuth kamen, durch Therese Neumann bekehrt wurden und »am Ende als Glaubenszeugen in der Zeit des National-

99 Maurus Carnot, Fritz Gerlich, ein Blutzeuge für Glauben und Heimat, 2. Aufl., Wien 1935, S. 6.
100 Ebd.
101 Aretin, Gerlich, S. 81; Morsey, Gerlich, S. 25–27.
102 Ebd., S. 33–38.
103 Ebd., S. 342, Aretin, Gerlich, S. 51.
104 Ebd., S. 55.
105 Ebd., S. 66f.

sozialismus eines gewaltsamen Todes gestorben sind«.[106] In Gerlichs Kampf gegen Hitler kommt die ethische Verpflichtung des Augenzeugen zum Tragen, die sich vom wissenschaftlichen Ethos der mechanischen Objektivität unterscheidet und – im »Spannungsfeld von Wissen und Glauben, von Wahrheit und Politik, von Faktizität und ethischen und politischen Werten«[107] – Wahrheit und Wahrhaftigkeit eng miteinander verknüpft.

Schluss

Das Argument der mechanischen Objektivität der Visionen Therese Neumanns, dies wird nun deutlich, nutzten die Mitglieder des Konnersreuther Kreises dazu, eine für alle verbindliche Wahrheit oberhalb partikularer Interessen und relativer Kräfteverhältnisse zu behaupten. Der Synkretismus von Vision und Kinematographie, das spannungsvolle Verhältnis von religiöser Kontemplation und pedantischer Rekonstruktion diente einer katholischen Synthese von Wissenschaft und Glauben: Mit der historischen Wahrheit des Lebens Jesu bezeugten die Mitglieder des Konnersreuther Kreises zugleich die Wirklichkeit seines heilsgeschichtlichen Erlösungswerks. Damit versuchten sie, im Zeitalter des katholischen Triumphalismus die moderne Trennung zwischen privatem Glauben und öffentlicher Wissenschaft, zwischen Religion und Politik aufzuheben. Unter den Bedingungen der Dominanz naturwissenschaftlicher Deutungsansprüche in der säkularen Moderne berief sich der Kreis auf die mechanische Objektivität quasi-kinematographischer Bilder, um ihre subjektiven Überzeugungen, die sie in der Begegnung mit Therese Neumann gewonnen hatten, auf ein stabiles Fundament zu stellen.

Die kinematographischen Vergleiche der Visionen Therese Neumanns dienen der Authentifizierung der Visionen, die, so glaubten die Mitglieder des Kreises, so exakt und präzise wie eindringlich und unmittelbar seien. Damit seien die Visionen wie die Visionsberichte, so hofften sie, dem »toten Buchstaben« der Bibel überlegen und könnten Wiederverzauberungen und Präsenzeffekte hervorrufen. Die zeitgenössische Faszination kinematographischer Bilder, das Vertrauen auf ihre unmittelbare Evidenz und ihre dokumentarische Beweiskraft beförderten die Gewissheit, dass Therese Neumann ihrem Heiland von Angesicht zu Angesicht gegenüberstehe und unverzerrt und klar die Welt erkenne, in der er gelebt habe. Es waren die Präsenzeffekte der kinematographischen Bilder, die über den Immanenzrahmen säkularer Wissenschaft und Politik hinauswiesen und das Vertrauen auf die wiederholte und stets gleiche Auferstehung Christi in den Visionen Therese Neumanns ermöglichten. Doch bleibt die religiöse Botschaft der Visionsberichte des Konnersreuther Kreises, die Ergebnis eines Synkretismus von naturwissenschaftlicher Objektivität, kinematographischer Klarheit, universalem Wahrheitsanspruch und religiöser Subjektivität sind, letzten Endes kirchlich konservativ und anti-messianisch: Bis heute steht im Mittelpunkt der Verehrung Therese Neumanns ihr lebenslanges Leiden. Das Bild der Stigmatisierten, deren Blutströme sich in jeder miterlebten Kreuzigung exakt denselben Weg über ihren gepeinigten Körper bahnten, überdeckt die hoffnungsfrohen Bilder, die sie, aus todesähnlichem Schlaf erwacht, an Ostern vor sich ablaufen sah: Jesu Christi strahlt, aus seinem dunklen Grab »oben durch die Felswand ganz aufgerichtet herausgekommen«, wie »aus lebendigem Licht«[108] – endlich vom Leid erlöst.

106 Helmut Moll, Der »Kreis der Märtyrer im Dienste von Konnersreuth« (E. Boniface). Wahrheitssucher der NS-Zeit im Umkreis von Therese Neumann (1898–1962). Bistum Regensburg, Bischöflicher Newsletter Sept. 2013, http://www.bistum-regensburg.de/fileadmin/user_upload/newsletter-archiv/Maertyrer_im_Dienste_von_Konnersreuth_Praelat_Moll.pdf (Letzter Zugriff 10.9.2015).

107 Schmidt/Voges, Zeugenschaft, S. 14.

108 Steiner, Visionen, S. 260.

■ Anja Burghardt

Fabrikkathedralen und heilige Arbeiter

Synkretismus in der Zeitschrift *Sovetskoe foto* in den 1960er und 1970er Jahren

Die Chefredakteurin der Zeitschrift *Sovetskoe foto* (Das sowjetische Foto), Marina I. Bugaeva, betonte 1961 die staatstragende Rolle von FotografInnen und JournalistInnen im Sozialismus und nahm dabei explizit auf das Heilige Bezug: »Die umfassenden Pläne der Partei zeichnen den Journalisten, den Gehilfen der Partei, große Aufgaben vor. Unsere erste Aufgabe, unsere *heilige* Verpflichtung besteht darin, das in uns gesetzte tiefe Vertrauen der Bevölkerung, der heimatlichen Partei in Ehren zu rechtfertigen.«[1] Die Aufgaben der »schöpferischen *Arbeiter* der Fotografie« lägen darin, gemäß den Beschlüssen des XXII. Parteitags der KPdSU im »großangelegten Plan des Kampfes für den Kommunismus« mitzuwirken. Aufgabe der Journalisten sei eine wirklichkeitsgetreue und enthusiastische, vom »heißen Atem der Gegenwart durchdrungene« Darstellungsweise.[2] In der Zeitschrift lassen sich zahlreiche weitere christlich konnotierte Formulierungen wie die »heilige Verpflichtung« (*svjataja objazannost'*) finden.[3] Nicht immer wird das Adjektiv »heilig« (*svjatoj*) verwendet, das – im Gegensatz zu *svjaščennyj*, das ebenfalls so viel wie »geheiligt« oder »gesegnet« bedeutet, aber auch im übertragenen Sinne gebraucht wird –, eindeutig religiös ist. In solchen Formulierungen tritt zutage, wie sehr der politische Diskurs der Sowjetunion von religiösem Vokabular geprägt war.

Bugaevas Artikel wird von einer Farbfotografie zweier vergnügter, junger Reisender begleitet, die aus dem Fenster eines fahrenden Zuges schauen und Aufbruchsstimmung, Zuversicht und Lebensfreude vermitteln; es sind aber vor allem Fotos von Fabrikanlagen, von riesigen landwirtschaftlichen Nutzflächen und Arbeitern[4], die mit dezidiert christlichen Zitaten versehen sind.

In der Sowjetunion der 1920er und 1930er Jahre ging der Kampf gegen Religionen und ihre Institutionen mit einem öffentlichen Zurückdrängen religiöser Semantiken und Symbole einher.

1 »Edinym dychaniem s partiej i narodom« [Mit der Partei und dem Volk in vereintem Atem], in: Sovetskoe foto, Dezember 1961, S. 1f.; Hervorhebungen und Übersetzungen, soweit nicht anders vermerkt, durch die Autorin.

2 Ebd. S. 2.

3 An christliches Schrifttum erinnern beispielsweise die in dem Artikel »Chronik des großen 50. Jahrestages [sc. der Oktoberrevolution]« genannten »goldene[n] Lettern«, mit denen das Sowjetvolk die Geschichte des Staates geschrieben habe: »Stranicy istorii Sovetskogo gosudarstva! Oni napisany našim narodom zolotymi bukvami.« Letopis' velikogo 50-letija, in: Sovetskoe foto, Oktober 1967, S. 1f., hier S. 2. Zur Sakralisierung politischer Sprechweisen in der frühen Sowjetunion vgl. Thomas Tetzner, Der kollektive Gott. Zur Ideengeschichte des ›Neuen Menschen‹ in Russland, Göttingen 2013, z. B. S. 361f. Die Termini »Neugeburt« und »Auferstehung« wurden ab den 1920er Jahren häufig in Verbindung mit Fabrikbau und Industrialisierung gebraucht.

4 In der Sowjetunion bestand eigentlich eine Zweiteilung des Arbeitsbegriffes in *trud* (gesellschaftlich nützliche Arbeit, moralisch wertvoll, im Interesse des Staates) und *rabota* (jede andere Form von Beschäftigung, die auch Hausarbeit einschloss, welche vorrangig von Frauen erledigt wurde). In *Sovetskoe foto* fällt der insgesamt erweiterte, positiv konnotierte Arbeits- und vor allem Arbeiter-Begriff auf. Die Palette an Berufen, die als gesellschaftlich wichtig galten, wurde über die Zeit zusehends größer, so wurden beispielsweise auch BalletttänzerInnen oder BildhauerInnen eingeschlossen (s. u.). Susan Emily Reid, Photography in the Thaw, in: Art Journal 53 (1994), S. 33–39, hier S. 33, weist darauf hin, dass in der Zeit Chruščevs (1953–1964) versucht wurde, die Teilung zwischen manueller und intellektueller Arbeit aufzuheben.

WERKSTATT*GESCHICHTE* / Heft 72 (2016) – Klartext Verlag, Essen S. 47–64

Zugleich bedienten sich die politischen Akteure einer Sprache, die der Religion zumindest entlehnt war, so dass der politische Diskurs also durchaus Züge einer Art Ersatzreligion aufwies.[5] Das hier untersuchte Material aus den 1960er und 1970er Jahren hatte allerding andere Funktionen. Gegenüber der in der frühen UdSSR vorherrschenden strukturellen Parallelisierung zwischen dem Religiösem und dem Politischem zeichnet es sich dadurch aus, dass lediglich einzelne Elemente der fotografischen und textlichen Darstellungen der religiösen Sphäre entnommen und in den politischen Kontext übertragen wurden.

Solchen sakralisierenden Darstellungen von Arbeitern und Fabriken widmet sich dieser Artikel. Gefragt wird nach den Implikationen und Wirkungen der synkretistischen Phänomene, wobei unter Synkretismus die unauflösbare Verwobenheit von religiösen und politischen Elementen verstanden wird. Am Beispiel der Fotografien der Zeitschrift *Sovetskoe foto* in den 1960er und 1970er Jahren zeigt der Beitrag, welche Funktionen und Effekte diese Überblendungen von Politik und Religion hatten. An ausgewählten Beispielen wird demonstriert, wie mittels sakralisierender Darstellungen Arbeiter und Fabriken als wesentliche und hervorragende Stützen des Systems markiert wurden.[6] Namenlose Arbeiter, metonymisch für Arbeit im Allgemeinen stehend, wurden somit zu (sozialistischen) Heiligen, und eine säkulare Sphäre wurde mit einer sakralen verknüpft.[7] Über die Textebene wurde Heiligkeit mit Reinheit und Wahrhaftigkeit verbunden – und auf den sozialistischen Staat übertragen. Während in der frühen UdSSR die politische Führung durch Bezugnahmen auf das Sakrale gewissermaßen die Unantastbarkeit des Staates und seiner Führung zu etablieren suchte, sollten die Fotografien der 1960er und 1970er Jahren bestimmte Ereignisse, Aspekte oder Personen(gruppen) glorifizieren und deren Verehrungswürdigkeit unterstreichen.[8] Zugleich dienten die Fotografien dazu, das Sakrale zu profanieren.

Folgende Formen und Typen sakralisierender Darstellung sind im Untersuchungszeitraum in der Zeitschrift signifikant: Werkhallen ähneln Kathedralen, und Fabrikanlagen gleichen Kir-

5 Zu religiösen Zügen des Leninkults vgl. beispielsweise Nina Tumarkin, Lenin lives! The Lenincult in Soviet Russia, enlarged ed., Cambridge, Mass. 1997; für die Stalinzeit wurde gezeigt, dass die Darstellung vor allem Stalins, aber auch des Machtzentrums Analogien zum Religiösen aufweisen, vgl. beispielsweise Katerina Clark, Socialist Realism and the Sacralizing of Space, in: Evgeny Dobrenko/Eric Naiman (Hg.), The Landscape of Stalinism. The Art and Ideology of Soviet Space, Seattle 2003, S. 3–18, sowie weitere Beiträge in diesem Band. Vgl. auch Sheila Fitzpatrick, Everyday Stalinism – Ordinary Life in Extraordinary Times. Soviet Russia in the 1930s, Oxford 2000; Olev Charchordin, The Collective and the Individual in Russia. A Study of Practices, Berkeley 1999.

6 Von der Ersetzung der Ikone in Privathaushalten durch Familienbilder sowie anderen Beispielen des Austauschs des Religiösen durch das Profane oder durch sozialistische Elemente berichtet beispielsweise A. B. Moroz, Krasnyj ugol bez ikony, in: Mifologičeskie modeli i ritual'noe povedenie v sovetskom i postsovetskom prostranstve, Moskva 2013, S. 117–125. Für den Hinweis auf die religionswissenschaftliche und theologische Diskussion danke ich Aleksandr E. Musin.

7 Eine Ausnahme bildeten die Helden der Arbeit, die – meist im Rahmen eines Porträts – namentlich genannt wurden. Hier gab es gemeinhin keine säkularisierende Darstellung, weder auf sprachlicher noch auf visueller Ebene. – Die Namenlosigkeit der ArbeiterInnen wird besonders augenfällig im Vergleich mit Artikeln aus *SSSR na strojke* (Die USSR im Bau) aus den 1930er Jahren. Beispielsweise ist die Fotoreportage über die 1929 gegründete Industriestadt Magnitogorsk im Heft vom April 1931 dem einstigen »jungen Bauernburschen« und nun erfolgreichen Arbeiter Viktor Kalmykov gewidmet, anhand dessen Figur das Großprojekt dargestellt wird. Auch andere »Helden« dieser Baustelle werden namentlich genannt. Text und Bilder sind hier in einem rein heroischen Ton gehalten, der keinerlei sakrale Anklänge aufweist.

8 Für einen Überblick über die Forschung zur sowjetischen und russischen Fotografie vgl. Andreas Renner, Der *Visual Turn* und die Geschichte der Fotografie im Zarenreich und in der Sowjetunion, in: Jahrbücher für Geschichte Osteuropas 62 (2014) 3, S. 401–424.

chenkuppeln; Arbeiter scheinen von einer Aureole umgeben; häufig nehmen die Abgebildeten Körperhaltungen ein, die denen der Anbetung in der sakralen Kunst ähneln; Bildkompositionen sind der religiösen Ikonographie entlehnt, der auch einige Bildtitel entnommen sind, denn sie lauten z. B. »Madonna«, »Heilige Dreieinigkeit« und »Triptychon«. Einführend bedarf es einiger konzeptioneller Hinweise über das Verhältnis von Text und Bild sowie der Rolle des Lichts in der Kunstgeschichte. Anschließend wird auf die in diesem Beitrag zugrunde gelegten Begriffe »Sakralisierung« und »Synkretismus« und – da die Fotografien in der Zeitschrift immer von einem Text (zumindest in Form des Bildtitels) begleitet wurden – auf das Wechselspiel von Bild und Text eingegangen. Auf eine kurze Charakterisierung der Zeitschrift *Sovetskoe foto* folgt schließlich die Analyse ausgewählter Fotografien, wobei die Spannung zwischen Profanierung und Sakralisierung herausgearbeitet wird.

Theoretische Überlegungen zur Bildinterpretation

In den bildenden Künsten ist das Licht sicherlich das bedeutendste Darstellungsmittel des Heiligen. Als Symbol der Transzendenz[9] steht es in religiösen Kulten und in der Kunst im weitesten Sinne für das Heilige oder die Anwesenheit Gottes.[10] Das gilt für die Fotografie, die sich in engem Zusammenhang mit der Malerei entwickelte. Das Licht ist in Bild und Schrift ein göttliches Zeichen, sei es (noch pagan, aber bereits prägend für das Christentum) als Emanation, also gleichsam ein – göttlicher – Schöpfungsakt, sei es als Zeichen der Anwesenheit des Göttlichen und damit im weitesten Sinne des Heiligen. Auch in den Fotografien des vorliegenden Materials erweist sich das Licht häufig als sakralisierendes Gestaltungsmittel.

In der russischen Kultur galt im 19. Jahrhundert ein von außen kommender Lichteinfall als Teil der westlichen (lateinisch-römischen) Tradition. Dem wurde das »innere« Licht der in der christlichen Orthodoxie so wichtigen Ikonen gegenübergestellt; dies ist ein Licht, wie es beispielsweise Kerzen geben. Es wurde insofern unmittelbar in Verbindung zur Religion gesehen, als die vor der Ikone entzündete Kerze die Betenden mit dem Heiligenbild verbindet – und dieses innere Licht wurde im russisch-orthodoxen Kontext als heilig gedeutet.

Natascha Drubek legt dar, dass in der Kunst die Differenz zwischen zwei »Lichtkulturen« zu Beginn des 20. Jahrhunderts eine produktive Spannung erzeugte und die Auffassung vom inneren Licht als Heiliges schließlich zu verschwinden begann. Wie sehr Licht dann in den 1960er und 1970er Jahren ein umkämpftes Darstellungsmittel war, ist in der künstlerischen Auseinandersetzung des Moskauer Konzeptualismus – also in dissidentischen Kreisen und außerhalb der offiziellen Kultur – zu sehen. Der Künstler Il'ja Kabakov beispielsweise, einer der wichtigsten Vertreter des Moskauer Konzeptualismus, beschäftigte sich ausführlich mit den Bedeutungen des Lichts.[11]

9 Dietz Lange, Offenbarung des Heiligen im Christentum und in anderen Religionen. Überlegungen zu einer christlichen Theologie der Religion, in: Zeitschrift für Theologie und Kirche 110 (2013), S. 501–517. Er definiert Religion als »unbedingte Bindung der Existenz mit allen Lebensvollzügen an etwas Heiliges, d. h. etwas Übermenschliches und Überweltliches, das sich sowohl als Furcht als auch als Vertrauen einflößend offenbart.« (S. 501) Für die Nähe des Erhabenen zu Religion bzw. dem Religiösen vgl. Ernst Müller, Religion/Religiosität, in: Karlheinz Barck et al. (Hg.), Ästhetische Grundbegriffe, Bd. 5, Stuttgart 2003, S. 227–264, hier S. 229: »Unter dem Stichwort des Erhabenen wird Transzendenz als Grenze innerhalb der Ästhetik thematisiert. Erfahrung ist neuerdings der Begriff, der Ästhetik und Religion kommensurabel macht.« Vgl. auch Jörg Heiniger, Erhaben, in: ebd., Bd. 2, Stuttgart 2001, S. 275–310.

10 Referenzpunkt ist im christlichen Kontext gemeinhin Genesis I.3 »Es werde Licht«.

11 Natascha Drubek, Russisches Licht. Von der Ikone zum frühen sowjetischen Kino, Wien 2012, insbesondere S. 22–28 und das dritte Kapitel zur Elektrifizierung, ferner S. 307–309. Vgl. zu den Bezügen

Abb. 1: Anatolij V. Skurichin, Solnečnyj cech [Sonnige Werkhalle] (1932), in: Sovetskoe foto, April 1967, o. P.

Auch die FotografInnen des *Sovetskoe foto* machten sich die eindrucksvollen Effekte des Lichts zunutze, lebten ihre Aufnahmen doch vor allem von der Nähe des Lichts zum Erhabenen. In einer geradezu transzendierenden Darstellungsweise kam eine von den konfessionellen und religiösen Spezifika unabhängige Bezugnahme auf das Göttliche (oder Heilige) zum Tragen.

In Anatolij V. Skurichins Aufnahme von 1932 beispielsweise wurden Lichteffekte entsprechend eingesetzt (Abb. 1). Diese Fotografie ist insofern bemerkenswert, als eine solche Darstellungsweise in den 1930er Jahren eine Ausnahme war. Bei ihrer Wiederveröffentlichung 1967 fügt sie sich aber in eine ganze Reihe von Werkhallenfotografien ein.

Der Philosoph und einer der grundlegenden Theoretiker zur Säkularisierung Hans Blumenberg führt in seiner Studie *Die Legitimität der Neuzeit* eine Vielzahl von Kontexten an, in denen von »Säkularisierung« die Rede ist und in denen der Begriff letztlich eine Ersetzung beschreibe. Ein spezifischer Inhalt werde durch einen ihm vorhergehenden erklärt, und die Umformung der

zum Licht in der dissidentischen Kunst beispielsweise die Tagebücher von Il'ja Kabakov, 60-[e] – 70-[e] … Zapiski o neoficial'noj žizni v Moskve, Wien 1999. Auf S. 21 gibt es einen ersten längeren Eintrag zum Licht. Deutsche Übersetzung: Ilya Kabakov, Die 60er und 70er Jahre. Aufzeichnungen über das inoffizielle Leben in Moskau, Wien 2001, S. 32f. Ich danke Marina Dmitrieva und Christine Gölz für ihre Hinweise. Vgl. auch Ada Raev, Parallelwelten. Die offizielle und die inoffizielle Kunst in der Brežnev-Ära, in: Boris Belge/Martin Deuerlein (Hg.), Goldenes Zeitalter der Stagnation? Perspektiven auf die sowjetische Ordnung der Brežnev-Ära, Tübingen 2014, S. 55–73.

Inhalte gehe mit einer Entfremdung der ursprünglichen Funktion einher.[12] Damit bleibt, wenn beispielsweise an die Stelle der göttlichen Vorsehung teleologische Geschichtsmodelle treten, – von der Existenz und Verantwortung Gottes gelöst – die Idee einer Zielgerichtetheit oder des Eintretens von etwas Besserem erhalten. Dieses Verständnis von der Verbindung zwischen den beiden Polen als »Umformung« oder »Übertragung« eignet sich auch, den umgekehrten Prozess, den der Sakralisierung, zu analysieren. Das bedeutet, dass ein weltlicher Gegenstand in einen religiösen Kontext gestellt oder zwischen Elementen verortet wird, die bereits aus einem religiösen Kontext bekannt sind.

Es ist davon auszugehen, dass derartige Motive und Darstellungsweisen – insbesondere der sakralen Kunst – auch den Fotografen und der Leserschaft des *Sovetskoe foto* vertraut oder zumindest vage bekannt waren. Sie bildeten gewissermaßen einen Vorrat, auf den (ob bewusst oder unbewusst) zurückgegriffen werden konnte. Aby Warburg hat für dieses Aufgreifen bestimmter Bildelemente, in denen ursprüngliche Konnotationen erhalten blieben, den Terminus der »Pathosformeln« geprägt.[13] Im Sinne der Warburgschen Pathosformeln wird auch im Folgenden weniger nach konkreten Vorlagen gesucht, die in den Fotografien »zitiert« werden, als vielmehr nach Sujets, die aus der religiösen Kunst bekannt sind und in die Darstellung von Arbeitern und Fabriken – und damit diese sakralisierend – einfließen.[14] Dies mag nur auf den ersten Blick frappieren, weil sich die Sowjetunion als ein anti-religiöser Staat verstand, doch tauchten – wie schon angedeutet – christlich bzw. religiös konnotierte Darstellungsweisen und Semantiken immer wieder in gesellschaftlichen und politischen Kontexten auf.

Die Zeitschrift *Sovetskoe foto*

Die 1926 gegründete Zeitschrift erschien von 1931 bis 1933 unter dem Titel *Proletarskoe foto* (Das proletarische Foto). Zwischen 1942 und 1956 war sie eingestellt. Bis 1992 war sie das Organ des sowjetischen Journalistenverbandes und richtete sich sowohl an JournalistInnen als auch AmateurfotografInnen. Neben Fotoberichten verschiedenster Thematik – sehr häufig über größere Bauprojekte und die Erschließung landwirtschaftlicher Nutzflächen, aber auch über die Geschichte der (russischen und sowjetischen) Fotografie einschließlich der Avantgarde – widmete sie sich Fragen der Theorie und der Praxis des Fotografierens, also Bildkomposition, Tiefenschärfe,

12 Hans Blumenberg, Die Legitimität der Neuzeit, ern. Ausg., Frankfurt am Main 1996, S. 18. Als Literatur- und Kulturwissenschaftlerin würde ich in anderem Kontext Blumenbergs Darstellung und Diskussion ausführlicher erörtern. Auch andere Aspekte der Darlegung in diesem Beitrag liegen z.T. am Kontext seiner Platzierung in einer geschichtswissenschaftlichen Zeitschrift wie der Werkstatt*Geschichte*. An dieser Stelle möchte ich den Herausgeberinnen für die Aufnahme des Artikels, für ihre Geduld und Hinweise danken.

13 Vgl. Aby Warburg, Schriften. Werke in einem Band, hg. v. Martin Treml/Sigrid Weigel/Perdita Ludwig/Susanna Dorothea Hetzer, Berlin 2011, zur »Genese der Pathosformeln« S. 34, zu den »Vier Thesen zur Dissertation«, welche sie der Sache nach bereits formulieren, S. 109; zum Fortbestand von Darstellungsweisen vgl. auch Ernst Gombrich, Die Geschichte der Kunst, erw. 16. Ausg., Berlin 2010, S. 136f.

14 Für die Untersuchung von Pressefotografien aus medienwissenschaftlicher Perspektive, die auf Erwin Panofskys Dreistufenmodell der Bildanalyse zurückgreift, vgl. Elke Grittmann/Katharina Lobinger, Quantitative Bildinhaltsanalyse, in: Thomas Petersen/Clemens Schwender (Hg.), Die Entschlüsselung der Bilder, Köln 2011, S. 145–178; weniger auf quantitative Methoden ausgerichtet ist Elke Grittmann, Fotojournalismus und Ikonographie. Zur Inhaltsanalyse von Pressefotos, in: Werner Wirth/Edmund Lauf (Hg.), Inhaltsanalyse: Perspektiven, Probleme, Potenziale, Köln 2001, S. 263–279.

Motivwahl usf.[15] Sie enthielt neben einer Rubrik, in der Einsendungen von LeserInnen diskutiert wurden, einen Abschnitt zur technischen Entwicklung; vorgestellt wurden überdies Arbeiten sowohl sowjetischer als auch ausländischer Fotografen, vereinzelt auch Fotografinnen.[16] Ihre Auflage betrug ca. 200.000 Exemplare in den 1960er und bis zu 250.000 in den 1970er Jahren.[17] Zwischen 1992 und 1997 wurde sie unter dem Titel *Fotografija* (Die Fotografie) weitergeführt, ehe sie endgültig eingestellt wurde.[18]

Wesentliche Entwicklungen und Zäsuren der sowjetischen Innenpolitik spiegeln sich auch in der Zeitschrift. Beispielsweise wurde Ende der 1920er Jahre im Rahmen der antireligiösen Kampagne der sogenannten Gottlosenbewegung[19] versucht, Religion in Fotografien abwertend darzustellen. Wie antireligiöse Fotografie eigentlich auszusehen habe, war dabei eine offene Frage. Dies zeigt etwa ein 1929 von *Sovetskoe foto* ausgeschriebener Doppelwettbewerb gegen Alkoholismus und Religion.[20] Die Redaktion erklärte ihn für misslungen, da es keine eindeutig agitatorischen Aufnahmen gegeben habe, die »das Klassen-Wesen der Religion« erhellen würden, wie es

15 Reid, Photography, S. 37f. weist darauf hin, dass die Fotografie in der Sowjetunion nicht als Kunst anerkannt war und dass es folglich auch keine Bildungsinstitutionen wie Kunsthochschulen mit einem entsprechenden Schwerpunkt gab. So gesehen dürfte der Zeitschrift tatsächlich eine solche Aufgabe zugekommen sein.

16 Obgleich die Werbung, beispielsweise für die Kamera Leikafleks, fotografierende Frauen zeigt, waren Fotografinnen deutlich in der Minderheit. Wenn sie präsentiert wurden, dann häufig mit ihren Aufnahmen von Kindern wie beispielsweise N. Janušovska (Ljudi i vremja [Menschen und Zeit], in: Sovetskoe foto, März 1968, o. P.), Galina Sanko (S ljubov'ju k ljudjam [Aus Menschenliebe], in: Sovetskoe foto, Mai 1965, o. P.; ausführlicher und auch mit anderen Themen in Naš drug – Galina Sanko [Unser Freund: Galina Sanko], in: Sovetskoe foto, November 1974, o. P.). Nina Sviridova (Vernost' teme [Die Treue zum Thema], in: Sovetskoe foto, März 1977, o. P.) und vor allem Majja Surichina (Snimaet Majja Surichina [Majja Surichina fotografiert], in: Sovetskoe foto, März 1968, o. P.; einige weitere Bilder von ihr in Vsled za sobytiem [Dem Ereignis auf den Fersen], in: Sovetskoe foto, März 1978, S. 4–6) wurden allerdings als beachtenswerte journalistische Fotografinnen vorgestellt. Unter den ausländischen Fotoreporterinnen wurden beispielsweise Alena Šourková aus der Tschechoslowakei (Alena Šourková, in: Sovetskoe foto, Dezember 1961, o. P.) oder Małgorzata Jarocka aus Polen (Małgorzata Jarocka, in: Sovetskoe foto, März 1976, o. P.) kurze, mit ihrem Namen betitelte Porträts gewidmet.

17 Die Auflagenhöhe ist dem Impressum entnommen.

18 Da im Weiteren nur ein kleiner Ausschnitt der Fotografien herausgegriffen wird, soll zunächst betont werden, dass sich die Abbildungen der Zeitschrift nicht auf solche Motive und Darstellungsweisen beschränken. Das ist wichtig, weil die Zeitschrift meines Wissens (zumindest außerhalb der ehemaligen Sowjetunion) nicht sonderlich bekannt ist und es bislang keine Darstellung ihres Profils während der 1960er und 1970er Jahre gibt. – Emily Evans untersucht die ersten neun Jahrgänge in ihrer Dissertation. Dies., Soviet Photo and the Search for Proletarian Photography, 1926–1937 (Illinois University, 2014); auch Ksenia Nouril verweist in ihrer Kurzcharakterisierung nur auf die ersten Jahrzehnte. Dies., Sovetskoe foto, 1926–42, [o. D.], http://www.moma.org/interactives/objectphoto/publications/785.html (letzter Zugriff 24.6.2016).

19 Vgl. Peris Daniel, Storming the Heavens. The Soviet League of the Militant Godless, Ithaca 1998; Sandra Dahlke, »An der antireligiösen Front«. Der Verband der Gottlosen in der Sowjetunion der zwanziger Jahre, Hamburg 1998.

20 A. Kosticyn, Foto na antireligioznom fronte [Das Foto an der antireligiösen Front], in: Sovetskoe foto, Mai 1929, S. 290–292. Kosticyn wies darauf hin, dass es keine »Anleitung« für antireligiöse Fotografien geben könne, nannte aber (wie es in vielen Artikeln in den Anfangsjahren der Zeitschrift geschah) mögliche Motive wie Taufe, Beerdigung und religiöse Feiertage durchaus auch im Kontrast zu deren weltlichen Ersetzungen. Für die Auswertung des Wettbewerbs vgl. Rezul'taty antireligioznogo konkursa [Die Ergebnisse des antireligiösen Wettbewerbs], in: Sovetskoe foto, August 1929, S. 486–488.

hieß.[21] Das Scheitern des Wettbewerbs war aber offenbar weniger dem Mangel an fotografischem Können als vielmehr dem Umstand geschuldet, dass den Fotografien visuell keine Wertung eingeschrieben war; Prozessionen beispielsweise erscheinen auf einem Foto als Fest.[22] Mit der fehlenden axiologischen Ebene ließ sich eine negative Darstellung des Religiösen erst mittels der Bildtitel oder Begleittexte erreichen. Als sich in den 1950er Jahren unter Nikita Chruščev eine, allerdings weniger militante, anti-religiöse Kampagne in der Sowjetunion wiederholte, war die fotografische Darstellungsweise in *Sovetkoe foto* ebenfalls von diesem Paradigma berührt.[23]

Grundsätzlich wurden die Fotografien in der Zeitschrift immer von einem Text begleitet, Text und Bild ergänzten sich also. Dieses Zusammenspiel ist für die Pressefotografie grundsätzlich signifikant: Mit Bezug auf die Pressefotografie fasst Roland Barthes die Interdependenz von Text und Bild als die Entstehung eines »Ensembles aus Bild und Wort«, das »als eine objektive, denotative Botschaft erscheint«.[24] Dabei geht er von der Indexikalität des Fotos aus, also der Annahme eines besonderen Zusammenhangs von Fotografie und Wirklichkeit.[25] Während der Text dem Bild bestimmte Konnotationen gebe, verleihe die Fotografie dem Text einen Wirklichkeitsgehalt und das Kulturelle werde so naturalisiert.[26] Das Denotative der Fotografien, die mit ihnen verbundenen jeweiligen Pathosformeln und die spezifischen Umformungen bilden also ein konzeptionelles Instrumentarium mittels dessen die Spannung innerhalb des Synkretistischen, das Widersprüchliche und sich doch Ergänzende der Sakralisierung eines offensiv Säkularen, herausgearbeitet werden kann.

Als Zeitschrift des Journalisten- und Fotografenverbandes war *Sovetskoe foto* die einschlägige Fotografie-Zeitschrift in der UdSSR, aber nicht die einzige Zeitschrift, die Fotografien in den Mittelpunkt rückte.[27] Das Bildmaterial stammte von JournalistInnen der Zeitschrift,

21 Ebd., S. 486.

22 Zur fotografischen Darstellung von Religion in Russland bzw. der Sowjetunion vgl. den von Ekaterina Emeliantseva herausgegebenen Themenschwerpunkt »Religion und Photographie« in: Jahrbücher für Geschichte Osteuropas 57 (2009), S. 161–250.

23 Vgl. dazu Tatiana A. Chumachenko, Church and State in Soviet Russia. Russian Orthodoxy from World War II to the Krushchev Years, Amonk 2002; für eine Analyse Andrew B. Stone, »Overcoming Peasant's Backwardness«. The Krushchev Antireligious Campaign and the Rural Soviet Union, in: The Russian Review 67 (2008) 2, S. 296–320; vgl. auch weiterführend zum Atheismus Sonja Lührmann, Wunder ohne Wunder. Die Säkularisierung des Staunens in der sowjetischen Atheismuspropaganda unter Chruščev und Breznev, in: Alexander C. T. Geppert/Till Kössler (Hg.), Wunder. Poetik und Politik des Staunens im 20. Jahrhundert, Berlin 2011, S. 395–418. Ich danke Ulrike Huhn für ihre Hinweise.

24 Roland Barthes, Die Fotografie als Botschaft, in: ders., Der entgegenkommende und der stumpfe Sinn. Kritische Essays, Bd. 3, Frankfurt am Main 1990 [1961], S. 11–27, hier S. 21.

25 In Fotografien können alle drei Arten des von Charles S. Peirces eingeführten Zeichenmodells gegeben sein. Die Zeichen sind (i) ikonisch aufgrund der Ähnlichkeit, die sie mit dem Abgebildeten aufweisen, (ii) symbolisch insofern sie stellvertretend für bestimmte Ereignisse stehen können; dass sie (iii) indexikalische Zeichen sind, also in einem physischen oder kausalen Verhältnis zur Wirklichkeit stehen, ist insofern für die Rezeption entscheidend und hebt sie von anderen Medien ab, als darauf ihr Tatsachengehalt gründet.

26 Barthes, Die Fotografie, S. 21.

27 Die Tageszeitung *Pravda* (Die Wahrheit) schrieb in den 1960er Jahren regelmäßig Fotografie-Wettbewerbe aus, über die in *Sovetskoe foto* berichtet wurde inklusive eines Abdrucks der Bilder. Die Fotos stammten teils von professionellen, teils von Amateur-Fotografen. Einzelne Ausgaben waren den »Fotokorrespondenten« der Zeitung *Izvestija* (Mitteilungen) gewidmet. Reid, Photography, S. 34, zufolge war *Sovetskoe foto* neben den Zeitschriften *Ogonëk* (so viel wie Das Licht oder Das Flämmchen) und *Sovetskij Sojuz* (Die Sowjetunion) seit Ende der 1950er Jahre die wichtigste Zeitschrift für die Fotografie. Immer wieder wurden dort anderen Zeitschriften – etwa anlässlich eines Jubiläums – Artikel gewidmet,

aus Einsendungen von AmateurfotografInnen,[28] zu einem Gutteil aus den jährlichen Fotowettbewerben sowie aus den Beständen der Nachrichtenagentur TASS oder des Zentralorgans der KPdSU, der *Pravda* (Die Wahrheit). Dass die Fotos vor allen Dingen auf die Errungenschaften der sowjetischen Planwirtschaft aufmerksam machen sollten, zeigten schon die Titel der Wettbewerbe: »Die Realisierung des Fünf-Jahresplans« (*Pjatiletka v dejstvii*) bzw. des »Siebenjahresplan« (*Semiletka v dejstvii*)[29]; in den 1970er Jahren hieß eine Rubrik »Stationen des Fünfjahresplanes« (*Maršruty pjatiletki*).[30] In der Zeitschrift wurde die ständig wachsende gesellschaftliche Bedeutung und Verbreitung der Fotografie betont. Sie zeige lebendig und aktuell, wie die Redaktion hervorhob, die Fortschritte in Industrialisierung und Landwirtschaft auf. Variantenreich wurde auf den Wahrheitsgehalt der Bilder verwiesen, als Dokumente der Wirklichkeit[31] der »ruhmreichen, heldenhaften Geschichte unserer Heimat«.[32] Positiv wurden überdies die Ausdruckskraft von Portraits oder der emotionale Eindruck eines Bildes aufgrund seiner Komposition und Motivwahl hervorgehoben.[33] Die sowjetische Erfolgsgeschichte sollte eindeutig auch durch Fotografien dokumentiert werden.[34] Wie die kontinuierlich wiederkehrenden Aufrufe an die Leserschaft, am Arbeitsplatz zu fotografieren, unterstreichen, ging es den HerausgeberInnen darum, die Verwirklichung des Sozialismus (oder die Annäherung an den Kommunismus) zu dokumentieren und für künftige Generationen fotografisch lebendig zu halten.[35] Als wichtigster Akteur dieses Projekts, daran bestand kein Zweifel, galt die Arbeiter-

beispielsweise *Sovetskaja ženščina* (Die sowjetische Frau), *Ogonëk, Komsomol'skaja pravda* (Die Wahrheit für die Komzomolzen) oder *Sovetskij Sojuz*.

28 Zur Amateurfotografie vgl. Valery Stigneev, The Force of the Medium. The Soviet Amateur Photography Movement, in: Diane Neumaier (Hg.), Beyond Memory. Soviet Nonconformist Photography, New Brunswick 2004, S. 67–74.

29 Diese Ausschreibungen gab es seit 1960, vgl. dazu Iskusstvo, blizkoe i ponjatnoe narodu [Eine dem Volk nahe und verständliche Kunst], in: Sovetskoe foto, Mai 1963, o. P.

30 *Maršrut* bedeutet eigentlich so viel wie (Weg-)Strecke oder (Reise-)Route; die hier gewählte Übersetzung berücksichtigt die Funktion zur Benennung einer Rubrik, die entsprechend prägnant klingen soll.

31 Vgl. beispielsweise Fotoiskusstvo – boevoe oružie na ideologičeskom fronte [Die Fotokunst: eine Kriegswaffe an der ideologischen Front], in: Sovetskoe foto, August 1963, S. 1f., oder A. Zis', O socialističeskom realizme v iskusstve fotografii [Über den sozialistischen Realismus in der Fotokunst], in: Sovetskoe foto, Mai 1965, S. 20–23.

32 Sochranim dokumenty istorii sovetskogo gosudarstva [Wir bewahren Dokumente der Geschichte des Sowjetstaates], in: Sovetskoe foto, November 1965, o. P.

33 Die positive Bewertung von Emotionalität und Gefühle erzeugender Ausdruckskraft in der Bildkomposition ist im Lichte aktueller Diskussionen zur Dokumentarfotografie, in denen solch eine subjektive Ebene z. T. problematisiert wird, bemerkenswert. – Reid, Photography, S. 38f., weist auf die Debatten über die Rolle von Authentizität in der Fotografie hin. Im Gegensatz zur Fotografie der Stalinzeit wurden nun sowohl Ungestelltheit als auch Originalität in der fotografischen Darstellung gefordert.

34 Dokumentiert wurden in *Sovetskoe foto* abgesehen von der Oktoberrevolution vor allem der Große Vaterländische Krieg, die ersten Jahre des Aufbruchs mit den großangelegten Bauprojekten und der Industrialisierung der Landwirtschaft, dann das »Erblühen« des Landes in allen Bereichen. Ein wichtiges Ereignis war zudem Gagarins erfolgreicher Weltraumflug von 1961, dessen Jahrestag ebenfalls regelmäßig zelebriert wurde.

35 Vgl. beispielsweise L. Volkov-Lanit, Sobirajte istoriju! [Sammelt Geschichte!], in: Sovetskoe foto, Dezember 1965, S. 2f. oder auch Letopis' velikogo 50-letija [Chronik des großen 50. Jahrestages], in: Sovetskoe foto, Oktober 1967, S. 1f. Diese Erinnerungsfunktion der Fotografie tritt besonders in den Nummern zum 50. Jahrestag des Endes des Großen Vaterländischen Krieges hervor.

schaft.[36] Der Auftrag der FotografInnen lag ganz offenbar auch darin, diese Ideologie im Bild hervortreten zu lassen.[37]

Als Zeitschrift des staatlichen Journalisten- und Fotografenverbandes war das Blatt linientreu und stand somit für die Ablehnung des Religiösen und des Kapitalismus. Allerdings sind unterschiedliche Phasen zu beobachten: Ab etwa Mitte der 1960er Jahre waren eindeutig politische Aussagen in den Bildunterschriften selten, sie waren eher im Kontext mit den Kommentaren zu westlichen Fotografien erkennbar, in denen häufig die kapitalistische Gesellschaftsordnung kritisiert wurde.[38]

Insgesamt lassen die Fotografien in ihren Sujets und Darstellungsweisen über die Jahre einen immer größeren Facettenreichtum erkennen, sowohl in Hinblick auf die Darstellungsweise als auch hinsichtlich der Motive. So ist beispielsweise in der Ausgabe vom Mai 1980 ein Artikel unter dem Titel abgedruckt »Arbeit, Frieden, Mai. Zum 35. Jahrestag des Großen Sieges«. Nach der Abbildung von Monteuren war eine »Fabrik des 21. Jahrhunderts« zu sehen, deren futuristischer Eindruck aus der Untersicht und einer Linse resultiert, die das Fabrikpanorama leicht gewölbt erscheinen lässt. Auf Bilder von Studierenden und Schülern folgten eine Seite weiter – und der Text von der ersten Seite wird erst hier zu Ende geführt, so dass die ganze Bildsequenz unmittelbarer Teil des Artikels ist – zwei Bilder eines Konzerts an der Amur-Baikal-Magistrale, einem der großen Eisenbahn-Bauprojekte. Gezeigt wurde neben den singenden Künstlern das Publikum, leger gekleidete, lachende junge Leute.[39] In anderen Bildstrecken waren – ebenfalls gerahmt von Industrieanlagen und Fabrikarbeitern – KünstlerInnen, Gelehrte oder ÄrztInnen zu sehen. Einerseits wurde also das Bildspektrum erweitert; indem die Personen andererseits alle als Arbeiter bezeichnet wurden, wurde

36 Vgl. dazu beispielsweise Pafos truda [Das Pathos der Arbeit], in: Sovetskoe foto, August 1968, o. P.: »In Fortsetzung der großartigen Arbeitstradition der Helden der ersten Fünfjahrespläne strebt die heutige Generation danach, in ihre Arbeit alle Kraft, Energie, alles Können und insbesondere ihr gesamtes Talent zu legen. […] Das Pathos der Arbeit – bemerkte er [Brežnev] – bringt die Helden der Industrie und Landwirtschaft hervor, es verleiht neuen Formen des Wettbewerbs, ruhmreichen Taten und Initiativen Leben.«

37 In den 1960er Jahren wurden Ideologie und Propaganda in der Zeitschrift mehrfach als Aufgaben der Foto-/JournalistInnen bezeichnet, vgl. beispielsweise Tvorit' dlja naroda – stroitelja kommunizma [Schaffen für das Volk, den Erbauer des Kommunismus], in: Sovetskoe foto, Mai 1963, S. 1f.

38 Konstantin Akinsha, A Battle of Mediums in Twentieth-Century Russian Culture, in: Diane Neumaier (Hg.), Beyond Memory. Soviet Nonconformist Photography and Photo-Related Works of Art, New Brunswick 2004, S. 31–46, skizziert eine Geschichte der sowjetischen Fotografie und betont wie Reid, Photography, dass diese im Schatten der Malerei gestanden habe, trotz ihrer halbherzigen Anerkennung als Kunst 1936. Auch wenn sich die Fotografie in der Zeit des sog. Tauwetters nach Stalins Tod von der Malerei lösen konnte, wurde sie in der Sowjetunion erst Ende der 1980er Jahre fraglos als Kunst anerkannt. Siehe Akinsha, A Battle, S. 40. Akinsha spricht von den gestellten Bildern während der Stalinzeit als »Manifestation[en] von bewusstem Realismus« (ebd., S. 39). Seine Einschätzung der offiziellen Fotografie der Tauwetterperiode als »optimistic photo ›factography‹ […] of […] boring officialdom« lässt sich zumindest auf Grundlage von *Sovetskoe foto* nicht ganz teilen, wird doch durchaus anderes als »smiling steel founders« (ebd., S. 39) abgedruckt. Eva Pluhařová-Grigienė hat in ihrem Vortrag »The ›Lithuanian Photographic School‹ as a Challenge to the Dominant (Visual) Order?« auf der Tagung »Photography and Visual Orders in the History of the Russian Empire and the Soviet Union« (Moskau, 2.–4.10.2013) aufgezeigt, dass die Baltische Schule maßgeblich zu einer Erweiterung des Spektrums an Sujets und Darstellungsweisen in der sowjetischen Fotografie beitrug; etliche Bilder dieser Fotografen sind in den Ausgaben der 1970er Jahre abgedruckt. Zur Kunstfotografie vgl. auch Valerijy Stigneev, Soviet Artistic Photography, in: Joseph Walker/Christopher Ursitti (Hg.), Photo Manifesto, Contemporary Photography in the USSR, New York 1991, S. 56–67.

39 Trud, mir maj. K 35-letiju velikoj pobedy [Arbeit, Frieden, Mai. Zum 35. Jahrestag des Großen Sieges], in: Sovetskoe foto, Mai 1980, S. 2–6.

versucht, die Berufsgruppen aneinander anzugleichen. Visuell funktionierte dies zwar nur bedingt, da sich die Bilder allzu klar voneinander unterschieden; sprachlich fand jedoch eine Gleichsetzung statt.[40] Somit wurden alle Teile der Gesellschaft geehrt, die ihren Anteil am sozialistischen Projekt hatten. Der sowjetische Staat wurde legitimiert, da er – so der Subtext – von einer immer größeren Zahl an Menschen getragen werde. Das Lob der Sowjetunion und ihrer »Erbauer« drückte sich in zahlreichen Artikeln zudem in der Ambiguität des Wortes *stroitel'* aus, das »Schöpfer«/»Erbauer« und »Bauarbeiter« zugleich bedeutet. Die Texte zu derartigen Bildsequenzen waren in einem euphorischen, jubelnden Grundton gehalten: Die – immer großartige(re)n – Errungenschaften der sozialistischen Gesellschaft wurden gepriesen und dies, wie bereits erwähnt, vor allem in den 1960er Jahren in christlich konnotierter Wortwahl. Hier und da hieß es zwar einschränkend, dass noch nicht alle Ziele erreicht seien, aber der enthusiastische Grundton dominierte.

Sovetskoe foto suggerierte eine ideale Gesellschaft »in ihrer Zeitlosigkeit«, liefen die die Bilder begleitenden Texte doch zumeist darauf hinaus, dass das Ende der Geschichte erreicht sei.[41] Tatsächlich war Ende der 1960er Jahre verschiedentlich davon die Rede, dass das ultimative Ziel aller Marxisten, der Kommunismus, bereits erlangt sei. Darüber hinaus unterstrich die alljährliche Wiederkehr der Mai- und Novemberfeiern, die mit bilderreichen Artikeln zelebriert wurde, eine Zyklik und damit das Aufheben der linearen Zeit. Dieser Eindruck ergab sich außerdem durch den häufigen Wiederabdruck älterer Fotografien. Die Idealisierung des im Historischen Materialismus erwarteten eschatologischen Endes, des Kommunismus, kann auch als eine sakralisierte Geschichtsauffassung gedeutet werden oder – wie vielfach geschehen – als Ersatzreligion. Allerdings standen Zeitlosigkeit und Geschichte in *Sovetskoe foto* insofern in einem paradoxen Verhältnis, als ältere Fotografien gleichzeitig eine Entwicklung, eine lineare Zeit, zeigten. Sie implizierten eine »Bildgeschichte der UdSSR«, waren eine Art »lebendiger jüngster Fotogeschichte«, zumal wenn in den Beiträgen über die Oktoberrevolution von 1917 oder Bildserien über den sog. Großen Vaterländischen Krieg die sowjetische Geschichte glorifiziert wurde. Oft waren es weniger religiös aufgeladene sprachliche Wendungen als fotografische Darstellungsweisen, mittels derer die Aussagen der Zeitschrift sakralisiert wurden.

Arbeiter- und Fabrikdarstellungen

Wenn sich JournalistInnen der Zeitschrift des Stilelements Licht bedienten, so trugen diese Darstellungen vielfach synkretistische Züge, die im Weiteren betrachtet werden. Synkretismus bedeutet in diesem Zusammenhang eine unauflösbare Verschränkung von sakralen und säkularen Elementen.[42] In den Ausgaben zu Beginn der 1960er Jahre findet man eine Reihe von Aufnahmen, auf denen

40 Das lässt sich unterschiedlich analysieren. Angesichts der Aufwertung körperlicher und industrieller Arbeit in den Anfangsjahren der UdSSR erscheint diese egalitärere Behandlung verschiedener Berufsgruppen eher als Zeichen einer größeren Vielfalt und sei es nur, weil es notwendig war, sich der Realität zu beugen.

41 Vgl. dazu Blumenberg, Legitimität, S. 43: »Die Übertragung des Strukturschemas von ästhetischen, theoretischen, technischen und moralischen Fortschritten auf die Gesamtvorstellung von der einen Geschichte setzt voraus, daß der Mensch sich in dieser Totalität als allein zuständig betrachtet, daß er sich für den hält, der ›die Geschichte macht‹. Dann kann er es für möglich halten, aus dem Selbstverständnis des rationalen, demiurgischen oder gar schöpferischen Subjekts den Gang der Geschichte abzuleiten.« In der sowjetischen Darstellung der menschlichen Wirkmächtigkeit glückte eine solche Betrachtung.

42 Zur frühen sowjetischen Arbeiterfotografie vgl. Rosalinde Sartorti, Pressefotografie und Industrialisierung in der Sowjetunion: die Pravda 1925–1933, Wiesbaden 1981; vgl. auch: Erika Wolf, The Soviet Union. From Worker to Proletarian Photography, in: Jorge Ribalta (Hg.), The Worker Photography Movement (1926–1939). Essays and Documents, Madrid 2011, S. 32–46.

Abb. 2: A. Žirkov, V Ceche [Im Werk], in: Sovetskoe foto, August 1971, S. 18.

Fabrikanlagen sternengleich als Lichtermeer erscheinen, wie beispielsweise auf dem Bild einer Industrieanlage mit dem Titel »Der Donecker Lenin-Orden« von Evgenij Chaldej.[43] Der Betonung von Größe und Höhe von Werkhallen wie bei Skurichin (Abb. 1) steht der notorische Stahlarbeiter mit Schutzbrille in diversen Spielarten zur Seite, sei es in der Umgebung der Fabrikhalle (meist deutlicher erkennbar als bei Skurichins Aufnahme), sei es wie bei dem in Abb. 2 gezeigten Portrait eines Amateurfotografen.

Im Begleittext zu der Aufnahme von 1971 heißt es, dass die Qualität der Amateuraufnahmen auf Baustellen und in Fabriken langsam, aber stetig zugenommen habe; dies stehe in Zusammenhang damit, dass »sowohl das moralische als auch das kulturelle Niveau des heutigen Arbeiters gestiegen sei«, dass sich »seine Ansprüche, die Bedürfnisse, die das Leben mit sich bringt, seine Interessen geändert haben«.[44] Verweise auf die Verbesserung des Lebensstandards der Arbeiterschaft (oder auch allgemein der Bevölkerung) sollten den Fortschritt des sowjetischen Staates »beweisen« und gemeinsam mit der bildlichen Überhöhung der Arbeiter den Eindruck eines sowjetischen Paradieses auf Erden unterstreichen.

Dieses Foto erweist sich allerdings insofern als ambivalent, als es zugleich auch ein Dokument für die unzureichende Sicherheitskleidung ist, die der sowjetische Werktätige offenbar zur Verfügung hatte, trägt der links Abgebildete doch anstelle eines Helms nur eine Kappe, während der Rechte seine Schutz-Scheibe lediglich vor die Augen hält. Ambivalent war zudem, dass der Beruf des Industrie- oder Baustellenarbeiters de facto nicht hoch angesehen und Unfälle und Todesfälle ausgesprochen zahlreich waren,[45] wovon in *Sovetskoe foto* aber keine Rede war. Es waren dort vielmehr die – quasi-heiligen – Erbauer der Industrieanlagen, die grandiosen Fabrikarbeiter, die zu zentralen Figuren im Aufbau der kommunistischen Gesellschaft wurden. Und die JournalistInnen standen ihnen – als ArbeiterInnen des Wortes und des Bildes – zur Seite, da sie von ihren Taten berichteten.

Um die Bedeutung der Überblendungen des Säkularen mit dem Sakralen herauszustellen, muss auf die Arbeiter und Fabrikhallen noch genauer eingegangen werden. Bei den abgebildeten Fabrikhallen fallen zunächst vor allem kathedralenartige Bildkompositionen auf. Auf einer Farbfotografie von Issak Tunkel', einem der ausgezeichneten Fotografen der Zeitschrift, stehen vier

43 Evgenij Chaldej, Doneckij ordena Lenina …, in: Sovetskoe foto, Dezember 1967, o. P.

44 M. Leont'ev, V Poiske. Snimajut fotoljubiteli-rabočie [Bei der Recherche. Amateurfotografien von Arbeitern], in: Sovetskoe foto, August 1971, S. 18–20.

45 Carsten Goehrke, Russischer Alltag. Eine Geschichte in neun Zeitbildern, Bd. 3: Sowjetische Moderne und Umbruch, Zürich 2005, nennt die Zahl von ca. 80.000 ArbeiterInnen, die jährlich zu Invaliden wurden und 15.000 bis 20.000 Todesfälle (S. 360), vgl. S. 358f. zum geringen Sozialprestige körperlicher Arbeit. Zur Unzufriedenheit mit der Arbeit vgl. auch Eduard Gloeckner, Arbeitsmotivation und Arbeitszufriedenheit, in: Maria Elisabeth Ruban et al., Wandel der Arbeits- und Lebensbedingungen in der Sowjetunion 1955–1980, Frankfurt am Main 1983, S. 96–106. Ausführlich dokumentiert Manfred Hildermeier, Geschichte der Sowjetuntion 1917–1991, München 1998, die 1960er und 1970er Jahre, vgl. insbesondere »Gesellschaft zwischen Aufstieg und Niedergang: Bevölkerung, Arbeiter, Bauern und Intelligenz«, S. 899–931. Vgl. auch Isabelle de Keghel, Seventeen Moments of Spring, a Soviet James Bond Series? Official Discourse, Folklore, and Cold War Culture in Late Socialism, (im Erscheinen), die auf den »logozentrischen Charakter« der UdSSR hinweist (hier auch weitere Literaturverweise).

Abb. 3: V. Liferov, Svarščiki [Schweißer], in: Sovetskoe foto, Februar 1968, o. P.

Arbeiter regelrecht in einer Lichtsäule.[46] Durch diesen Lichteinfall wird die Höhe des Raumes besonders betont, die im christlichen Kontext der Feier Gottes dient. Mit Hilfe dieses Lichteinfalls ließ sich also die Annäherung der Fabrikhallen an einen Kirchenraum fotografisch einfangen. Zwar bedurfte es bestimmter architektonischer Voraussetzungen, dass sich solche Lichteffekte überhaupt ergeben können. Aber erst die FotografInnen nutzen den Effekt für die Darstellung, indem sie etwa einen bestimmten Lichteinfall abwarteten oder einen entsprechenden Blickwinkel suchten, der die Lichtstrahlen hervortreten ließ.

Anders als bei Skurichins Aufnahme (Abb. 1), bei der einige der fernen, scheinbar winzigen Arbeiter im Hintergrund die immense Größe des lichtdurchfluteten Gebäudes mit seinen Stahlträgern und der technischen Ausstattung unterstrichen, stellt V. Liferovs Fotografie (Abb. 3) die Arbeiter ganz ins Zentrum des Bildes.

Die Arbeiter scheinen gelassen in ein Gespräch vertieft. Die Maschine zur Linken wirkt geradezu als Fortsetzung der Lichtstrahlen, und ihre gewölbten Röhren links unten erinnern an einen Bach, der über eine Stufe hinabrinnt. Die Schweißer sind ins Licht getaucht und werden so Teil dieser fast idyllischen Atmosphäre, die ganz im Kontrast zu dem Arbeitskontext steht. Diese suggeriert Zufriedenheit, und die Arbeit wird Teil eines Zustands, einer naturähnlich erscheinenden Industrie*landschaft*.[47] Damit trägt diese Industrie-Fotografie zum Bild eines fast paradiesischen Zustandes bei.

Eine Figur durch Licht zu umrahmen, um ihre Heiligkeit zu zeigen, ist ein gängiges Stilmittel christlicher Kunst. Meist kränzt ein Heiligenschein das Haupt, aber Aureolen können auch den gesamten Körper umhüllen. Ein anschauliches Beispiel dafür ist *Unsere Liebe Frau von Guadalupe* im Petersdom.[48] Ähnlich dem Gemälde ist V. Zinin bei *Tkačicha* (Weberin) verfahren (Abb. 4).

46 Stroiteli Volžskoj GĖS imeni XXII s"ezda KPSS [Erbauer des staatlichen Wolga-Elektrizitätswerks »XXII. Parteitag der KPdSU«], in: Sovetskoe foto, Oktober 1961, Innentitel.

47 Es gibt eine ganze Reihe von Aufnahmen eines Industriegeländes, das als eine Landschaft erscheint, oder von Industrieanlagen als Lichtermeer. In den Fotografien wurden oftmals die Ausmaße solcher Industrielandschaften und damit letztlich die weltgestaltende Macht des Sozialismus betont.

48 Vgl. für eine Abbildung z. B. Christof Thoenes/Angelo Comastri (Hg.), Der Petersdom. Mosaike, Ikonografie, Raum, Stuttgart 2011, S. 233, Abb. 191.

Abb. 4: V. Zinin, Tkačicha [Weberin], in: Sovetskoe foto, August 1977, o. P.

Er lässt das Licht derart in den Fäden spielen, dass es eine Aureole um den Körper der Weberin zu bilden scheint. Gleichzeitig bestimmen diagonale Strahlen den Hintergrund des Bildes. Die Bildkomposition sowie die Art und Weise der Umhüllung des Körpers durch das Licht ähnelt katholischen Mosaiken. Auch in der orthodoxen Kunst gibt es vergleichbare Darstellungen, wie die Ikone *Verklärung* aus der Schule von Feofan Grek um 1403 in der Christi-Verklärungs-Kathedralkirche in Pereslavl-Zaleskij.[49] Die Aureole korrespondierte folglich sowohl mit der westlichen als auch mit der östlichen christlichen Kunst; Zinins Fotografie zeichnet sich somit durch die Übernahme aus einem bekannten Zeichenvorrat aus. Weniger auffällig sind die Effekte, die durch Gegenlicht-Aufnahmen entstehen.[50] Eine Licht-Kontur zeichnet die Silhouetten der Arbeiter nach und verleiht ihnen so einen Glanz, der nur mehr entfernt an eine Aureole erinnert, eine Darstellungsweise, die in den untersuchten Jahren immer wieder Verwendung fand.[51]

49 Vgl. einen Ausschnitt beispielsweise in Viktor Nikitič Lazarev, Die russische Ikone, hg. von G. I. Vzdornov, Zürich 1997, S. 263, Tafel 91; die Ikone befindet sich gegenwärtig in der Moskauer Tretjakov-Galerie.

50 Wie Drubek, Licht, S. 28f., Anm. 43, bemerkt, erfolgte die erste filmische Verwendung von Gegenlicht bereits 1916. Lichteffekte und Schwierigkeiten der Ausleuchtung wurden in der Fachpresse bereits seit den 1910er Jahren thematisiert. Die in *Sovetskoe foto* diskutierten technischen Fragen betrafen in diesen zwei Jahrzehnten die verbesserungswürdigen Materialien; die Einführung extremer Weitwinkel-Objektive und neuer Linsen wurde Ende der 1970er Jahre bei einer Vielzahl von Bildern genutzt, die – mit dem charakteristischen Effekt einer konvexen Wölbung – ein Panorama zeigen, häufig von Baustellen und Fabrikanalagen.

51 Vgl. beispielsweise R. Ivanov, Stalevary iz Luganska [Stahlarbeiter aus Lugans], in: Sovetskoe foto, Juni 1968, o. P., oder O. Burbanskij, Na smenu [Bei der Schicht], in: Sovetskoe foto, Juli 1972, o. P.

Abb. 5 A. Uzljan, Vercholaz [Hochbauarbeiter], in: Sovetskoe foto, Juni 1971, S. 19.

Die Lichtwirkung spielt auch bei zahlreichen Darstellungen von Baustellen eine Rolle, die so fotografiert wurden, dass sie wie Kirchenkuppeln erscheinen. Eine Fotografie vom Bau der Kiewer Metro beispielsweise erhöht die Arbeiter, indem sie sie regelrecht in einem Lichtregen zeigt.[52] Meist diente das Licht allerdings (wie bei den Fotos von Fabrikhallen) der Betonung der Raumhöhe, implizierte nun aber eine Öffnung zum Göttlichen. Im Fall sakraler Gebäude sind es in erster Linie christliche Barockkirchen, in denen die Illusion einer Öffnung ins Grenzenlose in den Kuppel-Fresken erzeugt wird. Eine fotografische Darstellungsweise, die auf ähnliche Weise ein Hineinreichen in den Himmel suggeriert, wurde häufig für Stahlkonstruktionen gewählt. Ein eindrucksvolles Beispiel dafür ist die Farbfotografie des Fotografen Evgenij Umnov mit dem Titel *Aerodynamische Röhre* (September 1964), die auch von daher ins Auge fällt, als in *Sovetskoe foto* zum Zeitpunkt der Veröffentlichung noch sehr selten Farbbilder abgedruckt wurden.[53]

Weitere Bildelemente, die sakralisierende Effekte haben, sind bestimmte Körperhaltungen, die aus der religiösen Kunst bekannt sind und damit auch in der offiziell atheistischen Sowjetunion zum kulturellen Allgemeinwissen gehörten. In der christlichen Kunst sind Heilige immer wieder betend dargestellt, markiert durch einen andächtigen, nach oben gerichteten Blick.[54] Eine solchen

52 Na strojke Kievskogo metro [Beim Bau der Kiewer Metro], in: Sovetskoe foto, Juli 1961, o. P.

53 E. Umnov, Aėrodinamičeskaja truba [Aerodynamische Röhre], in: Sovetskoe foto, September 1964, o. P.

54 Ausführlich zur Gestik, ihrer Tradierung und auch symbolischen Festschreibungen: Oksana Bulgakova, Fabrika žestov, Moskva 2005.

Darstellungen ganz ähnliche Blickrichtung und Körperhaltung findet sich bei dem Hochbauarbeiter von A. Uzljan (Abb. 5).

Die nur unscharf gezeigte Figur im Hintergrund, deren Blick aber ebenfalls nach oben gerichtet ist, betont die Bewunderung. Dass das Bild auch die einander berührenden Hände des Hochbauarbeiters zeigt, unterstreicht einmal mehr die Nähe zu religiösen Bildvorlagen.[55] Durch das Layout des Artikels auf der Doppelseite scheint der Blick der beiden hier gezeigten Hochbauarbeiter einem weiteren Bauarbeiter zu gelten, der am Stahlgerüst auf dem Fabrikgelände eine – wie es im Bildtitel heißt – »Flagge der Arbeit« befestigt.[56] Während also die Sakralisierung der Fabrikhallen die Arbeiter erhöhte, erhöhte in diesem Beispiel umgekehrt die gebetsähnliche Haltung des Arbeiters die Baustelle. Die Darstellung der Baustelle als Ort des Gebets bedient sich ebenfalls eines bekannten Zeichenrepertoires. In manchen Porträtfotografien in *Sovetskoe foto* ähnelt zudem der Gesichtsausdruck der Arbeiter, die erkennbare Anstrengung und Ermüdung durch die Arbeit, Märtyrerdarstellungen, wenn dies auch nur schwach markiert ist.[57]

Ein auffälligeres synkretistisches Element sind Bildtitel und Bildkompositionen, die Werke der sakralen Kunst evozieren. Auf den ersten Blick scheint es sich dabei eher um eine Profanierung zu handeln, am deutlichsten wohl im Fall von drei Eishockeyspielern (1967). Die drei lehnen lässig an der Barriere, welche die Eisfläche, die das Bild dominiert, begrenzt. Der Titel lautet tatsächlich *Svjataja Trojca* (Dreifaltigkeit), und entspricht also dem einer Ikone, die beispielsweise durch Andrej Rublevs wohl bekannteste Darstellung geläufig ist.[58] Die frontal ausgerichtete Mittelfigur, die beiden Personen rechts und links davon nähern sich ebenfalls der Bildkomposition der Ikone an. Dass der Wahl des Bildtitels etwas anderes als eine schlichte Herabwürdigung zugrunde lag, kann man daraus schließen, dass Sport und hier vor allen Dingen Eishockey eines der zentralen Austragungsfelder der Systemkonkurrenz zwischen den beiden Großmächten während des Kalten Krieges war.[59] So gesehen diente der Rückgriff auf ein bekanntes sakrales Zeichenrepertoire wohl vorrangig einer Erhöhung dieser Sportart sowie der beanspruchten Überlegenheit des sowjetischen Systems. Er erscheint als Zeichen der Verehrung und Mittel der Bedeutungszuweisung.

Auf orthodoxen Ikonen sind Madonnenabbildungen von immenser Bedeutung. Auch diesen Umstand machten sich die FotografInnen und RedakteurInnen des *Sovetskoe foto* zunutze, wenn sie Abbildungen entsprechend betitelten. Die *Uzbekische Madonna* von 1977 (Abb. 6) ist ein Beispiel dafür.[60] Das Bild zeigt eine Mutter, die ihr Kind stillt und deren Herkunft von der – überdies muslimisch geprägten – Peripherie des sowjetischen Vielvölkerimperiums an ihrer Kleidung zu erkennen

55 Angedeutet ist sie beispielsweise in der bereits erwähnten Ikone *Verklärung* aus der Schule Feofan Greks des 14. und 15. Jahrhunderts; Jusepe de Ribera malte Heilige häufig in einer solchen Haltung, so beispielsweise *Sant' Agnese* (Dresden, Gemäldegalerie), abgebildet u. a. in Nicola Spinosa, Ribera: l'opera completa, Napoli 2003, S. 181, A 249.

56 A. Uzljan, Znamja truda nad domnami »Zaporožstali« [Flagge der Arbeit über den Hochöfen von »Zaporožstal«], in: ders.: V laboratorii poiska [Im Recherche-Laboratorium], in: Sovetskoe foto, Juni 1971, S. 18–21, hier S. 18.

57 Vgl. beispielsweise A. Saakov, Stalevar [Stahlarbeiter], in: Sovetskoe foto, Februar 1969, o. P.

58 Svjataja Trojca [Dreifaltigkeit], in: Sovetskoe foto, September 1967, o. P.

59 Vgl. dazu beispielsweise J. J. Wilson, 27 Remarkable Days. The 1972 Summit Series of Ice Hockey between Canada and the Soviet Union, in: Totalitarian Movements and Political Religions 5 (2004), S. 271–280.

60 Ein weiteres Beispiel ist L. Ustinovs Fotografie einer Nganasin mit Kind auf der Tajmyrhalbinsel. Die Mutter hielt eine Zigarette in der Hand, möglicherweise ein Zeichen des Einzugs des Fortschritts und Konsums auch in den Randgebieten des Staates. In: Sovetskoe foto, September 1968, S. 7.

Abb. 6 Maks Penson, Uzbekskaja madonna [Usbekische Madonna], in: Sovetskoe foto, Juli 1977, o. P.

ist.[61] Vor allem der Titel verleiht diesem (und anderen, ähnlichen) Bildern über die Komposition hinaus die religiöse Konnotation. Mit derartigen Erhöhungen, die die Fotos durch die Anlehnung an christliche Kunst erfuhren, propagierten die Fotografien zugleich traditionelle Geschlechterrollen.[62] Zwar gibt es auch Fotografien von Frauen auf Baustellen, sie wurden aber häufig während der Pause gezeigt, wenn sie sich – meist lachend – miteinander unterhielten.[63] Ein Vergleich dieser Bilder aus den 1960er und 1970er Jahren mit denen aus den 1920er und 1930er Jahren zeigt die Abkehr vom Ideal der Geschlechtergleichheit durch Erwerbsarbeit. In der frühen Sowjetunion wurden Frauen nämlich durchaus unmittelbar bei körperlicher Fabrikarbeit gezeigt.[64]

61 Der Titel »Madonna« und das Maria-lactans-Motiv können zugleich Assoziationen an das Frühchristentum aufrufen.

62 Vgl. zu russischen und sowjetischen Geschlechterverhältnissen u. a. die Arbeiten von Natal'ja L. Pukareva. Dies., Russkaja ženščina: istorija i sovremennost', Moskva 2002; dies. (Hg.), Rossijskaja povsednevnost' v zerkale gendernych otnošenij, Moskva 2013; vgl. auch Sheila Fitzpatrick/Yuri Slezkine (Hg.), In the Shadow of the Revolution. Life Stories of Russian Women from 1917 to the Second World War, Princeton 2000; zur Essenzialisierung der Mutterschaft in belletristischen und didaktischen Texten vgl. Elizabeth Skomp, The Literature of Everyday Life and Popular Representations of Motherhood in Brezhnev's Time, in: Choi Chatterjee/Sheila Fitzpatrick (Hg.), Everyday Life in Russia Past and Present, Bloomington 2015, S. 118–139.

63 Vgl. beispielsweise M. Gromov, Pereryv na Arbate [Pause auf dem Arbat], in: Sovetskoe foto, April 1968, o. P.

64 Vgl. beispielsweise A. Šajchet, Rabotnica [Arbeiterin], in: Sovetskoe foto, März 1930, o. P. oder L. Zel'manovič, Na strojke Avtogiganta (Udarnica V. Gvozdeva) [Auf der Baustelle »Avtogigant« (Die Schlagarbeiterin V. Gvozdeva)], in: Sovetskoe foto, Oktober 1931, o. P.

Ein weiteres Beispiel für den Rückgriff auf aus der sakralen Kunst bekannte Genres ist ein als Triptychon bezeichnetes Bildensemble aus drei Fotografien. Für das Triptychon dürfte Hieronymus Boschs *Garten der Lüste* (um 1500) eines der bekanntesten Beispiele sein. Gemeinhin wurden im Mittelalter Triptychen für die Darstellung des Jüngsten Gerichts genutzt, später zeigten sie Stationen aus dem Leben eines Heiligen. Boris Gradovs *Triptich* (Triptychon, September 1964) mit dem Titel »Plus Chemisierung« (*Pljus chimizacija*) besteht ebenfalls aus drei Fotografien. Das mittlere Bild zeigt aufragende Schornsteine oder Türme bei eindrucksvoller Beleuchtung und kann (zumindest vor dem Hintergrund des Titels) mit der von Lenin ausgerufenen Parole zur Elektrifizierung des Landes assoziiert werden, also mit seiner Losung »Kommunismus – das ist die Sowjetmacht *plus Elektrifizierung* des ganzen Landes«.[65] Das linke Bild stellt einen Arbeiter in Nahaufnahme dar, im Hintergrund sind Gebäude des Fabrikgeländes zu sehen; es dokumentiert die vorangetriebene Industrialisierung und letztlich die Sowjetmacht. Rechts bildet eine Nahaufnahme zwei Männer in einem Chemielabor vor einer Kolbenkonstruktion ab. Der Titel zitiert Nikita Chruščev, der die Stärkung der Konsumgüterindustrie in den 1960er Jahren unter die Losung »Kommunismus ist die Sowjetmacht plus Elektrifizierung des ganzen Landes *plus Chemisierung* der Volkswirtschaft« gestellt hatte.[66] Mit der Umformung einer säkularen Botschaft in ein durch Zahl und Titel religiös konnotiertes Bildensemble wird die Losung Chruščevs emphatisch erhöht und damit geheiligt.

In dem Zusammenspiel von Text und Bild wurde das Heilige also gleichsam in einem Zirkel bestätigt, da sich Text und Bild wiederholten und damit wechselseitig bestärkten. Anzumerken ist, dass die Industrialisierung des Staates tatsächlich im Vergleich zu den 1920er und 1930er Jahren aber auch zur unmittelbaren Nachkriegszeit deutlich fortgeschritten war, und dass sich der Lebensstandard eines Gutteils der Bevölkerung (zumindest ökonomisch) verbessert hatte. Die Zeitschrift mag das überzeichnet haben. Aber im Grunde wurde der wirtschaftliche Fortschritt (oder auch wie in dem obigen Kommentar zur Fotografie des Stahlarbeiters der gehobene Lebensstandard), von dem die Begleittexte sprechen, durch das Pathos der Bilder bestätigt. Diese synkretistischen Darstellungsweisen, die Weltliches und Religiöses zunehmend ineinander verschoben, sakralisierten nicht nur das Säkulare – im Sinne einer Ersatzreligion –, sie profanisierten auch mehr und mehr das Sakrale.

Schlussbetrachtung

Ein einzelnes Bild könnte wohl kaum eine Sakralisierung der Arbeit begründen. Solche Bilder, wie die in diesem Beitrag untersuchten, bestimmten aber über Jahre die ersten Seiten und die wichtigsten (längsten) Artikel des *Sovetskoe foto*, sie formten sich zu einer aus Text und Bild bestehenden Erzählung von der glorreichen Entwicklung hin zum Kommunismus. In den untersuchten 20 Jahren der Zeitschrift wurden die staatlichen Errungenschaften gefeiert, indem insbesondere die visuelle Sakralisierung zu einer Glorifizierung des Sozialismus zum »Paradies auf

65 Boris Gradov, Triptich [Triptychon], in: Sovetskoe foto, September 1964, o. P.

66 Auf dem Plenum des ZK der KPdSU im Mai 1958 wurde diese Erweiterung von Lenins berühmtem Motto vorgeschlagen, vgl. B. Naryškin, KPSS v rezolucijach i rešenijach s"ezdov, konferencij i plenumov CK, Bd. 9: 1956–1960, Moskva 1986, S. 238; ich danke Julia Hargassner für diesen Hinweis. Vgl. allgemein zur gewachsenen bzw. wachsenden sowjetischen Konsumkultur z. B. Eva Hausbacher/Elena Huber (Hg.), Fashion, Consumption and Everyday Culture in the Soviet Union between 1945 and 1985, München 2014; Krisa Harper/Julie Hemment/Robert Rotenberg (Hg.), Cultures of Consumerism, Sonderheft von The Anthropology of East Europe Review 24 (2006); insbesondere Olga Gurova, Ideology of Consumption in the Soviet Union. From Asceticism to the Legitimating of Consumer Goods, in: ebd., S. 91–98.

Erden« beitrug. Verstärkt wurde die anklingende Botschaft, der Kommunismus sei erreicht oder zumindest greifbar nahe, durch eine zyklische Wiederholung von Bildern. Die Religion, vor allem das Göttliche selbst, verleiht den Dingen, die in ihren Kreis treten, eine weitere Dimension: Sie überschreiten das Erdenleben und werden – zumindest im monotheistischen Kontext – der Gnade Gottes anheim gegeben, also letztlich zumindest in die Nähe der Unsterblichkeit, des Ewigen, Unveränderlichen und absolut Guten gerückt. Die Reinheit der Heiligen verband sich in den synkretistischen Darstellungsweisen letztlich mit dem Heldentum der Arbeiterschaft.

Ausgangspunkt der Überlegungen ist die visuelle Dimension der Zeitschrift gewesen, die unter Einbeziehung des Textes, also der Bildunterschriften und der Artikel, innerhalb derer die Fotografien abgedruckt wurden, analysiert worden ist. Es ist gezeigt worden, wie die Kombination von Bild und Text eine Sakralisierung hervorgebracht hat. Glorifiziert wurden vor allem Arbeiter und Fabrikhallen, also die Arbeit als Metonymie für die UdSSR, welche als Resultat der Anstrengungen der arbeitenden Bevölkerung aufgefasst wurde. Die UdSSR der 1960er Jahre erschien so als »heilig«, da ein glückliches Leben erreicht war. Die Verbindungen mit dem Erhabenen wurden damit in den Alltag verlagert und dienten nicht so sehr wie in den 1930er Jahren dazu, die Unantastbarkeit der Partei- und Staatsführung spürbar werden zu lassen. Diesen visuellen Jubel über die zeitlose Ewigkeit des Paradieses unterstrichen Bildunterschriften, Titel und Artikel: Das unveränderliche Glück und die beste aller menschlichen Gesellschaften seien so gut wie erreicht und würden auch weiterhin der sowjetischen Bevölkerung bestimmt sein. Die Botschaft korrespondierte insofern mit den Alltagserfahrungen, als die 1960er Jahre in der Tat eine Zeit des wirtschaftlichen Aufstiegs darstellten und sich eine (sozialistische) Konsumgesellschaft herauszubilden begann, die in der Brežnev-Ära zu ihrer Blüte kam. Gleich einer eschatologischen Verheißung stand die gegebene Gesellschaftsform – eben etwas perfekter und daher auch in gesteigerter Weise – voller Glück in Aussicht. Die Fotografien erwiesen sich dabei insofern als ideales Mittel der Glaubwürdigkeit für die Erzählung einer vollkommenen Gesellschaft, als sie sich mit Leichtigkeit des bekannten Zeichenvorrats aus tradierten sakralen Darstellungsweisen bedienen konnten. Sie »erhöhten« damit das Gezeigte, das aufgrund der Indexikalität der Fotografien als Wirklichkeit erschien.

Die Fotografien (im Zusammenspiel mit den sie begleitenden Texten) als Synkretismus zu betrachten, kann – so wurde in diesem Beitrag gezeigt – eine weitere Dimension der Sakralisierung sowjetischer Anti-Religiösität aufdecken. Denn während das Lobpreisen auf sprachlicher Ebene aufgrund der Referenzialität der Wörter unmittelbar greifbar ist, entziehen sich Fotografien einer mehr oder minder eindeutigen semantischen Festlegung. Allerdings eröffnen Abbildungs- und Bildtraditionen, der Rückgriff auf einen gelernten Vorrat an Darstellungsweisen, dessen axiologische und emotionale Aspekte Aby Warburg mit dem Begriff der Pathosformeln unterstreicht, Kontinuitäten der visuellen Präsentation. Indem die religiöse Bildtradition aufgedeckt worden ist, konnte dies auch für die Fotografien der *Sovetskoe foto* in den 1960er und 1970er begründet werden. Die thematischen Bildgruppen zeigen, welches Gesellschaftsbild die Zeitschrift zeichnete – eine sakralisierte Arbeiterschaft innerhalb eines sich selbst explizit als antireligiös bezeichnenden Systems. Bild und Text ergänzten dabei einander ausgezeichnet: Dort, wo die Texte sachlich waren, konnten die Bilder »glorifizieren« und umgekehrt. Dieses Nebeneinander stellte eine so enge Zusammengehörigkeit her, dass noch nicht einmal eine unmittelbare inhaltliche Verbindung zwischen beidem notwendig war. Die visuelle Darstellung unterstreicht durch ihre Überhöhungen das sprachliche Pathos der Ideologie und kann so die Deutungen der Gesellschaft herausragen lassen.

■ KLAUS KEMPTER

Robert Kurz, die »Wertkritik« und die radikale Gesellschaftstheorie oder: Ist Karl Marx doch noch relevant für die Geschichte?

Nachdem der »real existierende Sozialismus« 1989/91 abrupt zugrunde gegangen war, schien nicht nur die marxistisch-leninistische Weltanschauung endgültig ins Museum irriger Ideen eingetreten zu sein. Auch die zahlreichen in sozialdemokratischen, linkssozialistischen oder heterodox-marxistischen Zirkeln hin- und hergewendeten Gedanken von Karl Marx, der über fast ein Jahrhundert die politische Auseinandersetzung weltweit mehr als jeder andere Autor angeregt hat, galten auf einmal selbst den Mitgliedern dieser Gruppen als obsolet. Auf dem Gebiet der Sozialwissenschaften, wo es eine Tradition des »westlichen Marxismus« gegeben hatte – die Frankfurter Schule, Gramsci und dessen Rezeption etc. –, verschwanden Ansätze, die sich auf Marx zurückführten, weithin aus der Diskussion. In Deutschland, wo sie spätestens seit dem Nationalsozialismus ohnehin schwächer gewesen waren als in den Ländern Westeuropas, taten sie das gründlicher als anderswo.

Besonders randständig scheint die Auseinandersetzung mit Marx'schen Ideen in der Geschichtswissenschaft. Gab es früher renommierte Historiker, die sich explizit zur marxistischen Tradition bekannten, so ist heute kaum noch einer zu finden, der ein fortdauerndes Anregungspotential von Marx' Begriffen konstatiert. Als letzter unter den etablierten deutschen Universitätshistorikern hat sich, mit wesentlich geschichtsphilosophischem Interesse, Heinz Dieter Kittsteiner zu Marx bekannt, fand damit aber keinen Widerhall.[1] Spuren des früheren historiographischen Marxismus finden sich in den *Postcolonial Studies*: Gramscianische Hegemoniedebatten, Begriffe wie die des »Subalternen«, die Einspeisung von Konzepten, die sich mit Rassismus, Sexismus und den Kolonisierten befassen, stellen – wie auch die *Empire*- und *Multitude*-Theoreme des Postoperaismus und die Mehrzahl der postmarxistischen Theoriebeiträge überhaupt – Erweiterungen und Entdogmatisierungen des Klassen-Diskurses dar. Darüber hinaus zielen sie auf eine Kritik am gesamten Begriffsapparat des Marxismus als eines Zweiges des westlich-aufklärerischen Denkens ab. Damit rückte freilich das kritische Potential von Marx' ökonomischen Basiskategorien aus dem Blickfeld.

Die seit 2008 anhaltende krisenhafte Instabilität der Weltwirtschaft hat in der politisch-journalistischen Debatte Marx und seine Kapitalismuskritik wieder vermehrt auf die Tagesordnung gesetzt. Aber die Geschichtswissenschaft, zumal die deutsche, scheint davon unberührt. Warum ist das so? Man könnte realhistorische Gründe einer verweigerten Marx-Renaissance – die traditionelle Schwäche der marxistischen Position als Folge der NS-Herrschaft, aber auch der deutschen Teilung – an- und ausführen. Doch womöglich haben sich diejenigen Marx'schen Ideen, die in der bisherigen marxistischen Forschung Orientierungsfunktion hatten, wirklich überlebt. Die Vorstellung etwa, dass die ökonomische Basis von Gesellschaften stets die Grundlage ihrer historiographischen Durchdringung bilden sollte und Ausbeutung das Zentralthema aller menschlichen Geschichte sei; das Dogma, dass die Geschichte im Wesentlichen aus Klassenkämpfen bestehe,

1 Heinz Dieter Kittsteiner, Mit Marx für Heidegger – mit Heidegger für Marx, München 2004.

dass man immerzu nach divergierenden, einander widerstreitenden materiellen Interessen zu suchen habe, um der Entwicklungslogik auf den Grund zu gehen, und sich nicht ablenken lassen sollte von bloßen ideologischen Reflexen; der Gedanke, der moderne Staat sei nichts weiter als der geschäftsführende Ausschuss der Bourgeoisie: all diese Annahmen sind ganz zu Recht aus der wissenschaftlichen Debatte verschwunden.

Dieser alt-neue Marxismus ist jedoch nicht der ganze Marx. Im gigantischen Bergwerk von dessen Denken stößt man, gräbt man tief genug, auf Adern, die die Mühe lohnen. Die folgenden Betrachtungen sind ein Plädoyer dafür, diese Anstrengung auf sich zu nehmen, um der Geschichtswissenschaft neue Impulse zu geben, und dabei sowohl die konventionelle akademische Reserve gegen gesellschaftstheoretisch fundierte Geschichtsschreibung als auch die zunehmend unfruchtbar werdende postmoderne Abneigung gegen Große Erzählungen abzulegen. Um die Welt von heute und ihr Werden im Laufe von, je nach Betrachtungsweise, zweieinhalb bis fünf Jahrhunderten der kapitalistischen Moderne zu verstehen, ist der Rückgriff auf Marx nach wie vor unerlässlich – freilich nicht auf den transhistorischen Marx des Klassenkampfs und des unaufhaltsamen, wenn auch in dialektischen Verlaufsformen sich vollziehenden Fortschritts; sondern auf den Marx, der die Gesellschaften analysiert, in welchen kapitalistische Produktionsweise herrscht, also den Theoretiker des grundlegenden gesellschaftlichen Mechanismus der Wertverwertung, des blinden Prozessierens des Kapitals als des »automatischen Subjekts« der modernen Welt. Vorgeschlagen wird der Geschichtswissenschaft hier die Beschäftigung nicht mit dem Marxismus, auch nicht dem westlichen oder dem postkolonialen, sondern mit dem »esoterischen« Marx, wie ihn der in akademischen Kreisen wenig bekannte Denker Robert Kurz verstanden hat. Dabei wird die Frage zu prüfen sein, ob Kurz' von Marx inspiriertes Werk einen profunden Beitrag zum Verständnis der modernen Geschichte leisten kann.

Robert Kurz und die Wertkritik

Robert Kurz (1943–2012) studierte Philosophie, Geschichte und Pädagogik in Erlangen und hat danach keine weiteren akademischen Stationen angesteuert. Er gehörte zu den Aktivisten, die im roten Jahrzehnt ab 1970 als Mitglieder diverser K-Gruppen die Revolution in den kapitalistischen Zentren zu initiieren versuchten. Am Ende der 1970er Jahre brach er mit dem später von ihm so genannten »Politizismus«, um sich gemeinsam mit einer Gruppe Gleichgesinnter der theoretischen Grundlagen der linken politischen Praxis zu versichern. Die Denkbewegung dieses Nürnberger Theoriezirkels, die die zeitgenössischen Bezugstexte der kritischen Sozialwissenschaften – die Kritische Theorie vor allem von Adorno, die historischen Untersuchungen Foucaults und der englischen Sozialgeschichte – einbezog, ist in der dezidierten strengen Fokussierung auf die Relektüre der Marx'schen Kritik der Politischen Ökonomie bemerkenswert eigenständig. Indem sie verschiedene Ablagerungsschichten traditioneller Lesarten durchstieß, entstand eine Neuinterpretation, die allein in der gleichzeitig erfolgten Theoriebildung des kanadischen Soziologen Moishe Postone eine Parallele findet.[2] Seit 1986 gaben Kurz und einige Mitstreiter, darunter Norbert Trenkle und Ernst Lohoff, das Theorieorgan *Marxistische Kritik* heraus. 1990 erhielt die Zeitschrift den neuen Namen *Krisis* – programmatisch nicht allein wegen des damit identifizierten thematischen Fokus, sondern auch in der Verabschiedung des Marxismus, die jedoch keine Abwendung von Marx bedeutete. Kurz blieb bis zu seinem Bruch mit der übrigen Redaktion im Jahr 2004 und der Gründung des neuen Zeitschriftenprojekts *Exit! Krise und Kritik der Waren-*

2 Moishe Postone, Zeit, Arbeit und gesellschaftliche Herrschaft. Eine neue Interpretation der kritischen Theorie von Marx, Freiburg 2003.

gesellschaft ihr wichtigster Autor. Sein Aufsatz *Die Krise des Tauschwerts*[3] aus dem Jahr 1986 stellt das Gründungsdokument eines von der Nürnberger Gruppe ins Leben gerufenen Paradigmas dar, das sie mit Bezug auf die Marx'sche Basiskategorie »Wertkritik« nannte. Und seit Beginn der 1990er Jahre trat Kurz auch als Verfasser mehrerer Monographien hervor, von denen vor allem das *Schwarzbuch Kapitalismus* weithin zur Kenntnis genommen wurde.[4]

Mit wachsendem Bekanntheitsgrad erweiterten sich Kurz' Wirkungsmöglichkeiten. Er schrieb für Tages- und Wochenzeitungen und trat als Vortragsredner auf, freilich wiederum fast ausschließlich in kleinen linken Kreisen. Sein Leben verlief mithin fernab von den akademischen Foren, in denen üblicherweise Wissenschaft angeregt, verarbeitet, weiterentwickelt wird. Wissenschaftliche Qualifikationsarbeiten und professorale Überblickswerke kommen bislang ohne Bezug auf Kurz aus – auch, wenn es um die Themen geht, die er eingehend und überaus anregend behandelt hat. In jüngster Zeit sind immerhin einige seiner Aufsätze in einer englischsprachigen Sammlung wertkritischer Basistexte erschienen.[5] Die Zukunft wird zeigen, ob dies die Rezeption befördern kann. Die Kurz'schen Erkenntnisse sind, wie aus dem Folgenden hervorgehen sollte, zu originell und relevant, zumal für die Geschichtswissenschaft, um sie links liegen und randständigen Politzirkeln zu überlassen.

Dabei war zweifellos Kurz' Ausgangspunkt, wie angemerkt, ein eminent politischer: die zeitgenössische Befassung mit der Krise der Industriegesellschaften in den 1970er und 1980er Jahren, die für Kurz auf die endgültige Erschöpfung der Energien der kapitalistischen Produktionsweise hindeutete. Diese Erschöpfung schlug welthistorisch zunächst als Zusammenbruch des »Kasernensozialismus« der Sowjetunion und ihrer Satellitenstaaten zu Buche.

Der Kollaps der Modernisierung und die Historizität des Kapitalismus

Dass Kurz und die Wertkritiker zwischen den Industriegesellschaften der westlichen Marktwirtschaft und des östlichen Staatssozialismus keine kategoriale Differenz sahen, mag der politischen Herkunft aus dem Maoismus geschuldet sein, wurde aber dann auch ausführlich theoretisch begründet. In seinem 1991 erschienenen ersten Buch *Der Kollaps der Modernisierung* erläuterte Kurz, bevor er die systemischen Schwächen des realsozialistischen »geplanten Marktes« einer Analyse unterzog, was er für den historischen Ort des sowjetischen Produktionsregimes seit 1917 hielt. Unter Verweis auf frühe Denker der Moderne wie Johann Gottlieb Fichte und Alexis de Tocqueville schrieb er dem Staatssozialismus die historische Funktion zu, in Nachzügler-Gesellschaften der kapitalistischen Peripherie die ökonomisch-reproduktive Rückständigkeit auf dem Wege staatlicher Kommandowirtschaft wettzumachen. Fichte hatte in seiner Schrift *Der Geschloßene Handelsstaat* (1800) bereits eine staatlich geplante Warenproduktion skizziert und damit den ideengeschichtlichen Grundstein für den bekannten (nicht nur) deutschen Etatismus in Wirtschaftstheorie und -politik gelegt. Tocqueville zufolge war es in der Französischen Revolution nicht um Bürgerrechte und Volkssouveränität, sondern letztlich um die Beerbung des vom Absolutismus geschaffenen nationalen Staates und

3 Robert Kurz, Die Krise des Tauschwerts. Produktivkraft Wissenschaft, produktive Arbeit und kapitalistische Reproduktion, in: Marxistische Kritik 1 (1986), S. 7–48.

4 Unter anderem: Robert Kurz, Der Kollaps der Modernisierung. Vom Zusammenbruch des Kasernensozialismus zur Krise der Weltökonomie, Frankfurt a. M. 1991; ders., Schwarzbuch Kapitalismus. Ein Abgesang auf die Marktwirtschaft, Frankfurt a. M. 1999, fortan zit. n. der erweiterten Neuauflage 2009; ders., Weltordnungskrieg. Das Ende der Souveränität und die Wandlungen des Imperialismus im Zeitalter der Globalisierung, Bad Honnef 2003; ders., Das Weltkapital. Globalisierung und innere Schranke des warenproduzierenden Systems, Berlin 2005.

5 Neil Larsen/Mathias Nilges/Josh Robinson/Nicholas Brown (Hg.), Marxism and the Critique of Value, Chicago 2014.

Marktes und deren Indienstnahme für privatkapitalistische Zwecke gegangen.[6] Die russische Oktoberrevolution und die darauffolgende Etablierung sozialistischer Staatsökonomien standen für Kurz in dieser Tradition etatistisch gesteuerter Modernisierung. Sie stellten mitnichten einen Versuch dar, die Konsequenzen aus Marx' radikaler Kritik der kapitalistischen Warenproduktion zu ziehen, sondern unternahmen es vielmehr, diese Produktionsweise überhaupt erst zu implementieren. Als nun dieser auf staatliches Kommando hin ins Leben gerufene »Kapitalismus des Ostens« am Ende der 1980er Jahre kollabierte, waren Kurz und seine Mitstreiter nicht überrascht. Sie hatten vielmehr die Unhaltbarkeit des Kasernensozialismus und die Absurdität seiner sekundären wirtschaftlichen Konkurrenzverhältnisse seit Jahren in ihren Texten beschrieben. Doch Kurz war ganz gegen den Zeitgeist der frühen 1990er Jahre zugleich der Auffassung, dass der Zusammenbruch des Ostblock-Sozialismus keineswegs den welthistorischen Triumph von Demokratie und Marktwirtschaft bedeutete. Die allgemeine Krise des Kapitalismus hatte die alten Zentren ebenfalls im Griff, wie Kurz schon in seinem ersten grundlegenden theoretisch-empirischen Artikel von 1986 nachzuweisen versucht hatte.[7]

Worin besteht diese Krise des Kapitalismus, die nicht eine gewöhnliche, zyklische ist, sondern das Erreichen der absoluten inneren Schranke der kapitalistischen Produktionsweise anzeigt? Robert Kurz folgt hier einigen eher erratischen Bemerkungen von Marx, etwa derjenigen aus dem 1857/58 geschriebenen Manuskript zur Kritik der Politischen Ökonomie: »Das Kapital ist selbst der prozessierende Widerspruch [dadurch], daß es die Arbeitszeit auf ein Minimum zu reduzieren strebt, während es andrerseits die Arbeitszeit als einziges Maß und Quelle des Reichtums setzt.«[8] Von einer bestimmten Höhe der Produktivitätssteigerung an, so hieß das für die Wertkritiker, wird die einzige wertbildende Potenz, die menschliche Arbeitskraft, in einem Ausmaß aus dem Produktionsprozess hinausrationalisiert, dass die gesamte Produktionsweise nicht mehr weiter existieren kann. Diese innere Schranke sei mit dem sich beschleunigenden Einsatz der Computertechnik, d. h. mit der mikroelektronischen Revolution seit den 1970er Jahren erreicht. Seither befinde sich das moderne Produktionsregime im unaufhaltsamen Abstieg.

Auf der Grundlage dieser Krisendiagnose unterzog Kurz nicht bloß den zeitgenössischen Kapitalismus, sondern die gesamte historische Formation einer Musterung. Er ging von der Annahme aus, das in Sicht gekommene Ende der Marktwirtschaft deute darauf hin, dass diese auch einen historisch bestimmbaren Anfang, eine »Durchsetzungsgeschichte« und einen weiteren prozessierenden Verlauf hat und nicht als zwar evolutionär entstandene, dann aber ontologisch verfestigte Konstante in sich ruht und auf Ewigkeit angelegt ist. Gegen die ahistorischen Kreislaufideen der akademischen Wirtschaftswissenschaft, aber auch des Marxismus mit seinem Konzept der stetig wiederkehrenden Überakkumulations- und Reinigungskrisen gewendet machte sich Kurz daran, eine Gesamtgeschichte des Kapitalismus zu schreiben.

Die Geschichte des Kapitalismus I: Durchsetzung der industriellen Markwirtschaft

Kurz' historiographisches Hauptwerk *Schwarzbuch Kapitalismus* mit dem Untertitel *Ein Abgesang auf die Marktwirtschaft* folgte der Einsicht, dass »blinde Strukturprozesse und apologetische Reflexion zusammen den historischen Realprozess bilden.«[9] Es schildert daher zum einen die teils

6 Kurz, Kollaps, S. 35–42.
7 Kurz, Die Krise des Tauschwerts.
8 Karl Marx, Grundrisse der Kritik der Politischen Ökonomie, Berlin 1974, S. 593.
9 Robert Kurz, Blutige Vernunft. Essays zur emanzipatorischen Kritik der kapitalistischen Moderne und ihrer westlichen Werte, Bad Honnef 2004, S. 111.

quasi-naturwüchsigen, teils politisch implementierten strukturellen Entwicklungen seit dem späten 18. Jahrhundert: die Herausbildung der großen Industrie, verbunden mit dem Zwang, der von Anfang an auf die agrarischen Bevölkerungsmassen ausgeübt wurde, um sie zu »Zugochsen« des abstrakten Kapitalverwertungsprozesses zu erziehen.[10] Zum anderen greift es auf die zeitgenössische ideologische Kommentierung und Konzeptualisierung dieser Wandlungsprozesse zurück und belegt die affirmative Rolle der Philosophie der Neuzeit seit der Aufklärung für die Durchsetzung von Moderne und Marktwirtschaft. Kurz nutzt die Schriften der bürgerlichen Philosophie und der frühen Politischen Ökonomie – etwa von Immanuel Kant und Adam Smith –, um zu zeigen, dass von einer emanzipatorischen, die Freiheit des einzelnen, die Gleichheit und Brüderlichkeit aller Menschen anstrebenden Denkbewegung, einer Zivilisationsgeschichte des Westens, nicht die Rede sein kann. Leitbild war vielmehr, in Frontstellung gegen die Herrschaft vormoderner, religiös fundierter Instanzen, das universale, eigenschaftslose Subjekt einer alle Lebensäußerungen affizierenden marktwirtschaftlichen Konkurrenz. Kurz liefert auf diese Weise eine verblüffend idealistische Version der Geschichte des Kapitalismus: eine Darstellung der Verwirklichung der Aufklärungsphilosophie, die bei ihm freilich nichts Ideales und noch nicht einmal, wie bei Horkheimer/Adorno, etwas Ambivalentes hat, sondern im Kern eine Dystopie ist. Das Aufklärungsdenken stand für Kurz – der hier gegen den Modernisierungstheoretiker Marx die modernekritischen Forschungen Foucaults ins Feld führte – im Dienst einer umfassenden Abrichtung der Menschen für den Kampf aller gegen alle. Kurz betrachtete die Ablösung der Produktionsregimes der religionszentrierten Agrargesellschaften durch die warenproduzierende Moderne nicht als evolutionären Prozess, wie er selbst in der marxistischen Literatur oft konzeptualisiert wurde. Vielmehr seien sowohl ländliche Hauswirtschaft als auch städtisches Zunftwesen durch die absolutistischen Instanzen aktiv zerstört worden. Mit der Aufhebung der alten Regulierungen und der Schaffung großräumiger Marktbeziehungen wurde Kurz zufolge unter anderem verhindert, dass die technischen Innovationen der frühindustriellen Ära zum Nutzen der allgemeinen Arbeitserleichterung eingesetzt wurden. Stattdessen nutzte man sie als Mittel zur abstrakten Reichtumsproduktion sowie zur Einspannung der Enteigneten in die industrielle Apparatur.[11]

Das Massenelend der frühen Industrialisierung ist bereits des Öfteren beschrieben worden; gleichwohl lohnt es sich, die sprachmächtigen Schilderungen der kapitalistischen »Mühlen des Teufels« (William Blake) in Kurz' Schwarzbuch zu lesen. Die akademische Geschichtsschreibung hat aus der Perspektive der entwickelten Konsumgesellschaften des späten 20. Jahrhunderts das soziale Elend des frühen 19. Jahrhunderts nicht auf die kapitalistische Industrialisierung, sondern auf deren Verspätung gegenüber dem vorauslaufenden Bevölkerungswachstum zurückgeführt und wollte die Elendszustände als mehr oder weniger unumgängliches Durchgangsstadium der Marktwirtschaft auf dem Weg zu einem egalitäreren, »guten« Kapitalismus verstehen. Kurz wies, gestützt auf die Erkenntnisse vor allem von E. P. Thompson, derlei Rechtfertigungsdiskurse zurück. Zum einen war das Elend kein vor-kapitalistisches, den traditionellen Verhältnissen geschuldetes, im Gegenteil: Am Ausgang des Mittelalters seien die Lebensverhältnisse für die einfache Bevölkerung weitaus besser gewesen als in späterer Zeit. Die Durchsetzung des Kapitalismus und nicht das generative Wachstum stürzte demnach weite Teile der europäischen Bevölkerung in die soziale

10 Kurz verweist auf Marx, Das Kapital, Bd. 1, Kap. 24, Die sogenannte ursprüngliche Akkumulation, sowie auf Michel Foucault, Überwachen und Strafen. Die Geburt des Gefängnisses, Frankfurt a. M. 1976, wobei letzterer »keine systematische Beziehung […] zu den kapitalistischen Erwerbskategorien […] hergestellt« habe. Kurz, Schwarzbuch Kapitalismus, S. 618.

11 Kurz, Schwarzbuch Kapitalismus, S. 122ff.

Katastrophe.[12] Zum anderen war auch der späte Kapitalismus, selbst in den Wohlstandsregionen Nordamerikas und Westeuropas, kein idyllisches Zeitalter, sondern für Kurz die ans vorläufige Ziel gekommene Dystopie einer Gesellschaftsmaschine, die das Regime der auf die Vermehrung von bloßem Geldreichtum gerichteten abstrakten Arbeit zum Selbstzweck erhoben hat. Dass das sogenannte Wirtschaftswunder nach dem Zweiten Weltkrieg für einen Teil der Weltbevölkerung materiellen Wohlstand gebracht hatte, konnte weder die Verelendung der Massen im 19. Jahrhundert noch die Zerstörung der Subsistenz-Ökonomien der sogenannten Dritten Welt wettmachen. Und schon gar nicht vermochte die kurze Prosperitätsphase über die übrigen Kosten der Modernisierung hinwegzutäuschen: die Tatsache, dass die Menschheit anfangs unter brutalem Zwang, dann mittels verinnerlichter Mechanismen der Selbstdisziplinierung dazu gebracht wurde, sich dem Regime der Arbeit, der absurden Verausgabung von »Hirn, Muskel, Nerv, Hand usw.«[13] für den Selbstzweck der bloßen Plusmacherei, zu unterwerfen.

Mit der Kritik der Arbeit als solcher, als einem Derivat der unfreien und qualvollen Sklaventätigkeit, entfernte sich Kurz so weit wie nur irgend möglich nicht allein von der herkömmlichen Politischen Ökonomie, sondern auch von den Ideologien der reformerischen wie der revolutionären Arbeiterbewegungen. Allen marxistisch-sozialistischen Parteiungen ist aus der Sicht von Kurz' Fundamentalkritik gemein, dass sie sich innerhalb des Paradigmas von Wert und abstrakter Arbeit bewegen, sich auf die letztere sogar affirmativ beziehen und geradezu von einem Standpunkt der (lebendigen) Arbeit aus das (tote) Kapital bekämpfen. Der von Kurz so genannte »Arbeitsmarxismus« habe die Herrschaft der Arbeit aufrichten wollen statt die Emanzipation in der Befreiung *von* der Arbeit und der Gewinnung von Muße zu sehen.[14] Marx selbst wurde im Zusammenhang mit dieser Neubewertung der Arbeitskategorie nicht verschont. Auch der Ahnherr der Wertkritik hatte sich immer wieder zu antimüßiggängerischen Arbeits-Elogen hinreißen lassen. Kurz unterschied folglich zwischen diesem aus dem Aufklärungsdenken herkommenden »exoterischen« Modernisierungs-Marx, auf den sich die Parteikommunismen positiv bezogen, und dem radikal modernekritischen »esoterischen« Marx, der nicht den Einbehalt des Mehrwerts durch die herrschende Klasse in den Vordergrund stellte, sondern die absurde Funktionsweise der modernen Gesellschaft überhaupt, die alle Menschen, auch Kapitalisten und Management, in ein stahlhartes Gehäuse fetischistischer Verhältnisse sperrt.[15]

Im *Schwarzbuch* nahm Kurz für die Ebene der antikapitalistischen Widerstands- und Protestbewegungen eine ähnliche Zweiteilung in kategorische und immanente Strömungen vor. Die jüngere von beiden bildete die sozialistische Arbeiterbewegung, die aus den liberal geführten Arbeitervereinen hervorgegangen war und in der Pariser Kommune ein Vorbild für die späteren Bewegungen abgegeben hatte. Sie wirkte letztlich in einer immanenten Dialektik an der Entfaltung der kapitalistischen Moderne konstruktiv mit. Die ältere, radikale Bewegung, an die Kurz emphatisch anknüpfte, waren die Volksaufstände gegen die Durchsetzung des Systems der abstrakten Arbeit seit dem 16. Jahrhundert. Die Bauernkriege, die Sozialrevolten während der Französischen Revolution, die Maschinenstürmerei der englischen *Luddites*, der Aufstand der schlesischen Weber 1844 und die Meutereien der unterbürgerlichen Schichten während der Revolutionen von 1848 stellten die eigentlich emanzipatorischen Strömungen in der Geschichte des Kapitalismus dar. Sie zeigten das Potential des ganz Anderen: der grundsätzlichen Zurückweisung der irrationalen

12 Ebd., S. 174.

13 Marx/Engels, Werke, Bd. 23, S. 58.

14 Robert Kurz, Marx lesen. Die wichtigsten Texte von Karl Marx für das 21. Jahrhundert, 2. Aufl., Frankfurt a. M. 2007, S. 135–140.

15 Ebd., S. 13–48.

Rationalität der Moderne, zu der sich der konventionelle Marxismus als Erbe des aufklärerischen Liberalismus nie durchringen konnte. Die Spuren dieser oppositionellen Bewegungen verloren sich denn auch in der Aufstiegsgeschichte des Kapitalismus mit der endgültigen Durchsetzung des Industriesystems. Übrig blieb die sozialistische Arbeiterbewegung, die auch in ihren revolutionären Varianten der kapitalistischen Modernisierung verhaftet blieb.[16]

Die Geschichte des Kapitalismus II: Krisen, Kriege, Barbarei

Die marxistische Orthodoxie übersetzte den von Marx benannten Widerspruch zwischen Produktivkräften und Produktionsverhältnissen in der Regel in die simplifizierende Lesart vom Gegensatz zwischen gesellschaftlicher Produktion und privater Aneignung. Sie sah den Klassenkampf um das Arbeitsprodukt als das wesentliche Merkmal der kapitalistischen Krisengeschichte und fand im Proletariat den Agenten des geschichtlichen Fortschritts, den Totengräber des Kapitalismus. Für die Kurz'sche Wertkritik stellt sich, wie gezeigt, der historische Zusammenhang nicht auf dieser »soziologistischen« Ebene her, sondern in den Kategorien des von Marx identifizierten historischen Subjekts, das kein menschlicher Akteur, sondern eine bewusstlose gesellschaftliche Maschine ist: der Mechanismus der konkurrenzgetriebenen Wertverwertung. Krisen resultieren in dieser Sicht nicht aus Fehlallokationen und Verteilungskämpfen. Sie sind die Folge des prozessierenden Widerspruchs zwischen der Notwendigkeit, immer mehr lebendige Arbeit zu vernutzen, weil sie die einzige Produzentin von Wert ist, und dem von der Marktkonkurrenz herrührenden Drang, diese Arbeit aus dem Produktionsprozess hinauszurationalisieren. Mit zunehmendem Kapitalisierungsgrad der Gesellschaft entfalten derlei Krisen eine immer durchschlagendere Wirkung. Eine Lösung fanden sie in der Regel in der Ausdehnung von Produktion und Handel, der Einführung neuer Produkte und der Erschließung neuer Absatzmärkte. Allerdings staut sich diese Lösung immer wieder auf, zeitweilig werden keine neuen Gebiete erschlossen, in die Expansion möglich ist, es tritt vorübergehend kein innovativer Produktionszweig auf, der große Kapitalmengen und entsprechenden Arbeitseinsatz auf sich zu ziehen imstande wäre. Das Ausweichen des Geldkapitals in die Finanzmärkte, Börsenkräche und darauf folgende lang andauernde Stagnationsphasen wie nach der Krise von 1873 können ebenso eine Folge sein wie weitgehende Zusammenbrüche von Volkswirtschaften mit anschließender persistenter Depression wie während der Weltwirtschaftskrise der 1930er Jahre.

Der Ausweg aus der *Great Depression* wurde erst mit dem Zweiten Weltkrieg gefunden. Der Nachkriegsboom bis Mitte der 1970er Jahre wird häufig auf den Rekonstruktions- und Aufholprozess zurückgeführt, der auf die Kriegszerstörungen folgen musste. Kurz hingegen identifizierte die Grundlage des Wirtschaftswunders in den neuen Produktlinien, die nun die Märkte eroberten: in der Elektronik in den Küchen und Wohnzimmern der Konsumentenmassen, vor allem aber in der umfassenden Automobilmachung der industriellen Gesellschaften. Die fordistisch-tayloristische Massenproduktion und der Massenkonsum stellten die Signatur der langgezogenen zweiten industriellen Revolution dar, an deren Ende der Kapitalismus, eineinhalb Jahrhunderte nach Einsetzen seiner industriellen Phase, schließlich die vor- und nichtkapitalistische alte Welt zersetzt und aufgesaugt hatte.

Auf dem Weg zu diesem Goldenen Zeitalter aber richteten die kapitalistischen Gesellschaften die größten Katastrophen der Menschheitsgeschichte an, die beiden Weltkriege und millionenfache Massenmorde, darunter die Ausrottung der europäischen Juden. Für Kurz waren diese Kataklysmen keine selbständigen politischen Entwicklungen jenseits der kapitalistischen Logik,

16 Kurz, Schwarzbuch Kapitalismus, S. 177–192.

sondern zwar nicht zwangsläufige, aber eben auch nicht unwahrscheinliche Resultate des Prozessierens der modernen Produktionsweise. Sie stellten keine Abweichung von der Geschichte des Westens dar, sondern eine Konsequenz sowohl des blinden Kapitalverwertungsprozesses als auch der ideologischen Entwicklung der Aufklärung und des Liberalismus, der seit jeher ein Denken in Kategorien der Konkurrenz, damit der Abwertung und Hierarchisierung gewesen war. Im Gegensatz zu den geläufigen Großerzählungen betrachtete Kurz den Sozialdarwinismus und Rassismus der zweiten Hälfte des 19. Jahrhunderts nicht als Abirrung des auf Freiheit, Gleichheit und Emanzipation gerichteten westlichen Geistes, sondern als dessen legitime Nachfolger.[17]

Ein Sonderfall des aus der Aufklärung stammenden antihumanen Denkens war auch für Kurz der Antisemitismus, dessen praktische Konsequenz, die NS-Judenvernichtung, für den dem aufklärerischen Fortschrittsnarrativ verhafteten Marxismus letztlich ebenso unerklärlich blieb wie für das liberal-demokratisch-idealistische Denken, das aus seiner Aporie Zuflucht suchte bei Formeln wie »Sonderweg«, »Singularität« und »Zivilisationsbruch«. Gemeinhin wird von den Vertretern der These vom Zivilisationsbruch nicht bestritten, dass die Geschichte dieser Zivilisation ungeheure Verbrechen mit sich gebracht hatte. Mit dem Verweis darauf, dass etwa die Ausrottung der amerikanischen Ureinwohner oder die Vernutzung der schwarzen Bevölkerung im kongolesischen *heart of darkness* einer von materiellen Interessen geleiteten Zweck-Mittel-Rationalität gefolgt sei, markieren sie jedoch einerseits einen kategorialen Unterschied zur nationalsozialistischen Vernichtung der europäischen Juden, die als reiner, aus jedem rationalen Zusammenhang gelöster Selbstzweck erscheint. Andererseits wird suggeriert, die »normalen« Verbrechen der kapitalistischen Moderne liefen letztlich einer übergeordneten ethischen Rationalität der westlichen Zivilisation zuwider und würden von dieser eingehegt, so dass die Neigung zu solchen Verbrechen im Laufe des historischen Fortschritts immer weiter abnehme.

Kurz hingegen bestand zwar darauf, dass der deutsche Nationalsozialismus von einer »singulären Barbarei« gekennzeichnet und Ergebnis einer besonderen Nationalgeschichte gewesen sei, löste ihn aber nicht aus dem Zusammenhang der modernen Zivilisation. Obschon er den Besonderheiten der nationalen Entwicklung entsprang – die etatistischer und in ideologischer Hinsicht sowohl kulturalistischer als auch biologistischer sich darstellte als diejenige etwa Englands oder der USA –, war der Nationalsozialismus ein integraler Bestandteil der Modernisierungsgeschichte: die »deutsche Version der Transformation zur fordistischen Entwicklungsstufe«.[18] Dass in dieser Transformations- und Krisenphase der Antisemitismus auch in den liberal-kapitalistischen USA wie in der staatskapitalistischen Sowjetunion als Ressentiment gegen das »raffende« Finanzkapital und den abstrakten Intellektualismus um sich griff, deutet darauf hin, dass es hier nicht allein um nationale Sonderwege ging. Weitere Hinweise auf die Barbarisierungstendenzen, die der modernen Zivilisation seit jeher, besonders aber auch in der fordistischen Epoche innewohnten, sah Kurz in der Erfindung des Konzentrationslagers gegen Ende des 19. Jahrhunderts durch die Kolonialmächte sowie in der Übernahme dieser Form der Menschenverwaltung im sowjetischen Gulag-System. Die Aussonderung »lebensunwerten Lebens« und die Zwangssterilisation von Behinderten galten ihm ebenso als Konsequenzen der Verwertungslogik der Moderne, sei sie demokratisch, sozialistisch oder faschistisch etikettiert.

Die nationalsozialistische Kennzeichnung der Juden als Gegenrasse war eine Folge von deren jahrhundertealter Position der Fremden *par excellence* in der europäischen Geschichte. Zugleich

17 Kurz, Schwarzbuch Kapitalismus, S. 293–349.

18 Robert Kurz, Die antideutsche Ideologie. Vom Antifaschismus zum Krisenimperialismus; Kritik des neuesten linksdeutschen Sektenwesens in seinen theoretischen Propheten, Münster 2003, S. 86. Kurz berief sich auf Ralf Dahrendorf, Gesellschaft und Demokratie in Deutschland, München 1965.

stellte sie das Ergebnis der Identifikation der Juden mit dem Geld, dem unheimlichen abstrakten Kapital dar, das bis zum heutigen Tag oft als Gegenprinzip zum werteschaffenden, konkreten industriellen Kapital gilt. Kurz zufolge, der sich hier auf Postone stützte, verkörperten die Juden im nationalsozialistischen Denken jene Krisen und soziale Katastrophen zeitigenden anonymen Mächte, die die gesellschaftliche Entwicklung formen.[19] Und Auschwitz, »authentisches Produkt der westlichen Zivilisation«,[20] stellte, zugespitzt formuliert, eine kapitalistisch-antikapitalistische »negative Fabrik [zur] Vernichtung des Werts« dar.[21]

Der »Todestrieb des Kapitals« war mit der NS-deutschen Götterdämmerung nicht endgültig befriedigt. In den »goldenen« Jahren nach dem Ende der Weltkriegsepoche war die offene Barbarei aber in den Hintergrund – und an die Peripherie des Weltmarkts – gerückt. Die folgenden Jahre stellen hingegen eine Zeit der allgemeinen Krise dar, und selbst die Strategien, die gegen das Abschmelzen der Arbeitssubstanz aufgeboten wurden, also die Finanzialisierung und die Zerlegung der Produktionsketten in der Globalisierung, vermochten nicht, diesen Trend umzukehren. In seiner Monographie *Das Weltkapital* legte Kurz dar, dass es im Gefolge der mikroelektronischen dritten industriellen Revolution nur noch darum ging, die tendenzielle Überflüssigmachung von Arbeit in eine globale, immer größer werdende Verelendungsperipherie auszulagern.[22] Das Bild, das Kurz von der Weltgesellschaft im langen Augenblick ihres möglichen Untergangs zeichnet – zerfallende Staaten, Privatisierung der Gewaltinstanzen, Anomie, Plünderungsökonomie –, zeigt die Wiederkehr verschiedener Erscheinungen aus den Kinderjahren von Kapitalismus und modernem Staat, dem frühneuzeitlichen Krieg aller gegen alle. In seinem letzten Werk *Geld ohne Wert* blickte Kurz hinter die im *Schwarzbuch* beschriebene Epoche der Industriegesellschaft zurück und wandte sich der Frühmoderne zu. Sein Interesse war vornehmlich theoretischer Natur, die Argumentation mit historischer Empirie gesättigt.[23]

Die Geschichte des Kapitalismus III: Eine neue Sicht auf seine Genese

Bereits im Titel seines Essays verkoppelt Kurz die von ihm diagnostizierte derzeitige Verfallsepoche des Kapitalismus mit dessen Frühgeschichte: »Geld ohne Wert« heißt heute, dass aufgrund der Rationalisierung der Produktionsprozesse die allgemeine Wertform, das Geld, seine Substanz verliert und buchstäblich wertlos wird. Auf die Geburtsjahre des Kapitalismus bezogen bedeutet diese Formel, dass es in den Nischen der materiellen Reproduktion etwas gab, was späterem Geld ähnlich sah, aber eben nicht die Funktion des Trägers von Wert innehatte. Kurz wandte sich damit sowohl gegen naturwüchsig-transhistorisch argumentierende Geschichten von der Geldgenese als auch gegen die traditionelle marxistische Vorstellung, der Frühkapitalismus habe auf eine seit Jahrhunderten entwickelte Geldform zurückgreifen können. Das Geld in vorkapitalistischen Gesellschaften war, wie er mit Verweis auf Bernhard Laum und Jacques Le Goff zeigen zu können glaubte, nicht Tauschmittel, sondern sakrale »Opfergegenständlichkeit«.[24] Auf die Frühmoderne

19 Moishe Postone, Antisemitismus und Nationalsozialismus, in: ders., Deutschland, die Linke und der Nationalsozialismus. Politische Interventionen, Freiburg i. Br. 2005, S. 165–194.

20 Hier zitiert Kurz, Die antideutsche Ideologie, S. 106, zustimmend Enzo Traverso, Moderne und Gewalt. Eine europäische Genealogie des Nazi-Terrors, Köln 2003, S. 155.

21 Kurz, Schwarzbuch Kapitalismus, S. 553–573; vgl. Postone, Antisemitismus, S. 193.

22 Robert Kurz, Das Weltkapital. Globalisierung und innere Schranken des modernen warenproduzierenden Systems, Berlin 2005.

23 Robert Kurz, Geld ohne Wert. Grundrisse zu einer Transformation der Kritik der politischen Ökonomie, Bad Honnef 2012.

24 Vgl. hierzu Christoph Türcke, Mehr! Philosophie des Geldes, München 2015.

kam es als »historische Fundsache«.[25] Die entscheidende Differenz zwischen der modernen Welt und den vorkapitalistischen Gesellschaften wird laut Kurz in der Regel sowohl von der Geschichtswissenschaft als auch vom Marxismus nur oberflächlich phänomenologisch gefasst. Der »fremde, andersartige Charakter« dieser nichtkapitalistischen Welten besteht ihm zufolge aber darin, dass die Basiskategorien heutiger Vergesellschaftung nicht existierten: Es gab kein modernes Geld, keinen Wert, keinen Warentausch. Zwar hatte Marx entdeckt, dass sich zwischen der alten Welt und der Frühmoderne eine »blut- und schmutztriefend[e]«[26] Umwälzung ereignet hatte. Doch diese »ursprüngliche Akkumulation« bestand lediglich in der Trennung der Produzenten von ihren Produktionsmitteln, der Vertreibung der freien Bauern und Drangsalierung der pauperisierten Bevölkerungsmassen. Marx schildert, wie eine Voraussetzung des Kapitalismus, eine Masse von eigentumslosen, auf Lohnarbeit angewiesenen Menschen, geschaffen wurde, nicht aber, wie der Kreislauf der Verwertung entstand. Diese eminente Lücke in der Marx'schen Darstellung suchte Kurz zu füllen, indem er den Funktionswandel des Geldes nachzeichnete: Wie wurde aus der sakralen Opfergabe der Ausdruck für den Kern der neuen Produktionsweise, den Wert?

Den entscheidenden Mechanismus identifiziert Kurz nicht in der Entwicklung privater Gewinninteressen, in der Expansion des Handels- oder des »Wucher«-Kapitals, sondern in der Kombination eines technologischen Entwicklungsschubs mit den frühneuzeitlichen Staatswerdungsprozessen. Ausgangspunkt der Wert-Produktion sei die so genannte *military revolution* gewesen, die Erfindung der Feuerwaffen und der Festungsbollwerke.[27] Die sich herausbildenden Territorialstaaten sahen sich dieser These zufolge gezwungen, im überaus kostspieligen Rüstungswettlauf mitzuhalten. Zu diesem Zweck erhob man Steuern, schöpfte Märkte ab und nicht nur das: Man schuf erst die Waren- und Geldzirkulation, der man dann die Mittel entnehmen konnte, die zum Aufbau einer nie dagewesenen militärischen Infrastruktur erforderlich waren. Der gleichursprünglich mit der Geldwirtschaft entstehende Kanonen-, Steuer- und Beamtenstaat setzte die Umwandlung der alten feudalen Abgaben in monetäre Leistungen durch. Im nächsten Schritt habe sich die Geldbeschaffungsmaschine von ihrem ursprünglichen Zweck gelöst und begonnen, die Produktion sämtlicher Gebrauchsgüter zu dominieren und ihnen Warengestalt aufzudrängen. So kam, Kurz zufolge, das Kapital als sich selbst verwertender Wert in die Welt.

Der esoterische Marx, Robert Kurz und die Geschichte: Ein Paradigma für die Historiographie der kapitalistischen Epoche?

Unsere postmodernen Zeiten sind pluralistisch, den *master narratives* abhold, dem Besonderen, Differenten, Mikrohistorischen und erzählerisch unterhaltsam Fassbaren zugewandt. Schlechte Voraussetzungen für eine in gewissem Sinn monistische, das Systemische gegenüber dem Individuellen, das Objektive gegenüber dem Subjektiven privilegierende, die Akteure oft als bloße Charaktermasken ins Auge fassende Konzeption der modernen Geschichte. Gerade die derzeitigen globalen Krisenprozesse bieten aber die Chance, das Ganze wieder in den Blick zu nehmen und es nicht von vornherein in detaillierende Differenzierungen aufzulösen. Geht man für die Zeitgeschichte versuchsweise von der Annahme aus, dass die verschiedenen Krisenphänomene in einem Zusammenhang stehen, so liegt es nahe, die Totalitätskategorien des »esoterischen« Marx

25 Kurz, Geld ohne Wert, S. 112.

26 Marx/Engels, Werke, Bd. 23, Das Kapital, S. 788.

27 Kurz berief sich hier auf die Arbeiten von Geoffrey Parker, The Military Revolution. Military Innovation and the Rise of the West, 1500—1800, Cambridge/UK 1988, und Karl Georg Zinn, Kanonen und Pest. Über die Ursprünge der Neuzeit im 14. und 15. Jahrhundert, Opladen 1989.

vielleicht zum ersten Mal ernsthaft auszuprobieren, und zwar für die gesamte Geschichte der modernen kapitalistischen Gesellschaften. Robert Kurz ist auf dieses Terrain vorangegangen. Die Potenziale seines wertkritischen Denkens für die Geschichtswissenschaft, über die bisher dargelegten einzelnen Erkenntnisse hinaus, seien hier abschließend benannt.

Da wäre zunächst einmal die gesellschaftstheoretische Fundierung einer solchen Geschichtsschreibung. Zwar ist die Bielefelder Schule mit einem ähnlichen Anspruch aufgetreten – dabei freilich dem dezidierten modernisierungstheoretischen Eklektizismus gegenüber einem wie auch immer auf Marx bezogenen Monismus den Vorzug gebend –,[28] doch seither hat einerseits eine Rückkehr zur konventionellen Narration stattgefunden, die Vorzüge, aber eben auch Verluste mit sich bringt. Im Zuge von *linguistic turn*, neuer Kulturgeschichte etc. hat sich andererseits auf dem theoretischen Feld eine begrifflich-konzeptionelle Pluralisierung ereignet, die von den oben genannten, ursprünglich ökonomischen Basiskategorien weitgehend absieht. Gerade angesichts neuer gesellschaftlicher und damit auch innerwissenschaftlicher Krisenerscheinungen ist von einer abermaligen Rezeption dieser fundamentalen Marx'schen Kategorien Klärung zu erwarten.

Zum zweiten ist der entschiedene Historismus der Wertkritik attraktiv: Anders als die modernen Sozialwissenschaften, vor allem Ökonomie und Soziologie, ist sie sich der Notwendigkeit eines historischen Herangehens an die gesellschaftlichen Phänomene bewusst. Kapitalismus bedeutet stets Voranschreiten, Expansion, Akkumulation und letztlich Endlichkeit, so dass keine kreislaufförmige Rückkehr zu bestimmten Zuständen stattfindet. Hinzu kommt – gegen die marxistische Geschichtsphilosophie –, dass ein tiefer Bruch zwischen den vorkapitalistischen agrarischen, religiös bestimmten Gesellschaften und der Moderne festgestellt wird. Damit ergibt sich auch die Historizität von Erscheinungen, die sich erst in der Neuzeit real und begrifflich entfaltet haben: »Ökonomie« und »Politik« gab es als solche demnach vor dem Eintritt der Modernisierung nicht. Mit dieser radikal historistischen Betrachtung knüpfte Kurz an poststrukturalistische Forschungen an. Wie niemand sonst – mit Ausnahme von Moishe Postone – brachte er die Einzelbefunde in einen schlüssigen, auf Marx' Kategorien aufbauenden Gesamtzusammenhang.

Als drittes zu nennen ist die Macht struktureller Entwicklungen, dies in einem ebenfalls viel radikaleren Sinne als in der bisherigen Sozialgeschichte: Die bereits die Aufklärung irritierende Erfahrung, dass die Geschichte sich nicht dem menschlichen Willen fügt, sondern sich »hinter dem Rücken« der Subjekte vollzieht, dass ein »Weltgeist« dialektisch waltet (Hegel) oder eine »unsichtbare Hand« (Smith) die Weltläufte steuert, dass »wir gelebt werden« (Kittsteiner),[29] führt Kurz nicht auf den Kampf widerstreitender Interessen zurück, sondern auf die von Marx beschriebene Herrschaft des »automatischen Subjekts«, das zwar von Menschen – unabsichtlich – geschaffen wurde, aber seither sein Eigenleben führt und alles unter seine unentrinnbare naturförmige Logik zwingt.

Viertens bietet diese Betrachtungsweise eine Alternative zu den Mythen der Moderne, die unter dem Etikett vom »Westen« reüssieren. Diesen in der Öffentlichkeit beliebten Erzählungen zufolge ist das westliche Projekt eine lange umkämpfte, am Ende aber siegreiche Geschichte des Fortschritts, in der sich Freiheit, Menschenrechte und Volkssouveränität gegen konträre Ordnungsvorstellungen durchsetzen. Die Geschichte des Westens, die auf der Grundlage der von Kurz neu gelesenen Einsichten von Marx zu schreiben wäre, ist eine gänzlich andere: diejenige der Durchsetzung der Wertlogik in allen Räumen der verfügbaren Welt und des allmählichen Stockens der kapitalimmanenten Antriebskräfte. Die Entfaltung von Demokratie und modernem Recht wäre im Rahmen der vom Wert bestimmten Totalität zu beschreiben, und zwar nicht als

28 Siehe z. B. Hans-Ulrich Wehler, Geschichte als Historische Sozialwissenschaft, Frankfurt a. M. 1973.
29 Heinz Dieter Kittsteiner, Wir werden gelebt. Formprobleme der Moderne, Hamburg 2006.

gewissermaßen okzidentalistische Kritik am Westen: Er ist in Kurz' politisch-ökonomischer – und damit dezidiert nicht kulturell-politischer – Lesart einfach die erste von der leeren Selbstbewegung des Kapitals kolonisierte Weltregion.

Fünftens ermöglicht eine wertkritisch transformierte Marx'sche Theorie, etliche der Erblasten des Marxismus abzuschütteln und einen zwar von Marx inspirierten, aber nicht dogmatischen Zugang zur Geschichte zu eröffnen. Die Wiederkehr der doktrinären Analyse von Klassenverhältnissen, die Konzentration auf soziale Ungleichheit, die darauf aufsetzende parteilich-politizistische Geschichtsschreibung des Marxismus wären in einer am »esoterischen« Marx orientierten Historiographie jedenfalls ausgeschlossen.

Und schließlich lässt sich mit dem von Kurz gelesenen Marx sechstens Globalgeschichte schreiben – auch wenn die Wertkritik bislang einen Bogen um postkoloniale Fragestellungen macht. Schon beim jungen Marx gibt es keinen Zweifel, dass das Kapital in seinem Prozessieren weder vor inneren gesellschaftlichen oder psychischen noch vor äußeren, geographischen Grenzen Halt macht; keinen Zweifel auch daran, dass dieses Prozessieren die entscheidende offensive, letztlich nicht durch partikulare Traditionen eindämmbare historische Macht darstellt. Geschichte ist damit a priori in der Moderne Universalgeschichte: als Geschichte des Weltmarkts und der Weltgesellschaft. Eine *global history*, die sich zu Recht gegen Meistererzählungen à la »the West and the Rest« wendet, sollte nicht alle theoretisch fundierten *grands récits* abwehren. Eine gesellschaftskritische, theoretisch aufgeschlossene Geschichtswissenschaft kann in den Werken von Robert Kurz eine Vielzahl an Anregungen finden. Sie sollte das Angebot nutzen.

Axel Doßmann

Nackt unter Wölfen, eine Neuverfilmung

Über die Grenzen emotionaler Erkenntnis und historischer Gerechtigkeit im öffentlich-rechtlichen Fernsehen

Laut Filmemacher Michael Kloft ist auch NS-Geschichte im deutschen Fernsehen kein garantierter Quotenbringer mehr. Es komme auf die »Idee und Machart« an, mit der diese Zeitgeschichte dem Publikum angeboten wird, insbesondere, wenn eine Zielgruppe unter 50 Jahren erreicht werden soll.[1] Welche »Ideen« wurden für die Neuverfilmung von Bruno Apitz' Roman *Nackt unter Wölfen* entwickelt? Für welche »Machart« investierte die ARD knapp 5 Millionen Euro? Welchen Plot, welche Dramaturgie, welche Bildästhetik halten Produzent Nico Hofmann, Drehbuchautor Stefan Kolditz und Regisseur Philipp Kadelbach für sinnvoll und nötig, damit sich 70 Jahre nach der Befreiung des KZ Buchenwald Millionen Menschen freiwillig mit der Geschichte des Nationalsozialismus konfrontieren?

Nackt unter Wölfen sei die »wichtigste Arbeit« seiner Karriere, behauptete Nico Hofmann gegenüber dem *Magazin* der *Süddeutschen Zeitung* drei Tage vor der Fernsehpremiere. Zur Primetime am 1. April 2015 sahen dann über 5,4 Millionen (17 Prozent des Marktanteils) den Film über die fantastische Rettung eines Kindes im KZ Buchenwald. (Abb. 1 und 2) Das »junge« Publikum der 14- bis 49-Jährigen lag laut Medienanalyse bei einem Anteil von 13,1 Prozent, etwa jeder Achte war demnach jünger als 50 Jahre.[2] Ist die Quote ein Indikator für die Bereitschaft in der Bevölkerung Deutschlands, sich über die Verbrechen des Nationalsozialismus aufklären zu lassen? Oder erklärt sich die Quote zu großen Teilen aus der Neugier jener Ostdeutschen, die den politischen Abenteuer-Roman und DEFA-Film noch aus sozialistischen Schulzeiten kennen wie auch der Autor dieser Kritik? Im antifaschistischen Mythos der DDR galt Auschwitz als ein Elendsort für sinnloses Sterben, Buchenwald hingegen wurde 1963 retrospektiv als ein zukunftsgewisser Kampfplatz der kommunistischen Internationale entworfen. Im Romanplot endet die opferreiche Solidarität der kommunistischen KZ-Häftlinge zur Rettung eines aus Auschwitz nach Buchenwald deportierten Waisenkindes mit einem Triumph über die SS. Aus der suggestiven, erst 1948 geprägten Sprachformel von der »Selbstbefreiung« des Lagers am 11. April 1945 wurde mit Frank Beyers DEFA-Inszenierung der zum Lagertor stürmenden Masse eine Ikone des sozialistischen Realismus.[3] Wie setzt im Jahr 2015 das gesamtdeutsche Fernsehen Apitz' ergreifende Fabel in Szene? Wird es nach den heftigen öffentlichen Debatten über »rote Kapos« und die Rettungsmacht der Politischen durch »Opfertausch« bei der ARD neue Film-Helden geben? Wie werden (deutsche) Kommunisten, die Hauptakteure des Romans, heute dem internationalen[4] Fernsehpublikum vorgestellt? Brechen in der neudeutschen Neuverfilmung amerikanische Panzer durchs Lagertor – anstelle der bewaffneten Häftlingsmassen im DEFA-Film?

Auf die Frage »Woher kommt Ihr vielbeschworenes Gespür für den Massengeschmack«

Abb. 1 und 2: Im Versteck: Die KZ-Kameraden in väterlicher Sorge um »ihr« Kind.

zeigte Nico Hofmann für das SZ-Fotoporträt unter dem Schlagwort »Sagen Sie jetzt nichts« auf seinen Bauch.[5] Hofmanns Bauchgefühl mochte noch vom Quotenerfolg von *Unsere Mütter, unsere Väter* (2013) stimuliert worden sein, bei dem er ebenfalls Kolditz und Kadelbach für Drehbuch und Regie engagiert hatte. Doch wie lässt sich erklären, dass die ARD im 25. Jahr des vereinigten Deutschlands ausgerechnet auf *Nackt unter Wölfen* (1958) setzt, ein Buch, das Ruth Klüger als sentimentalen und literarturästhetisch unerheblichen »Kitschroman«[6] bezeichnet hat? Historikerin Karin Hartewig versteht den Roman zu Recht als »Parabel des antifaschistischen, kommunistischen Widerstandskampfes« im KZ Buchenwald,[7] Gedenkstättendirektor Volkhard Knigge hält Roman und DEFA-Film für den »besten Propaganda-Coup der DDR«.[8] Um zu verstehen, wie dieser bereits im DDR-Sozialismus so erfolgreiche Stoff im Jahr 2015 ein Quoten-Tagessieger werden konnte,[9] skizziere ich zunächst die Geschichte des Romans, die Drehbuchentstehung und die Selbstvermarktungsstrategien der beteiligten Filmemacher, bevor ich filmanalytischen Aspekten nachgehe.

Selbstzensur und Authentifizierung des »Buchenwald-Kindes« durch Apitz

Die ARD-Verfilmung ist der dritte deutsche Film, der sich auf den gleichnamigen Roman von 1958 bezieht. Apitz selbst wollte aus dem Stoff 1955 zunächst ein Drehbuch für die DEFA entwickeln. Doch die SED hielt nach drei Filmen über KPD-Führer Ernst Thälmann und die Rolle der Kommunisten im antifaschistischen Widerstand einen Spielfilm über die heldenhafte Rettung eines polnischen Kindes für überflüssig. Um so größer war die Genugtuung für Apitz, dass er nach seinem Romanerfolg und dem Drehbuch für eine erste Verfilmung im DDR-Fernsehen (1960) schließlich auch für die DEFA das Drehbuch schreiben sollte. Der kommunistische Arbeiter, Autodidakt und Überlebende des KZ Buchenwald übernahm außerdem die Beratung am Set und gab sich selbst eine signifikante Nebenrolle.[10]

Für Drehbuchautor Stefan Kolditz war das Erscheinen der kritischen Neuedition von Apitz' Roman 2012 der Ausgangspunkt. Der DDR-Bestseller stand jetzt nicht länger unter dem Verdacht, ein Auftragswerk gewesen zu sein. Tatsächlich hatte Apitz seine Geschichte auch gegen die Säuberungspolitik der SED geschrieben. Dieser Befund verwandelte den SED-treuen, 1979 verstorbenen Arbeiterschriftsteller in der öffentlichen Wahrnehmung etwas voreilig in eine tragische Figur, die einer Rehabilitierung bedürfe. Nico Hofmanns Ufa-Fiction GmbH sicherte sich die Filmverwertungsrechte, und Kolditz, der 1956 geborene Sohn eines DEFA-Regisseurs, begann seine Arbeit am Drehbuch. Erst seine letzte Fassung vor den Dreharbeiten reklamiert einschränkend, »nach Motiven des Romans« entstanden zu sein.

Im Nachwort zur Neuedition arbeitet Mitherausgeberin Susanne Hantke mit ihrem Vergleich des veröffentlichten Romans mit früheren Versionen wichtige Veränderungen heraus. Apitz wollte mit dem Roman auch jene kommunistischen Kameraden aus seinen Buchenwald-Jahren verteidigen, die von den aus dem Moskauer Exil zurückgekehrten SED-Führungskadern nachträglich der Kollaboration mit der SS verdächtigt und Parteisäuberungen ausgesetzt worden waren.[11] Bis zur vorletzten Fassung seines Manuskripts hatte Apitz Einblicke in das »Dschungelgesetz« zu geben versucht, ein ungeschriebenes Lagergesetz, »unter dem wir ja schließlich alle standen und das uns zwang, Handlungen zu begehen, die wir unter normalen Umstände vermieden hätten«, so Apitz in einem Brief an seinen Lektor, dem er die Änderungswünsche von Walter Bartel, dem einstigen Leiter des Buchenwalder Lagerwiderstandes, erläuterte.[12]

Doch am Ende beugte sich Apitz der Kritik der Kameraden, die in seinem Roman die »politische Linie« vermissten.[13] Er übte Selbstzensur, strich die wenigen unmissverständlich kritischen Szenen, bis von der bitteren Wahrheit des unbarmherzigen und egoistischen Handelns in den Grauzonen des Lagers nur wenig mehr übrig blieb als ein Satz, den er dem Lagerältesten in den Mund legte: »Manchmal denke ich, wir sind doch eine verdammt hartgesottene Gesellschaft geworden ...«[14] Mit dem veröffentlichten Roman gab der Überlebende nicht nur »den ›roten‹ Kapos von Buchenwald ihr moralisches Ansehen« zurück, sondern überdeckte auch die »schmerzlichen und beunruhigenden Aspekte der Vergangenheit«.[15] Apitz' kommunistische Heilsgeschichte wurde zum richtigen Zeitpunkt fertig. Ende der 1950er Jahre war die Phase der internen Angriffe der SED gegen kommunistische Funktionshäftlinge sowie der stalinistischen Parteisäuberungen von 1949/50 vorüber, die Moskauer Exil-Kommunisten hatten ihre Macht gesichert. Die parteipolitische Kritik am Verhalten Einzelner wollte ohnehin nicht auf historische Wahrheit oder gar selbstkritische Aufklärung hinaus, die Anfeindungen hatten aber die führenden Köpfe der Lager-KPD in der DDR in die Selbstverteidigung gedrängt. Apitz' ehrende Betonung der führenden Rolle der KPD im Lager war für die einstigen Funktionshäftlinge eine Genugtuung und entsprach auch den vielseitigen Bedürfnissen von SED-Politikern nach historischer Sinnstiftung und Legitimation der DDR. Sie sorgten dafür, dass der Roman zum V. Parteitag der SED und damit noch vor der Eröffnung der »Nationalen Mahn- und Gedenkstätte« Buchenwald im Herbst 1958 erschien, ein Nationaldenkmal, das die geschichtstelelogische Fortschrittsgewissheit mit seinen Mitteln auf dem Ettersberg inszenierte.[16]

Unberührt von Apitz' Selbstzensur blieb die Fabel vom heimlich versteckten Kind, das im Roman zwar als Waisenkind jüdischer Eltern aus Polen erkennbar wird, aber sonst ein objekthaftes Symbol bleibt – »*das* Buchenwald-Kind«.[17] Sehr wahrscheinlich hat Apitz erlebte und kolportierte Geschichten über mehrere im KZ Buchenwald gerettete Kinder in den 1950er Jahren zu seiner *einen* Kinder-Figur verdichtet. Der Roman verzichtet darauf, die realgeschichtlich geretteten wie auch die ermordeten Kinder in Buchenwald zu erwähnen. Zahlreichen Helfern, maßgeblich politischen Häftlingen, war es mit der Einrichtung von Lehrwerkstätten seit 1939 gelungen, Jugendlichen eine Überlebenschance zu bieten. Die solidarische Hilfe von »Politischen« war der wesentliche Grund dafür, dass während der letzten Monate des völlig überfüllten Lagers etwa 900 Kinder und Jugendliche überleben konnten. Wahr ist aber auch, dass der vergleichsweise wirkungsmächtige internationale Lagerwiderstand des KZ Buchenwald die Ermordung von insgesamt etwa 1.600 anderen Kindern und Jugendlichen durch die SS nicht hat verhindern können – nicht zuletzt, weil der organisierte Widerstand andere Prioritäten hatte, die mit dem Grundethos politischer Häftlinge, wenigstens Kinder zu retten, konkurrierten.[18]

Apitz wollte genau diesen Konflikt als Schriftsteller dramatisch gestalten. Er nahm den realhistorischen Terror der Weimarer Gestapo gegen eine Gruppe kommunistischer Funktionshäftlinge, die riskiert hatten, im August 1944 im Lager eine Gedenkfeier für den ermordeten Ernst Thälmann abzuhalten, als Vorlage für seine Fiktion, dass die Lager-SS die internationale Widerstandsorganisation zerschlagen wollte, indem sie »das« Kind als Erpressungsmittel einsetzte. In der historischen Wirklichkeit war es kein verstecktes Kleinkind, das eine lebensbedrohliche Situation für diese Widerstandskämpfer herbeiführte, sondern ihr kommunistischer Totenkult für den KPD-Führer, der von anderen KZ-Insassen an die SS verraten wurde.

Bei Apitz steht das Kind als Symbol einer Versöhnung von Herz und Vernunft im Mittelpunkt seiner abenteuerlichen Geschichten über Kommunisten, die mit Mutterwitz eine patriarchale Neugeburt »ihres« Kindes unter den Bedingungen eines SS-Lagers bewerkstelligen. Sie adoptieren gewissermaßen das Kind, das in Embryonalhaltung – »wie eben dem Mutterleib entrissen« – im Koffer liegt. In Ermangelung einer »Mutterbrust« schmuggeln die Männer mit einer Wärmeflasche vor dem Bauch nahrhafte Milch an der SS vorbei zum Kind im krippenähnlichen Koffer; eine abenteuerliche Schleusung durch einen Kaminschacht beschreibt Apitz als »reinste Zangengeburt«. Das Roman-Kind erhält keine Stimme, bleibt sprachlos. Erst in seiner pathetischen

Schlusspassage lässt Apitz das Kind als »schreiendes Bündel« durch »die Enge des Tores« quirlen, »auf den befreiten Wellen« des Menschenstroms der Häftlinge.[19] Nicht zuletzt diese, von der Botschaft getriebene Dramatisierung einer Geburt des neuen Menschen im Moment der Selbstbefreiung hat Ruth Klüger veranlasst, von sentimentalem Kitsch und Trivialliteratur zu sprechen.[20]

Kritik am Roman- und Filmstoff übten Journalisten aus Polen, die der DEFA-Produktion auf dem Moskauer Filmfestival im Sommer 1963 vorwarfen, die Verhältnisse in NS-Lagern zu verharmlosen, zu »lackieren«. Ein Zufall ließ DDR-Journalisten auf die Spur eines Buchenwald-Überlebenden kommen, dessen Schicksal Ähnlichkeiten mit der Roman-Figur hatte. Jetzt sollte der märchenhaft erzählte heldische Widerstand gewissermaßen mit einem geretteten Kind bewiesen werden – Stefan Jerzy Zweig in Israel schien sich dafür zu eignen. Apitz, der sich mit seinem Buch- und Filmerfolg immer weiter von seinen kritischen Ausgangsimpulsen entfernt hatte, war 1964 bereit, Zweig in der DDR-Öffentlichkeit als das reale Vorbild für seine Romanfigur darzustellen – vielleicht glaubte er inzwischen selbst daran? Der mittlerweile 23-Jährige wurde in die DDR eingeladen und von Apitz als »sein Sohn« in die Arme geschlossen.[21] Eine Sonderbeilage der *BZ am Abend* zitierte sinnentstellend aus dem Zeugenbericht, den der leibhaftige Vater Zacharias Zweig 1961 für die Gedenkstätte Yad Vashem (in Unkenntnis des Romans) autorisieren ließ. Im Fazit der Authentifizierungskampagne in der DDR wurde behauptet: »Die dokumentarischen Zeugnisse, die uns über Stefan Jerzy heute zur Verfügung stehen, bestätigen, dass der Roman *Nackt unter Wölfen* der Wahrheit und Wirklichkeit in vollem Maße gerecht wird, daß nur Einzelheiten dichterisch frei gestaltet wurden.«[22]

Zu den frei erfundenen Einzelheiten gehörte die in der *BZ am Abend* sogar eingestandene Tatsache, dass Stefan Jerzy Zweig kein Waisenkind war, sondern im August 1944 zusammen mit seinem Vater ins Lager deportiert wurde. Doch negiert wurde für den vermeintlich wahrhaftigen Roman weit mehr als ein leiblicher Vater: Zweig kam nicht illegal und nicht erst 1945 ins Lager, sondern wurde wie sein Vater, obwohl erst drei Jahre alt, als »politischer Jude« registriert und von deutschen politischen Häftlingen, die im Lager Funktionen innehatten, beschützt. Der »blonde Junge« war nicht nur unter den Gefangenen, sondern auch bei einigen SS-Männer gut bekannt. Er und sein Vater konnten durch die Hilfe von einflussreichen »Politischen« mehrfach gerettet werden vor bedrohlicher Krankheit und einer unmittelbar bevorstehenden Deportation. Bereits ein zweiseitiger Zeugenbericht von Zacharias Zweig in einer ersten Gesamtdarstellung der Lagergeschichte, die kommunistische Überlebende 1949 herausgaben, hätte vor Augen führen können, wie wenig die Romanfigur des Kindes mit dem Überleben von Zweig (und seinem Vater) gemein hatten.[23] Doch solche Details wurden rhetorisch vergessen gemacht.[24]

Vorfilmische Entscheidungen: Das Drehbuch für die Ufa

Mitarbeiter der Gedenkstätte Buchenwald boten dem Filmteam 2012 Unterstützung dabei an, auf der Grundlage rekonstruierter Lager- und Lebensgeschichten von noch wenig bekannten Jugendlichen ein neues Drehbuch zum Thema der »Kind*er* von Buchenwald« zu wagen. Doch offenbar war der international bewährte Mythos und Markenname »Nackt unter Wölfen« für die Filmemacher zu attraktiv, um ihren Plan einer Neuverfilmung fallen zu lassen.

Stefan Kolditz wollte mit seinem Drehbuch nach eigener Aussage »drei Narrative« vereinen: Das KZ Buchenwald sieht er als »Narrativ der SS«: »die Inszenierung des KZs als Verkörperung ihrer absoluten Macht und rassischen Überlegenheit [sic]«. Apitz habe sein Narrativ von der »moralischen Überlegenheit der Kommunisten bei der Rettung eines einzelnen Kindes« dagegen gehalten. »Mein Narrativ nach Motiven der Neuauflage des Romans«, so Kolditz, »ist eine Neuinterpretation, die den Kern des Romans verteidigt und gleichzeitig, 57 Jahre nach seinem ersten Erscheinen, durch eine Vielzahl von Quellen und neuesten Forschungen korrigiert und differenziert.« Kolditz zufolge stimmt Apitz »nicht das reine Hohelied der kommunistischen Ideologie an, sondern unterläuft es, indem er etwas viel Grundsätzlicheres als einen glorifizierenden Sieg der Kommunisten erzählt: dass Menschlichkeit erst möglich wird, wenn die Ideologie überwunden ist. Denn das Kind wird im Roman nicht durch die kommunistische Partei gerettet, sondern gegen sie.«[25]

Seine Lesart erinnert an die von Marcel Reich-Ranicki aus dem Jahr 1961. Der Literaturkritiker hatte den Erfolg bei DDR-Bürgern so zu erklären versucht: »In einem Land, in dem das Lied gesungen wird, das mit den Worten beginnt: 'Die Partei, die Partei, die hat immer recht', ist man für einen Roman dankbar, der eine Aktion rühmt, die möglich wurde, weil ein Genosse sich widersetzt hat. [...] Dort, wo der Terror herrscht, sucht man im Bild der Vergangenheit mit besonderem Eifer und erstaunlichem Spürsinn die Parallelen zur Gegenwart. Romane, die zeigen, daß es nicht nur nötig, sondern auch möglich ist, dem Terror Widerstand zu leisten, werden dort, bewußt oder unbewußt, als Trost empfunden. Der außerordentliche Publikumserfolg, der *Nackt unter Wölfen* jenseits der Elbe zuteil wurde, hat also seine guten Gründe.«[26]

Dieser eigensinnige Lektürevorschlag lässt sich für die Millionen LeserInnen in der DDR nicht empirisch nachweisen. Für weitaus triftiger als Reich-Ranickis Wunschdenken halte ich die bislang übersehene Kritik einer DDR-Soziologin aus den 1980er Jahren. Cordula Günther kritisierte Apitz' Darstellung u. a., weil er die SS-Täter als Unmenschen und Bestien darstellte. Entsprechend klischeehaft war in Leserbriefen und DDR-Rezensionen von der »Bestie in Menschengestalt« oder »faschistischen Tieren« die Rede. Günther erkannte in dieser Stilisierung die Einladung zu einer unangemessenen Selbstberuhigung unter den (Ost-)Deutschen. »Dadurch, daß Apitz das Schwergewicht der Darstellung auf den Widerstand legt und die Schuldigen als Unmenschen darstellt, von denen sich der Leser distanzieren kann und muss, übt er eine Art Entlastungsfunktion aus.«[27]

In der Tat entwarf Apitz das KZ als Kampfplatz, auf dem der Sieg der Widerstandskämpfer gegen die Faschisten nur errungen werden konnte, weil die Kommunisten es – nach inneren und internen Konflikten – verstanden, parteipolitische Ziele in internationaler Solidarität mit humanistischen Ideen zu vereinbaren. Aus Leid und Erniedrigung gingen sie am Ende als siegreiche »Kämpfer« hervor, die an die »unsterblichen« Opfer des Kampfes gegen den »Klassenfeind« erinnern. Auf solche Märtyrer ließ sich die Jugend verpflichten.[28]

Nackt unter Wölfen gehört zu jenen Romanen, in denen eine Kinderfigur Erwachsenen als Katalysator für ethische Entscheidungen in Dilemma-Situationen dient. Weil Kinder – in der westlich-romantischen Vorstellung von Kindheit – als unschuldig, besonders verletzbar und darum schutzbedürftig gelten, gesellschaftlich die Zukunft repräsentieren und mütterliche bzw. väterliche Instinkte wecken, kann ein Kind in der Mitte von Erwachsenen in einer Extremsituation wie hier im KZ Handlungen einfordern sowie Moralprinzipien und Verantwortungsbewusstsein reaktivieren, die angesichts der engen Handlungsspielräume sonst außer Kraft gesetzt waren. Der Roman erlaubt es, über die spezifisch kommunistischen Leitbilder hinweg das Menschliche darin zu universalisieren.[29]

Kolditz hofft, mit einer quasi entideologisierten Version des Romans »die immer noch getrennte Erinnerungskultur« in Ost und West »in ein gemeinsames nationales Gedenken« überführen zu können. Ihm zufolge wird Menschlichkeit generell erst möglich, »wenn die Ideologie überwunden ist«. Die Neuverfilmung will sich insofern auch als Kritik an tradierten Geschichtsbildern Westdeutschlands verstanden wissen, indem sie auf politischen Widerstand jenseits von Stauffenberg und Weißer Rose aufmerksam macht.[30]

Im historischen Indikativ: Der Prolog des TV-Films

Der Fernsehfilm beginnt mit Schwarzbildern. Von der Tonspur kommen Fahr- und Stimmgeräusche. Männer werden im Dunkel sichtbar, sie stehen in der Enge eines rumpelnden Fahrzeugs. Ein alter Mann äußert müde »kann nicht mehr«, der junge Mann neben ihm redet ihm gut zu. Noch in der ersten Filmminute folgt auf die Worte »Es ist alles meine Schuld« des Alten eine erste Rückblende in hellen Pastellfarben: Ein Grammophon spielt die »Bayrische Hochzeit« – Familien- und Liebesidylle unter blauem Himmel. Eine hübsche Frau ist hochschwanger, in ihrem verliebten Partner erkennen wir den jungen Mann aus den ersten Einstellungen, in seinem Vater den älteren Mann. Das Bild privater Harmonie wird durch ein scherzhaft verliebtes Streitgespräch belebt, ob das erwartete Kind nun Anton oder Emil heißen soll. Eine Tochter schließt das Drehbuch aus, dieser Film soll von Vätern und Söhnen erzählen, von Vaterliebe und der Aufopferung überwiegend deutscher Männer für einen jüdischen Jungen.

Nach einer Minute ist der Film wieder bei Vater und Sohn im Dunkel der nächtlichen Fahrt, die Handkamera wackelt auf Augenhöhe mit den beiden Protagonisten. Als Zuschauer werden wir noch oft eingeladen, uns an der Seite der Deportierten in die filmische KZ-Welt zu begeben, hinein ins »Konzentrationslager Buchenwald. April 1943«, wie das Insert im Prolog informiert. Die Zeit der Haupterzählung spielt indes in den letzten vierzehn Tagen vor der Befreiung des Lagers am 11. April 1945. Das außergewöhnliche Ende der achtjährigen Lagergeschichte wird also wie im Roman zum Dreh- und Angelpunkt des Films.

Allein die Eingangsszenen auf dem historischen »Caracho-Weg«[31] wurden 2014 in Buchenwald gedreht – aus Rücksicht auf den Ort als stellvertretendes Grabdenkmal hatte die Gedenkstätte nur Aufnahmen außerhalb des einstigen Lagerzauns genehmigt. Für Frank Beyers DEFA-Film waren Anfang der 60er Jahre noch Baracken auf dem nach Politbüro-Beschluss von 1950 weitgehend abgerissenen und musealisierten Lagergelände errichtet worden. Gleichwohl, auch in der DDR-Verfilmung wurde Fiktion als ein »so war es« inszeniert – nicht als ein »als ob«, das das Konstruktive herausstellt. Das vermeintlich Authentische des historischen Ortes brachte Faktizitätssignale ins Spiel, die den Geltungsanspruch, historische Wahrheit zu zeigen, verstärkten. Das Filmteam der ARD ließ für die Mehrzahl der Einstellungen eine aufwändige Kulisse in einem ehemaligen sozialistischen Straflager in Tschechien errichten; digitale Techniken unterstützten die Illusion. Während der DEFA-Film von 1963 eher kammerspielartigen Charakter hat und Lager und Menschen stets sauber, gepflegt und aufgeräumt wirken, inszenierte die ARD ihren Ausstattungs-Film auch auf der Ebene der Requisite und Maske im Bemühen um hohen Realismus.[32]

Zurück zum Prolog: Der LKW bremst ab, Geschrei der SS ertönt, Scheinwerfer blenden aus dem Dunkel der Nacht, Schäferhunde schnappen in die Luft, SS-Leute treiben an. Hier werden die vertrauten visuellen und akustischen Film-Stereotype eines KZs bemüht. Der Film setzt zunächst auf Wiedererkennen statt auf neue Perspektiven und Erkenntnisse. Die Bilder behaupten, was 1943 längst die Ausnahme war: Es sind Deutsche, die hier deportiert werden. »Alles meine Schuld«, sagt der Vater zum Sohn. Der Grund wird wenig später erklärt: Bei der Aufnahme der neuen Häftlinge in der Gestapo-Baracke gibt der Sohn, der Zimmermann Hans Pippig (Florian Stetter) wie wir jetzt erfahren, vorschriftsmäßig als Grund für seine Verhaftung an: »bolschewistische Propaganda, Herr Untersturmführer«. Zuvor hat die Regie für einen kurzen Moment von der mitleidenden Perspektive auf die Sicht der Täter gewechselt. Die Kamera steht jetzt hinter dem SS-Offizier, wir sehen die Silhouette seines Kopfes, die Neuankömmlinge rennen im Laufschritt auf ihn zu. »Spürt ihr den Schmerz? Gewöhnt Euch dran. Das ist ein Arbeitslager. Wir werden euch jetzt hier zu richtigen Deutschen erziehen!«, knarzt der SS-Mann vor der Gruppe der Erschöpften. »Ihr seid ehrlos, wehrlos, rechtlos!« In der zweiten Rückblende wird der Fernsehzuschauer Zeuge, wie der Vater dem Sohn ein Bündel Flugblätter in die Hand drückt, die den Tod deutscher Soldaten an den Fronten anprangern: »Nieder mit der Hitlerdiktatur«. »Glaubst du wirklich, du kannst mit

Flugblättern den Krieg verhindern?«, fragt der Sohn genervt. »Wenn wir es nicht tun, wer dann?«, erwidert der Vater. Der Sohn stopft die Flugblätter wortlos in den Rucksack.

Dieser Dialog, der wie ein Lehrbuchbeispiel für Ethik wirkt, führt erstmals in das Dilemma von Entscheidungssituationen, von denen der Film episodisch und mit sich aufbauender Spannung immer wieder erzählt. Ist das mit den Flugblättern verbundene Risiko gerechtfertigt? Das private Glück der Familie mit baldigem Nachwuchs steht gegen das verantwortungsethische Gebot: Orientiere dich an den (absehbaren) Folgen für das große Ganze, protestiere gegen den Krieg, bewahre Menschen vor sinnlosem gewaltsamen Sterben. Die Szene suggeriert, dass das etwas mürrische Einverständnis des Sohnes weniger durch politische Überzeugung motiviert ist als aus Rücksicht auf den Vater. Doch wenig später entkräftet der Sohn das Schuldgefühl des Vaters. »Du hattest Recht«, sagt er und beweist sich damit als aufrechter Antifaschist. Wie politische Haltungen entstehen, bleibt hier wie bei fast allen Filmfiguren ein Rätsel – auch auf Seiten der SS. Der Film gibt sich zwar Mühe, viele verschiedene Charaktere zu schildern. Doch wie und warum sie so wurden, wie sie dargestellt sind, bleibt – wie schon im Roman – weitgehend ohne Erklärung.

Nachdem die Gruppe der »Neuzugänge« durchs Lagertor getrieben wurde, beginnt der Film seinen eigenen Mitteln zu misstrauen, setzt seine Zeichen oft doppelt und dreifach. Mit quietschendem Geräusch wird hinter der Gruppe das schmiedeeiserne Tor des Lagers zugeschlagen. Hans Pippig dreht sich um, mit ihm lesen wir (vor malerischem Morgennebel) die Torinschrift von innen: »Jedem das Seine«. In der nächsten Einstellung sehen wir die Reaktion auf seinem Gesicht. Eine solche, den Zynismus der SS überdeutlich nachvollziehende Bildregie zur Gefangenen-Passage durch das »Tor zur Hölle« exponiert vor allem die pädagogische Absicht der Filmemacher.[33]

In einer Szene über das Scheren der Neuankömmlinge werden zwei historische Fotomotive nachinszeniert. (Abb. 3 und 4) Die Aufnahmen stammen allerdings aus dem Herbst 1939 und dokumentieren aus SS-Perspektive die Aufnahmeprozedur für Juden und Polen ins sogenannte Sonderlager auf der Ostseite des Appellplatzes: Nackt, auf Hockern sitzend, werden sie geschoren, ein Mann muss in ein Desinfektionsbad steigen, zwei SS-Männer überwachen die Aufnahmeprozedur. Die zwei Bilder stammen aus dem Fotoalbum des Lagerkommandanten Karl Koch, von einer Seite mit insgesamt acht Fotos zum Thema »Polen«.[34] Es gibt keine anderen historischen Fotos, die das Scheren und Desinfizieren im KZ Buchenwald dokumentieren – aber es gibt auch keine zwingende Notwendigkeit für einen deutschen Spielfilm, SS-Perspektiven mimetisch zu imitieren und dabei die wider Willen fotografisch erfassten jüdisch-polnischen Gefangenen von 1939 durch deutsche »Politische« im Jahr 1943 zu ersetzen.

Abb. 3 und 4: Fragwürdige Nachinszenierung: links das Foto des Erkennungsdienstes von 1939. Quelle: US Holocaust Memorial Museum / Schmuhl Collection / Fotoalbum des KZ-Kommandanten Karl Koch

Inzwischen sind die Männer im Film nur noch Nummern und sollten den SS-Leuten besser nicht in die Augen sehen. Der Vater übertritt die ihm unbekannte Regel, wird geschlagen, muss ins Krankenrevier. Das Lager wird hier exemplarisch in seiner ganzen Unberechenbarkeit gezeigt, der Terror der SS zielt auf die Brechung des Lebensmutes, fügt schwere körperliche Schmerzen zu, steigert Gefühle der Ohnmacht: Diese Szenen sind dicht und intensiv gespielt.

In dieser trostlosen Welt erfährt der jüngere Pippig überraschend einen ersten Moment der Zuwendung. Als ihn der Kapo der Effektenkammer bei der Ausgabe der Häftlingskleidung fragt, warum er im Lager ist, antwortet er: »Mein Sinn für Humor. Der Führer hätte wohl nicht gelacht.« Dem durch Armbinde und roten Winkel markierten »roten Kapo« gefällt dieser »Witzbold«. Er nutzt seine Handlungsspielräume als Funktionshäftling und tauscht die schon bereit gestellten Holzschuhe rasch gegen bessere Lederschuhe und legt für diesen »Neuzugang« einen Kanten Brot in die Mütze. Erste Zeichen der Solidarität – jedenfalls unter denen, die sich politisch auf einer Linie sehen.[35] In der nächsten Szene schweift Pippigs Blick zu Zivilisten, darunter Mütter mit Kindern, die sich direkt hinter dem elektrisch geladenen Lagerzaun vergnügen: ein Verweis auf den tatsächlich für die SS und ihre Angehörigen 1938 eingerichteten Bärenzwinger direkt am Lagerzaun. Ein Kinderwagen und ein Lied von Zarah Leander markieren die optisch und akustisch durchlässigen Grenzen des Lagers. Dunkle Rauchschwaden über einem Barackengiebel lassen in der nächsten Einstellung nichts Gutes erahnen; wer einige Holocaust-Filme kennt, assoziiert den Rauch der Krematorien. »War ein guter Genosse«, setzt der freundliche Kapo der Effektenkammer an, um dem Sohn verlegen vom Tod des Vaters zu berichten: »Sie ham ihn umgebracht.«

Für Pippig und den Fernsehzuschauer beginnt ein Crashkurs über die Chancen, ein KZ zu überleben. Pippig hält kurz inne und braust dann auf: »Ihr arbeitet mit ihnen zusammen!« Er unterstellt den »roten Kapos« also Kollaboration mit der SS, ein merkwürdiger Verdacht für einen, der das Lager noch nicht kennt. »Nein, bleib ruhig«, reagiert der Kapo begütigend. »Willst Du wissen, wie ich so lange überlebt hab?«, flüstert er Pippig ins Ohr: »Glück. Und die richtigen Freunde.« Er gibt Pippig den roten Winkel der politischen Gefangenen: »Näh Dir das an, ich bin ab jetzt Dein Kapo und sorg dafür, dass Du genug zu essen bekommst.« Pippig hat in Höfel (Peter Schneider) einen väterlichen Kameraden und Beschützer gefunden. Erst in einer späteren Szene werden wir erfahren, dass Höfel auch der militärische Ausbilder für den illegalen Lagerwiderstand ist: eine gut getarnte Schlüsselfigur der überwiegend kommunistischen Widerstandskämpfer aus ganz Europa, die unter Führung der deutschen Kommunisten mit langjähriger Lagererfahrung den bewaffneten Aufstand gegen die SS vorbereiten.

Beliebige Authentifizierung und mimetischer Realismus

Nach gut elf Minuten ist der Prolog beendet, mit einem jener einfallslosen bombastischen Soundeffekte wird die Szene vom verzweifelten Pippig in ein Schwarzbild verwischt. Ein Insert führt in die Zeit der Haupthandlung: »Zwei Jahre später. Frühjahr 1945«, dazu schwarz-weißes Dokumentarfilmmaterial, das zeigt, wie Amerikaner Wehrmachtssoldaten gefangen nehmen.
Große Episoden des Films beginnen stets mit historischen Filmfragmenten, die kurze Inserts zur Kriegslage illustrieren. Regisseur Kadelbach hat dazu Filmmaterial des amerikanischen Signal Corps aus den letzten Kriegswochen verwandt und nachträglich Gefechtslärm auf die stummen Bilder gelegt. Außerdem nutzt er ikonisch gewordene Aufnahmen aus anderen befreiten Lagern, das Innen-Tor in Auschwitz etwa mit dem Schriftzug »Arbeit macht frei« oder Nahaufnahmen von übereinander liegenden Leichen. Solche Einschübe historischer Dokumentaraufnahmen fungieren keineswegs nur als zurückhaltende Hinweise darauf, dass dieser Spielfilm »nach Motiven des Romans

Nackt unter Wölfen« einen historischen Hintergrund hat. Gerade weil ja der Roman seit 1958 immer schon wegen seiner angeblich dokumentarischen Qualitäten gepriesen und für »wahr« genommen wurde, unterstützen solche wiederholten Einschübe die Illusion einer »authentisch« und »wahrhaftig« nacherzählten Geschichte. Die Dokumente in Schwarz-Weiß authentifizieren gewissermaßen die Fiktion als stimmig. Sie engen zugleich ein, was gerade Leistung der Fiktion hätte sein können: mit der Ungebundenheit des Erzählens eine freie Interpretation zu wagen, etwas zu erklären und zu deuten, das den Quellen kein Vetorecht einräumen muss, eben weil es ein Roman bzw. Spielfilm ist!

Die ARD-Neuverfilmung *Nackt unter Wölfen* tut dagegen mitunter so, als könnte sie historische Wirklichkeit beweisen und Authentizitätsversprechen massenkompatibel einlösen. Einer reflektierten Rekonstruktion im Spielfilm ist jedoch nur sehr bedingt dadurch gedient, dass Dreharbeiten am Originalschauplatz stattfinden, das Casting viele abgemagerte Laienschauspieler vor die Kamera bringt, die Maske drastische Spuren von Folter auf Schauspielergesichtern zu imitieren bemüht ist und das Filmteam sich für etliche Detailfragen bei Experten rückversichert. Alle diese um mimetischen Realismus bemühten Elemente unterstützen die Vorstellung, dieser Spielfilm komme dem historischen Geschehen nahe, wir dürften ihm glauben, lernten etwas über Geschichte. Aber was lässt sich in Folterkellern historisch begreifen?

Zwar hatten die Filmemacher im Vorfeld der TV-Ausstrahlung immer wieder beteuert, dass die neue Verfilmung schließlich nur eine Annäherung an die historische Realität sein könne. Hofmann zeigte sich bei dem Preview demonstrativ genervt über die »ikonenhaften Schwarz-Weiß-Bilder von der Vernichtung der Juden«, die als »Bildschleifen [...] stundenlang bei n-tv und N24 laufen. Diese Bildmotive werden überhaupt nicht mehr hinterfragt«, beklagte er. Doch sein Team macht es nicht anders, wenn der Film zur Erwähnung von Himmlers Befehl »zur Räumung aller frontnahen Konzentrationslager« die Aufnahmen von Himmler beim Besuch von Kriegsgefangenenlagern für Soldaten der Roten Armee aus dem Jahr 1941/42 zeigt. Diese deutschen Propagandaaufnahmen sind seit Jahrzehnten der Bild-Joker, wenn Himmler vor Stacheldraht und mit Bezug auf KZs gezeigt werden soll. Die historischen Berater, die sich auch hier wieder fanden,[36] haben dem fertigen Werk trotzdem das Gütesiegel »authentisch« für die multimediale Bewerbung verliehen, das geschichtskulturell derzeit wohl wichtigste Kriterium, das Fragen nach historischer Triftigkeit, historischer Gerechtigkeit und historischer Wahrheit längst hinter sich gelassen hat.

Die Stärken des Beiläufigen und die Gefahren der Gegenbilder

Historisch angemessene Differenzierungen unternimmt der Fernsehfilm am ehesten auf der Ebene der dargestellten sozialen Welt der Gefangenen – hier ist er meist auch filmästhetisch überzeugend. Anders als die homogene Leidensgemeinschaft bei Apitz wird die Ordnung des Buchenwalder Hauptlagers im Film in ihren oft mitleidlosen Machthierarchien und sozialen Konkurrenzen erkennbar, die sich manchmal auch quer zur rassistischen Kennzeichnungs-Hierarchie der SS stellen konnte. Auch das Leben im »Kleinen Lager« mit seinen Pferdestallbaracken und Zelten hat Kadelbach mit großem szenografischen Aufwand inszeniert, unterstützt von vielen tschechischen Statisten. Für wenige Sekunden gibt der Film im Hintergrund der Haupthandlung eine verstörende Situation der Selbstjustiz unter Gefangenen zu sehen: Ein Mann wird wegen Diebstahls in einer Latrine ertränkt – routiniert geduldet von den Männern, die den geheimen Widerstand organisieren. Erzählt wird zudem vom Schachern der Gefangenen mit Allem, was auch in dieser extremen Welt Bedürfnis und Angebot sein konnte: »Was willst du? Zigaretten, Wodka, süße Junge?«, spricht ein Häftling mit russischem Akzent einen der Politischen an, der sich zu einem Geheimtreffen auf der Latrine verabredet hat. Ein anderer Häftling bietet einen kurzen Blick in eine Spiegelscherbe im Tausch gegen Lebensmittel an, ein Tauschhandel, wie ihn etwa Robert Antelme in *Das Menschengeschlecht* (1947) literarisch fixiert hat.[37]

In einer schnell geschnittenen Episode wird die willkürliche Rettung einzelner Auserwählter durch die »roten Kapos« in ihrer ganzen Ambivalenz kenntlich gemacht. Der väterliche Begleiter, der den Waisenjungen aus Warschau heimlich im Koffer ins KZ Buchenwald gebracht hatte, soll samt dem Kind wieder aus dem Lager geschleust werden, denn das Verstecken des Dreijährigen könnte die Aufmerksamkeit der SS auf Höfel lenken, der den militärischen Lagerwiderstand ausbildet. Funktionshäftlinge haben für die Aktion nur die Namen auf einer Deportationsliste geändert, so dass der formale Sollstärke-Befehl der SS weiterhin erfüllt bleibt. Die Marschkolonne in den wahrscheinlichen Tod in Bergen-Belsen ist bereits angetreten. Als Filmbetrachter sehen wir, wie der ausgewählte Häftling selbst kaum begreift, was ihm widerfährt, als der Fingerzeig eines Kapos auf ihn deutet. Aus der Perspektive des neben ihm Stehenden sehen wir, wie der Auserwählte die Marschkolonne verlässt. Der polnische Jude wird grob in die entstandene Lücke geschoben und gerät in Panik, denn die Kapos hatten ihm doch seinen Koffer mit dem Kind versprochen. Der rasche Wechsel zwischen den teils subjektiven Kameraeinstellungen, Blickachsen und Erlebnisperspektiven erschweren dem Betrachter jedes vorschnelle moralische Urteil, erlauben keine einfache Identifikation. Schließlich wird dem Mann von Pippig der Koffer übergeben. Dass sich das Kind gar nicht in dem Koffer befindet, weil sich Pippig dem Befehl der kommunistischen Kapos eigenmächtig widersetzt hat und es weiter versteckt hält, erzählt der Film kurz darauf. Als der polnische Jude den Betrug bemerkt, bleibt er fassungslos in der marschierenden Kolonne stehen, sein Überlebensmotiv ist ihm genommen worden, ein SS-Mann erschießt ihn.

Auch weil es sich hier zum Teil nur um kleine, scheinbar beiläufig ins Bild gesetzte Szenen handelt, entfalten sie Kraft und bleiben im Gedächtnis – anders als etliche der drastisch inszenierten Folterszenen. Geradezu absurd wird es, wenn der SS-Folterer des Bunkers versucht, kurz vor seiner Flucht den ihm noch entkommenen Höfel und den Bunker-Kalfaktor zu ermorden. Um in ihr Versteck vorzudringen, schlägt er mit einer Axt eine Holztür ein, die Kamera erfasst sein hasserfülltes Gesicht von der Seite: eine recht ähnliche Einstellung hat Jack Nicholson in Stanley Kubricks *Shining* berühmt gemacht. Will die Regie damit andeuten, dass SS-Mörder Psychopathen waren? Historisch war das wohl eher selten der Fall; als populäre Deutung erlaubt die Unterstellung, sich Täter als Fremde und ganz Andere vom Leib zu halten.

Mir scheint, Kadelbach und sein Team haben oft Gegenbilder zum DEFA-Film schaffen wollen. Wo Frank Beyer die Stunde der Befreiung noch mit über tausend Komparsen als einen Jubel-Sturm auf das Lagertor und somit als Selbstbefreiung inszenierte und dafür das Kind in den Armen der Kommunisten durch den engen »Geburtskanal der Lagerwelt« in die Freiheit einer besseren Welt beförderte, inszeniert Kadelbach 2015 das genaue Gegenteil: träge Lethargie von wankenden Gestalten und ein Nichtbegreifen der Befreiung, so wie es vor allem für die vielen zu Tode Erschöpften aus dem Kleinen Lager überliefert ist.

Die TV-Filmbilder von den fotografisch nicht dokumentierten Stunden der Befreiung scheinen bis in die Farbgestaltung hinein von Farbdia-Aufnahmen inspiriert zu sein, die alliierte Auftragsfotografen erst eine Woche nach der Befreiung angefertigt haben: Befreite laufen hier ungeordnet auf dem Lagergelände umher.[38] Erneut benutzt die Regie Dokumente ohne Rücksicht auf historische Kontexte als vermeintlich authentifizierende Vorlage für Spielfilmbilder. Die am 11. April wieder erlangte Freiheit führte demnach zu fast gar keinem Ausbruch von Freude, auch das Hissen einer weißen Fahne durch einige Häftlinge wird von den Umherstehenden wie eine surreale Szene lautlos bestaunt. Das historisch vielfach beglaubigte Bild von der Apathie im Kleinen Lager wird offenbar auf das Hauptlager hochgerechnet und verallgemeinert. Als Deutung interessanter ist die gespielte bittere Freudlosigkeit insbesondere des Lagerältesten: Sie soll wohl das schlechte Gewissen von schuldhaft Verstrickten signalisieren, denn die Lager-SS hatte deren Rettungsmacht nicht bedingungslos gewährt.

Das Vorrücken der US Army wird zwar in den dokumentarischen Einsprengseln angedeutet und erhöht die Spannung, aber auf eine Begrüßung der ersten Amerikaner als Befreier hat das Drehbuch verzichtet. Es betont stattdessen und historisch richtig, dass die SS das Lager bereits verlassen hatte, als die Amerikaner eintrafen, dass bewaffnete KZ-Insassen einige der flüchtenden SS-Leute selbst in Haft nehmen konnten und Lynchjustiz weitgehend verhindert wurde. Die GIs lässt der Film als naiv-fahrlässige Befreier erscheinen. In einem Jeep begegnen sie auf einem Waldweg einem als Häftling verkleideten SS-Untersturmführer. Er verstellt sich geschickt, die GIs raten ihm, dass er sich vor den vielen SS-Männern in Acht nehmen solle, der Krieg sei noch nicht aus. Der SS-Mann, der im Film als perfider Gegenspieler der »Lagerväter« etabliert wurde, entkommt straflos.

Andere Bildfolgen dagegen wirken wiederum wie eine übersetzende Geste des Respekts gegenüber dem DEFA-Film: Während Beyer den Schrei Höfels unter Folter verknüpfte mit dem vergnügten Schrei des versteckten Kindes, verbindet Kadelbach den unter Folterschmerzen in Ohnmacht fallenden Höfel mit einem Bild vom schlafenden Kind.

Der Vergleich noch weiterer Details in den beiden Filmen könnte also durchaus erhellend sein. Doch für die Gesamtaussage der Neuverfilmung sind die Transformationen in den Motiven der Hauptakteure am wichtigsten. Aus den überzeugten Kommunisten bei der DEFA werden bei der ARD nur noch allgemein »Politische«. Die Motive für die Rettung des Kindes werden ins Unpolitische verschoben: Sehnsucht nach (der eigenen) Familie, Vaterliebe sowie Schutzgefühle für Kinder und Neuankömmlinge im Lager. So wird das vermeintlich nur Ideologische aus der Roman-Vorlage gestrichen, übrig bleiben unergründliche Vaterinstinkte und eine Universalisierung des Guten im Menschen, die wie das dargestellte Böse keine nachvollziehbaren Vorgeschichten erhalten.

Etliche Figuren sind im TV-Film gegenüber der Romanfassung markant verändert. Den älteren Häftling Rose zum Beispiel schildert Apitz schon früh als wankelmütig, er ist politisch »nicht gefestigt« und will dann in den letzten Tagen nicht noch den Märtyrertod sterben, weshalb er unter Folter Verrat begeht und das Versteck des Kindes preisgibt. Kolditz dreht am »Härtegrad«, wie es die ARD-Offiziellen beim Preview nicht ohne Stolz formulierten. Rose verrät nun nichts mehr, sondern erdrosselt auf Geheiß der SS seinen polnischen Kameraden Kropinski, um den Folterern damit zu beweisen, dass er vom Versteck des Kindes tatsächlich keine Kenntnis hat. Man mag angesichts blutiger Gewalt und kaltblütiger Erniedrigung berührt oder empört sein, aber man lernt so oder so wenig Überraschendes: Die SS war brutal und zynisch und benutzte perfide Methoden. Dass der geschundene Mensch, der überleben will, zum Verrat und sogar zum Mord an Kameraden fähig wird, hatte die DEFA mit weitaus weniger Theaterblut zu vermitteln gewusst und damit bis heute starke Bilder geschaffen. Der erkennbar große Aufwand für die Maske fördert eher die Aufmerksamkeit für die handwerkliche Herstellung der Schockeffekte denn die Chancen für ein historisches Verstehen des SS-Terrors.

Dem Fernsehfilm gelingen aber immer wieder auch überzeugende Bilder und Montagen. Der dargestellte Mordexzess eines SS-Mannes thematisiert nicht allein die Willkür, mit der Menschen noch in den Schlusstagen des Krieges umgebracht wurden. Die Szene lässt auch die Verzweiflung und Angst des jungen deutschen Täters vor dem absehbaren Zusammenbruch seiner Wertewelt erkennen. Mit einem Hammer zerschlägt der SS-Mann einem KZ-Zwangsarbeiter vor den entsetzten Blicken von dessen Kameraden die Augenpartie, als Antwort auf sein »Glotzen«: Er hatte kurz zu einer jungen deutschen Frau aufgesehen, die auf einem Pferd teilnahmslos am Arbeitskom-

Abb. 5 und 6: Authentifizierung per Einstellung: Mordszenen, von »Zeugen« beobachtet.

mando vorbeigeritten war. Der Mord wird von einer Anwohnerin schweigend am Fenster beobachtet; sie sieht auch, wie der SS-Mann anschließend den zweiten Mann erschießt. Mit der Kameraeinstellung über die Schulter der schemenhaften »Nachbarin« wird jenes Zeugenwissen ins Bild gesetzt, das nach dem Mai 1945 oft genug geleugnet wurde: Zwangsarbeit und Morde an KZ-Häftlingen fanden »mitten im deutschen Volke« statt. (Abb. 5 und 6)

Showdown: Ein Vater opfert sich

Am Ende von Roman und TV-Film werden Pippig und »sein« Kind von Kameraden in einem Kanalschacht versteckt. Als das Essen ausbleibt, muss Pippig das Versteck verlassen und bekommt bald seinen letzten großen Auftritt: ein ungleicher Showdown zwischen einem SS-Wachmann und dem Häftling, der zum Märtyrer wird.

Pippig hat in väterlicher Fürsorge für das hungrige Kind etwas zu essen besorgt, doch als er wieder kommt, ist Stefan, wie er das Kind nennt, nicht mehr am sichtgeschützten Platz. Er entdeckt den Jungen im Lichtkegel der Lagertorwache; er steht einem großen, lauernden Wachhund gegenüber. Erschrocken, erschöpft und entschlossen zugleich schleppt sich Pippig auf den leeren Appellplatz: »Hier. Ich bin hier!«, ruft er in die nächtliche Finsternis den Wachen zu. »Ihr habt uns alles weggenommen. Aber nicht das, was wir sind. Wir existieren noch!« Die Scheinwerfer schwenken auf Pippig, das Kind bleibt im Dunkeln zurück. Pippig, geblendet von grellem Licht, schreit mit Wut der SS entgegen: »Irgendwann wird hier Gras wachsen und die Ruinen überwuchern. Irgendwann wird man das hier vergessen haben.« Aus seinem ausgestreckten Arm, der das blendende Licht abwehrt, wird ein anklagend ausgestreckter Arm, der Finger zeigt drohend in Richtung der Wachen: »Aber euch, euch wird man nie vergessen!« Der Wachmann lädt seine Waffe durch. »Die Schande der Menschheit!« (Abb. 7 und 8)

Nach diesem »Nie vergessen«, das hier deutsche (anonyme) Täter meint und einmal nicht auf die Opfer gemünzt ist, fragt sich das Fernsehpublikum vielleicht schon, wann wohl der Schuss fällt, um der Anklage noch mehr Gewicht und Tragik zu verleihen. Doch zu-

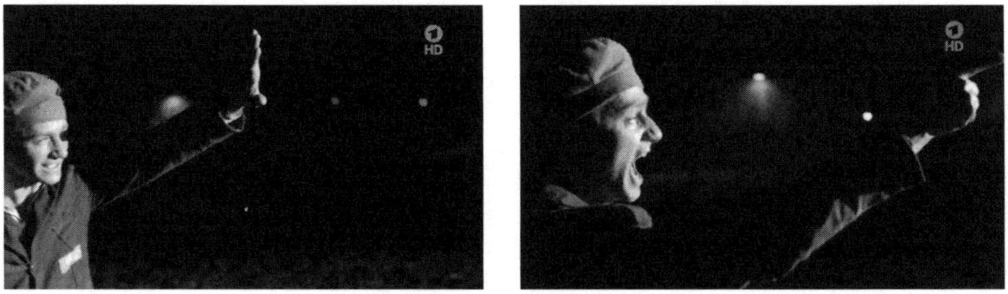

Abb. 7 und 8: Pippigs ungleicher Showdown mit der SS: »Euch wird man nie vergessen!«

nächst folgt ein Schnitt. Die neue Einstellung gibt von hinten zu sehen, wie ein Häftling die Szene durch ein Barackenfenster beobachtet. Dieser Augenzeuge wird also später von dieser Szene erzählen können. (Abb. 9 und 10) »Wenn nur einer von uns überlebt – dass er erzählen kann«, hatte der Lagerälteste sechs Filmminuten vorher angesichts der drohenden Zwangsräumung des Lagers in die Runde seiner Kameraden gesagt. Einmal mehr inszeniert dieser Fernsehfilm Fiktion als bezeugtes historisches Geschehen.

Noch einmal schöpft Pippig Kraft: »Und wenn wir alle sterben, der Junge wird ...« – ins letzte Wort peitscht der Schuss und trifft die Brust des jungen Mannes. Das spritzende Blut leuchtet kurz rot auf und lässt darum kontraproduktiv auch an Kennedys Ermordung in dem berühmten Zapruder-Film denken. Pippig liegt bewegungslos am Boden. Die SS löscht nach getaner Arbeit den Scheinwerfer, Dunkelheit fällt wieder über den weiten Appellplatz – und über das Kind, das gerade ein weiteres Mal gerettet und ebenfalls Zeuge von seines Lagervaters stellvertretender Anklage wurde.

Abb. 9 und 10: Der Mann am Fenster: Was garantiert Augenzeugenschaft?

Absichten des Produzenten

»Wegen dieser Szene habe ich den Film gemacht«, sagt Produzent Nico Hofmann in einem (autorisierten) Interview. »Es geht mir um emotionale Erkenntnis, dass wir das alles zugelassen haben.«[39] Wer immer »wir« hier ist, von Hofmanns Generation (Jg. 1959) wird man für ihre Mütter und ihre Väter heute keine Rechenschaft verlangen können. Wenn das »wir« einfach nur für »wir Deutsche« stehen soll, wird der Satz nicht stimmiger. Das »das« vermeidet wie so oft beim Erinnerungsgerede eine konkrete Benennung der deutschen Verbrechen; das passive »zugelassen« verkleinert den Willen der Täter und ihrer Komplizen zur Tat.

Im gleichen werbewirksamen Interview behauptet Hofmann, dass dieser Film »sich in einen ganz neuen Bereich der Erinnerungskultur vor[wagt], die Wahrnehmung von *Nackt unter Wölfen* mag schmerzhaft sein, auch kontrovers und irritierend, aber der Film setzt eine große innere Trauer frei. Diese Chance, sich mit dem Unfassbaren, was damals geschehen ist, auseinanderzusetzen, hat für mich persönlich eine enorme Wichtigkeit, und ich wünsche mir diese Fähigkeit zu trauern für mich und unsere Zuschauer.« Ein Filmproduzent lebt davon, dass er etwas anschaulich, vorstellbar und für Zuschauer besser »fassbar« macht. Hofmann aber greift dennoch zur so oft bemühten Floskel des »Unfassbaren«. Zudem hat ihm keiner gesagt, dass Mitscherlichs Diagnose einer »Unfähigkeit zu trauern« auf diejenigen gemünzt war, die Hitler als ihren »Führer« verehrt und geliebt oder ihm gar bereitwillig entgegengearbeitet hatten, sich aber ihre Liebe nach 1945 mehrheitlich nicht mehr eingestanden und daher zum Trauern nicht fähig waren. Diese Trauer aber dürfte heute kaum mehr die Herausforderung sein. Vielmehr ist Trauer und Empathie heute erst recht an historisches Wissen zu knüpfen. Das ist am besten zu gewinnen, wenn man sich kritisch an historischen Überlieferungen abarbeitet, sich als Spielfilm-Produzent dann aber auch konsequent für die Fiktion entscheidet.

Genau das aber vermeidet dieser Film, weil er es irgendwie allen recht machen will: das Prime-Time-Publikum soll emotional befriedigt werden, die internationalen Fernsehkanäle werden quoten- und marktstrategisch mit universalen Botschaften bedient, historischen Beratern wird Mitspracherecht eingeräumt (was auch öffentliche Legitimation verschafft), und die reale Geschichte von Stefan Jerzy Zweigs Rettung bleibt zugunsten der Fiktion von Apitz ausgespart. Insgesamt wird dann aber doch auch viel historische Ungerechtigkeit reproduziert, denn in den Hauptfiguren erzählt die Neuverfilmung von deutschen Märtyrern und überlebenden Juden – darin ähnelt sie dem ZDF-Dreiteiler *Unsere Mütter, unsere Väter*.[40]

Deutsche Märtyrer, gerettete Juden – und ein Protest der Roma und Sinti

Für das Finale kommt der angeschossene Pippig noch einmal zu sich, das gerettete Kind berührt die Hand des Sterbenden in der ersten Stunde nach der Befreiung, er kann die Gefangennahme von SS-Leuten noch wahrnehmen, pünktlich durchbricht die Sonne den Filmwolkenhimmel, dazu eine getragene Melodie von Klavier und Streichern. Freude und Leid, Tod und Zukunft verschränken sich. Der von Folter schwer zugerichtete Kapo Höfel kann seinen Schützling Pippig nicht mehr retten, Pippig schickt Höfel mit dem Kind weg – es soll nicht den letzten Atemzug seines »Lagervaters« mitansehen müssen.[41] (Abb. 11–14) Pippig hat sich aufgeopfert für den kleinen Stefan aus Warschau, er stirbt verzweifelt – sein Filmtod wird mit Sinn aufgeladen. Der deutsche Zimmermann hat ein Leben gerettet, ein jüdisches Kind, ein polnisches Kind. Versöhnlicher könnte nach *Unsere Mütter, unsere Väter* ein trauriges Filmende kaum sein. Ein deutscher Märtyrer und ein geretteter Jude Hand in Hand: eine deutsch-jüdische Beziehungsgeschichte wie im Märchen.

Der Zentralrat Deutscher Sinti und Roma hat nach der Ausstrahlung des Films protestiert. Er verlangt von der ARD historische Aufklärung: dass bei erneuter Ausstrahlung darauf hingewiesen wird, dass anstelle von Stefan Jerzy Zweig der Sinto Willy Blum auf die Deportationsliste kam.[42] Wenn ein Spielfilm wie *Nackt unter Wölfen* den Stoff eines historischen Romans überwiegend im Indikativ vergegenwärtigt, sind Fragen nach historischer Angemessenheit von Plot und Darstellung legitim. In der Tat verschweigt die Verfilmung erneut die historische Rettungsgeschichte, die auch vom Massenmord an jugendlichen Roma und Sinti berichten müsste.

Was wissen wir heute über die historische Situation?[43] Stefan Jerzy Zweig, der Überlebende, der von Apitz und der SED-Propaganda ab 1964 als Vorbild für das gerettete Kind im Roman etabliert wurde, gehörte Ende August 1944 zu jenen zwölf Jugendlichen und Kindern, die von einer Deportationsliste mit insgesamt 199 Roma und Sinti und ihm (als einzigem Juden) für einen Zug nach Auschwitz gestrichen wurden. Unbekannte Helfer um den Kommunisten Willi Bleicher, den späteren sozialdemokratischen Gewerkschafter der IG Metall, hatten Zweig und elf weitere mit einer konzertierten Aktion zu retten versucht. Der 3-jährige Stefan Jerzy Zweig und andere wurden mit Hilfe eines SS-Arztes krank gemeldet

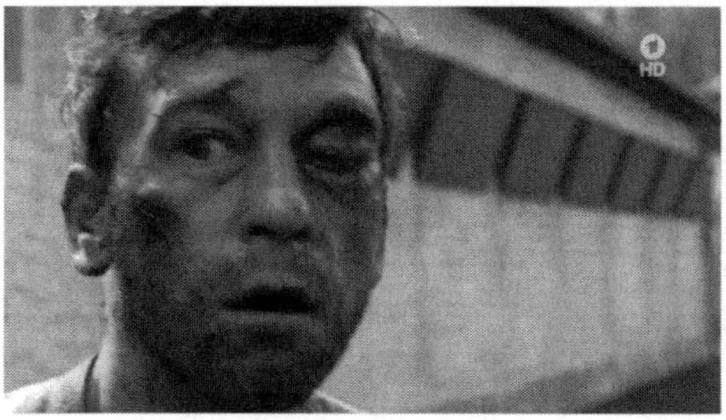

Abb. 11 und 12: Der gefolterte Höfel erlebt die Befreiung: Bilder von Bitterkeit und Lethargie.

Abb. 13: Letzte Berührung mit subjektiver Kamera: Pippig wird vom »Buchenwald-Kind« geweckt.

und als »transportunfähig« von der Deportationsliste gestrichen.

Das alles wussten auch die Filmemacher, begriffen diese Erkenntnisse jedoch nicht als Chance für historische Aufklärung. Es sei dramaturgisch undenkbar gewesen, diesem Film »nach Motiven des Romans« ein anderes Ende zu geben.[44] Umso bemerkenswerter ist, dass Kolditz ein neues Figurenpaar erfunden hat, eine weitere Vater-Sohn-Geschichte, die prototypisch von den Gefangenen erzählt, die nicht zu den Privilegierten des Lagers gehören. Nicht ein SS-Mann, sondern ein »roter Kapo« zwingt diesen erschöpften Vater ohne erkennbaren Grund, einen schweren Stein zu schleppen. Der Mann verletzt sich dabei schwer und liegt bald darauf mit Wundbrand im Delirium. Sein verzweifelter Sohn erlebt, wie die einflussreichen Funktionshäftlinge das jüdische Kleinkind Stefan zu retten versuchen, seinem todkranken Vater aber keine Hilfe gewähren. Um für den geliebten Vater Medikamente zu bekommen, verrät der Sohn das Versteck des fremden Kindes an die SS. Als die es dennoch nicht finden kann, wird der Junge erschossen.

Vater und Sohn tragen im Film beide einen schwarzen Winkel, im KZ die Kennzeichnung für »Asoziale«, aber auch »Zigeuner«. Historisch legt das in dieser Vater-Sohn-Konstellation eine Roma-Familie nahe. Oder haben sich die bei den Kostümen um höchste Akribie bemühten Filmemacher in diesem Fall bei der Farbgebung nichts gedacht und wollten nur die Vielfalt der Charaktere unter den Politischen und deren begrenzte Rettungsmacht visualisieren?

Doch noch einmal zurück zur Forderung des Zentralrats Deutscher Sinti und Roma, der darauf beharrt, dass Zweig gegen Blum ausgetauscht worden sei. Auch diese Vorstellung eines direkten Austauschs zwischen Angehörigen zweier verschiedener Opfergruppen kann in Frage gestellt werden. Willy Blum war einer von zwölfen, die anstelle von zwölf anderen Jungen nach Auschwitz deportiert wurden. Wer genau für wen ersetzt wurde, lässt sich streng genommen gar nicht mehr feststellen. Nach Einsicht in

Abb. 14: Pippig als Märtyrer-Zeuge: KZ-Insassen nehmen einzelne SS-Wachen gefangen.

inzwischen zugängliche Unterlagen im Internationalen Suchdienst Bad Arolsen hat allein die Logik der Zahlen vor den Namen auf *einer* der alphabetischen Listen Blum und Zweig mit einander in Beziehung gebracht. Wählt man eine andere überlieferte Liste, müsste man von einer anderen Ersatzvariante erzählen. Von einem eindeutigen Tausch einer Person gegen eine andere zu sprechen, schiene mir in diesem Fall nur dann legitim, wenn man sich dem Zufall einer Listenzahl unterwirft und daraus subjektive Tauschwahl ableitet – also eine Geschichte bevorzugt, die dem verbreiteten Bedürfnis entgegenkommt, verstörendes historisches Geschehen im Modus tragischer individueller Schicksale verstehen zu wollen. Ein Dokument des Lagerarztes macht es wahrscheinlich, dass Willy Blum und Walter Bamberger, ein weiterer Sinto, erst auf die letztgültige Transportliste vom 25. September 1944 gesetzt wurden, nachdem sie sich selbst dafür gemeldet hatten: um bei ihren Brüdern zu bleiben.

Solche Geschichten sind auch deshalb so schrecklich, weil sie die absolute Tötungsmacht der SS und die strukturell begrenzte Rettungsmacht der Funktionshäftlinge in ihrer ganzen Trostlosigkeit vor Augen führen. Die SS war bei ihrer rassistischen Verfolgung an Individuen nicht interessiert. Sie machte aus Menschen Dinge, ihr Massenmord zielte auf Rasse, ein Menschenbild, das Individualität programmatisch ignoriert. Allein diejenigen Menschen, die zu retten versuchten, klammerten sich bei ihrer Entscheidung, wen sie retteten – zur Wahl gezwungen – an individuelle Eigenschaften. Wenn nicht politische Überzeugung und Klassenerhalt die Auswahlkriterien sein sollten oder konnten, versuchten sie denjenigen zu helfen, die ihnen irgendwie imponierten oder deren Schicksal sie besonders berührte, sei es, dass sie ungewöhnlich jung waren, markant aussahen, auffällig klug, groß oder klein waren, mutig oder witzig oder man sich Anekdoten über sie erzählte. Der blonde Stefan Jerzy Zweig war bis zum Winter 1944 als 3-Jähriger der mit Abstand jüngste Gefangene Buchenwalds gewesen. Und auch einige der jungen Roma und Sinti gehörten zu den Gefangenen, denen das seltene Glück eines organisierten Rettungsversuchs der »Politischen« widerfuhr und die auch danach noch mehrfach Todesgefahren im Lager überstanden.

Ein Preview in Berlin

Beim Preview im Berliner »Delphi« – großes Uraufführungs-Kino für einen Fernsehfilm – wurde im März 2015 das pädagogische und geschichtspolitische Programm für diesen Film durchkonjugiert. Schon als sich die vielen, die auf Einladung gekommen waren, ins Kino drängten, war der niedliche Kind-Darsteller zu entdecken. Er wurde fürs journalistische Fotoshooting auf die Arme genommen. Das Motiv »Lagervater mit Kind auf dem Arm« hat bereits in den 1960er Jahren in der DDR als Botschaft recht gut funktioniert: ein Symbol für den Sieg der Menschlichkeit und Solidarität über die faschistische Bedrohung. Das neue »Buchenwaldkind« der ARD strahlte noch etwas unsicher in die Kameras, und Pippig-Darsteller Florian Stetter, der am Filmende den Märtyrertod gestorben war, wusste offenbar auch nicht so recht, ob er weiterhin ernst- und sorgenvoll blicken müsse, wie es seine Rolle als »Lagervater« von ihm verlangt hatte. (Abb. 15)

»Läuterung durch Erschütterung« sei das große Ziel dieses Films, verkündete ARD-Moderator Thomas Roth vor dem Screening. Er bereitete das Publikum auf den »hohen Härtegrad« des Films vor. Auf der Leinwand hinter ihm das ikonische Filmstill: die Hand eines Kindes berührt eine Männerhand (Abb. 13).

»Als ich vor zwei Wochen im KZ Buchenwald war«, hob der Medienprofi mit weihevoller Stimme an und meinte die Gedenkstätte Buchenwald. Heute falle es ohne historisches Wissen nicht leicht, sich an diesem Ort das »Damals« vorzustellen. In dieser Diskrepanz liege die pädagogische Herausforderung; der neue Film sei eine starke, erschütternde Antwort. Zwar sei Buchenwald »kein Vernichtungslager«, sondern ein Ort »der kleinen Zahlen des Terrors« gewesen. Doch gebe es heute keine deutsche Identität ohne Buchenwald. Bundespräsidialer hätte der Filmabend nicht beginnen können. Dass dann nach einer An-

Abb. 15: Vaterliebe als Motiv: Die Darsteller beim Berliner Preview im März 2015. Foto: Axel Doßmann

sprache des ARD-Programmchefs Volker Herres noch der 74-jährige Stefan Jerzy Zweig als »eines der Buchenwald-Kinder« auf die Bühne des Kinos geholt wurde, macht die Beteuerungen zur fiktional-künstlerischen Absicht dieser Degeto-Produktion nicht glaubwürdiger.

Der Film, der folgte, lief dann ja auf Selbstberuhigung hinaus, machte es überwiegend leicht, sich wie im Abenteuerfilm imaginativ auf die Seite der Guten zu schlagen. Vor allem Vatergefühle dominieren das Politisch-Utopische aus der Romanvorlage *und* der Geschichte des Lagers. Das Böse wird als »bestialisch« vom menschlich Verstehbaren abgespalten, während wir uns am Guten des Menschen, Tragik eingeschlossen, erbauen dürfen. Wie deutsche Männer zu SS-Verbrechern wurden und vor allem, warum die Mehrheit der restlichen Deutschen nicht zur Selbstbefreiung vom Nationalsozialismus bereit und in der Lage war, wird mit diesem Film nicht nachvollziehbar. Das hat gewiss auch die Wahl des Stoffes verhindert. Ein Film über die letzten vierzehn Tage eines Konzentrationslagers schränkt sich ähnlich ein wie ein Film über die letzten Tage im Führerbunker. Ein Filmbetrachter notierte auf *YouTube*: »Der Film hat mich sehr tief berührt… Er spiegelt die Wahrheit sowas von realitätsnah wieder [sic]… Am Ende des Filmes saß ich noch ca. 5 Minuten regungslos da und ließ mir noch mal alles aus dem Film durch den Kopf gehen. Dabei… kamen mir die Tränen…«[45]

Ist das die Trauer der Jugend, auf die Nico Hofmann hofft? Weltschmerz über Vergangenes und die Verwechslung von Ufa-Fiktion mit historischer Realität führt jedenfalls nicht zum Begreifen von Verbrechensgeschichte. Wenn indes nur Erschütterung das Ziel war, hat Hofmanns Bauchgefühl wieder einmal Recht behalten. Der öffentlich-rechtliche Bildungsauftrag wurde mit dieser Produktion allerdings weitgehend verfehlt. Mythen wie *Nackt unter Wölfen* lassen sich nicht durch »Differenzierung« verbessern, Aufklärung braucht neue, empirisch triftige Gegenerzählungen.

Anmerkungen

* Wir danken der UFA FICTION GmbH und dem United States Holocaust Memorial Museum für Druck-Genehmigungen und Unterstützung.

1 Michael Kloft, Fernsehstar Hitler. Wie viel Wissenschaft verträgt Zeitgeschichte im Fernsehen?, in: Thomas Fischer/Rainer Wirtz (Hg.), Alles authentisch? Popularisierung der Geschichte im Fernsehen, Konstanz 2008, S. 87–98, hier S. 94. Klofts eigener Coup war es, mit Farb- und Amateurfilmmaterial neue Perspektiven auf die NS-Zeit anzubieten. Mittlerweile färben nun auch viele andere TV-Produzenten schwarz-weiß überlieferte Dokumente ein und erhalten dafür Beifall für besondere Realitätshaltigkeit und Authentizität.

2 Nach: http://meedia.de/2015/04/02/grosses-interesse-fuer-nackt-unter-woelfen-kleineres-fuer-das-grosse-schluepfen/ (30.11.2015) Die von der Nürnberger Gesellschaft für Konsumforschung vorgenommene repräsentative Erhebung erfasst übrigens noch keine Live-Stream-Nutzung und berücksichtigt auch keine späteren Mediathek- und Podcast-Sichtungen.

3 Vorbild für Frank Beyers Inszenierung war eine Szene aus Konrad Wolfs filmischer KZ-Fiktion *Leute mit Flügeln* (DEFA 1960), in der Schauspieler Manfred Krug als amerikanischer Kriegsgefangener Dave mit einem deutschen Maschinengewehr (auch »Hitler-Sense« genannt) die Faschisten vom Wachturm schießt. Filmset des fiktiven KZs war unverkennbar die 1958 eröffnete »Mahn- und Gedenkstätte« Buchenwald.

4 Der Film ist noch vor der ARD-Premiere an französische und skandinavische Sender verkauft worden, bis Herbst 2015 folgten Polen, Litauen, weitere Sender in Westeuropa, Südkorea, der Türkei sowie Netflix. Nach: https:// www.globalscreen.de/news/index?id=472 (16.8.2016)

5 Süddeutsche Zeitung Magazin vom 27.3.2015 (Nr. 13/2015), S. 4f.

6 Ruth Klüger, weiter leben. Eine Jugend, München 1997, S. 75.

7 Karin Hartewig, Wolf unter Wölfen? Die prekäre Macht der kommunistischen Kapos im Konzentrationslager Buchenwald, in: Ulrich Herbert/ Karin Orth (Hg.), Konzentrationslager, Bd. II, Göttingen 1998, S. 939–958, hier S. 942.

8 Unter den Teppich kehren? Gespräch mit Nico Hofmann und Volkhard Knigge im *Chrismon*-Magazin vom Mai 2015: https:// chrismon.evangelisch.de/artikel/2015/unter-den-teppich-kehren-31075 (1.8.2016)

9 Der TV-Premiere dieses Produkts der Degeto Film GmbH, eines 100-prozentigen Tochterunternehmens der ARD, ging eine – bei solch aufwändigen (Zeit-)Geschichtsfilmen heute übliche – groß angelegte, multimediale Werbekampagne voraus.

10 Zum DEFA-Film siehe: Thomas Heimann, Bilder von Buchenwald. Die Visualisierung des Antifaschismus in der DDR (1945–1990), Köln/ Weimar/Wien 2005, bes. S. 71–104; Martina Thiele, *Nackt unter Wölfen* (DDR 1963), in: Dies., Publizistische Kontroversen über den Holocaust im Film, Münster u. a. 2001, S. 235–266; Anne Barnert, Die Antifaschismus-Thematik der DEFA. Eine Kultur- und filmhistorische Analyse, Marburg 2008, bes. S. 87–109.

11 Dazu Lutz Niethammer/Karin Hartewig (Hg.), Der ›gesäuberte‹ Antifaschismus. Die SED und die roten Kapos von Buchenwald, Berlin 1994.

12 Zitiert nach Susanne Hantke, »Das Dschungelgesetz, unter dem wir alle standen«. Der Erfolg von *Nackt unter Wölfen* und die unerzählten Geschichten der Buchenwalder Kommunisten, in: Bruno Apitz, Nackt unter Wölfen, erweiterte Neuauflage, hg. von Susanne Hantke und Angela Drescher, Berlin 2012, S. 515–574, hier S. 549.

13 Hantke, Dschungelgesetz, S. 549f.

14 Bruno Apitz, Nackt unter Wölfen, erweiterte Neuauflage, hg. von Susanne Hantke und Angela Drescher, Berlin 2012, S. 62.

15 Hantke, Dschungelgesetz, S. 549, S. 565.

16 Zur Roman-Rezeption und ihren Kontexten siehe auch Susanne zur Nieden, »... stärker als der Tod«. Bruno Apitz' Roman *Nackt unter Wölfen* und die Holocaustrezeption in der DDR, in: Manuel Koeppen/Klaus Scherpe (Hg.), Bilder des Holocaust. Literatur – Film – Bildende Kunst, Köln/Weimar/Wien 1997, S. 97–108 sowie Volkhard Knigge, Buchenwald, in: Martin Sabrow (Hg.), Erinnerungsorte der DDR, München 2009, S. 118–127.

17 Apitz, Nackt unter Wölfen, S. 92.

18 1944 deportierte die SS viele Jugendliche aus den Vernichtungszentren und Zwangsarbeitslagern im Osten nach Buchenwald, etwa 80 Prozent waren 20 Jahre und jünger, stammten aus der Sowjetunion und Polen, jede/r Dritte war jüdischer Herkunft, viele bereits Waisen. Besonders hoch war der Anteil Jugendlicher und Kinder in den neuen Außenlagern für Frauen. Etwa 1.600 Jugendliche und Kinder überlebten Buchenwald nicht: Sie starben an Entkräftung und Krankheiten oder wurden erschlagen oder erschossen. Die als »nicht arbeitsfähig« Eingestuften befahl die SS überwiegend zur Tötung nach Auschwitz. Etwa 900 Jugendliche und Kinder erlebten die Befreiung von Buchenwald am 11. April 1945. Siehe dazu Harry Stein, »Nackt unter Wölfen« – literarische Fiktion und Realität einer KZ-Gesellschaft, unter: https:// www.buchenwald.de/1143/ sowie ders., Kinder und Jugendliche im KZ Buchenwald, unter: https://www.buchenwald.de/400/ (18.8.2016).

19 Apitz, Nackt unter Wölfen, S. 28, 110, 131, 143, 62, 481.

20 Klüger verweist auch auf eine Alternative: eine zum Nachdenken anstiftende Wahrheitssuche durch Interpretation der überlieferten Dokumente mittels Einfühlung und historischer Imagination. Ruth Klüger, Kitsch, Kunst und Grauen. Die Hintertüren des Erinnerns. Darf man den Holocaust deuten?, in: Beilage der Frankfurter Allgemeinen Zeitung vom 2.12.1995, S. 4.

21 Es bleibt zweifelhaft, ob Apitz in der Zeit des Lagers mit Zweig überhaupt bekannt und vertraut war. Zum öffentlichen Umgang mit dem erwachsenen Stefan Jerzy Zweig, der die letzten Wochen des KZ Buchenwald vor allem dank des Vaters im Kleinen Lager überleben konnte, siehe die umfassende Studie von Bill Niven, Das Buchenwaldkind. Wahrheit, Fiktion und Propaganda, Bonn 2009, hier bes. S. 169ff.; ders., Der Umgang mit dem Jüdischen in der

DDR-Rezeption der Rettung Stefan Jerzy Zweigs, in: Micha Brumlik/Karol Sauerland (Hg.), Umdeuten, verschweigen, erinnern. Die späte Aufarbeitung des Holocaust in Osteuropa, Frankfurt a. M./New York 2010, S. 225–236.

22 Sonderdruck (3. Auflage) der *BZ am Abend* von Februar 1964 mit dem »großen Bericht über das Buchenwaldkind«, bes. S. 18–31, das hier zitierte Fazit der Zeitung S. 32.

23 Walter Barthel/Stefan Heimann (Hg.), Konzentrationslager Buchenwald, Bd I: Bericht des Internationalen Lagerkomitees, Weimar 1949, S. 53–55. Erst 1987 veröffentlichte ein kleiner bundesdeutscher Verlag den von Stefan Zweigs Vater Zacharias autorisierten Bericht über die Verfolgungserfahrungen der Familie und die Rettung des Kindes, der entlang seiner Erinnerungen in Yad Vashem verfasst worden war: »Mein Vater, was machst du hier ...?« Zwischen Buchenwald und Auschwitz – der Bericht des Zacharias Zweig, Frankfurt a. M. 1987. Der Historiker Harry Stein hat die verfälschende Wiedergabe in der DDR-Presse akribisch verglichen und interpretiert: *Nackt unter Wölfen* – literarische Fiktion und Realität einer KZ-Gesellschaft, in: wie Endnote 18.

24 In einem Zeitungsartikel, der von der Wiederbegegnung mit dem angeblichen historischen Vorbild Stefan Jerzy Zweig (= Juschu) 1964 in Weimar berichtet, verschob Apitz die Fiktion seines Romans weiter zugunsten des Dokumentarischen: »Heute wissen wir, Juschu, daß es in diesem Kampf um mehr ging als um dein kleines Kinderleben. [...] Hier ein Kind – dort die halbe Menschheit. Eins gleich Millionen. Millionen gleich eins. Siehst du, Juschu, das war der große Sinn unseres Ringens um Dein kleines Kinderleben.« Bruno Apitz, Meine Hände. Erinnerungen an das Buchenwaldkind, in: Berliner Zeitung vom 27.2.1964, S. 6.

25 Statement des Drehbuchautors Stefan Kolditz: http://www.daserste.de/unterhaltung/film/themenabend-nackt-unter-woelfen/interview-kolditz-hofmann-100.html (1.8.2016)

26 Marcel Reich-Ranicki, Mehr als die Autoren sagen wollten ..., in: Die Zeit vom 27.10.1961.

27 Cordula Günther, Einige kritische Bemerkungen zu Bruno Apitz' Erfolgsroman *Nackt unter Wölfen*, in: Hallesche Studien zur Wirkung von Sprache und Literatur, Nr. 7 (1983), S. 57–73, hier S. 68f.

28 Die ideologische Leitlinie »durch Sterben und Kämpfen zum Sieg« hatte 1958 auch das Mahnmal von Buchenwald ausformuliert. Dazu Volkhard Knigge, »Opfer, Tat, Aufstieg«. Vom Konzentrationslager Buchenwald zur Nationalen Mahn- und Gedenkstätte der DDR, in: ders./Jürgen Maria Pietsch/Thomas Seidel (Hg.), Versteinertes Gedenken – Das Buchenwalder Mahnmal von 1958, 2 Bde, Leipzig (Spröda) 1997, Band 1.

29 Siehe Beate Müller, Agency, Ethics and Responsibility in Holocaust Fiction. Child Figures as Catalysts in Bruno Apitz's *Nackt unter Wölfen* (1958) and Edgar Hilsenrath's *Nacht* (1964), in: Internationales Archiv für Sozialgeschichte der deutschen Literatur (IASL), Bd. 36, Heft 1 (2011), S. 85–114, bes. 94–102.

30 Hanno Müller, Die Gefühle von Trauer und Wut müssen immer wieder neu erzählt werden (Interview mit Stefan Kolditz und Philipp Kadelbach), in: Thüringer Allgemeine vom 21.3.2015. http://www.thueringer-allgemeine.de/web/zgt/kultur/detail/-/specific/Die-Gefuehle-von-Trauer-und-Wut-muessen-immer-wieder-neu-erzaehlt-werden-1363805376 (1.8.2016)

31 Auf dem »Caracho-Weg« vom 1943 eingerichteten Bahnhof zum Häftlingslager hetzten die SS-Wachen neu ankommende Gefangene mit Tempo (caracho) bis zum Lagertor.

32 Zum Problem solcher Imitationen und Genauigkeit in historischen Details siehe Michael Wildt, Der Untergang. Ein Film inszeniert sich als Quelle, in: Zeithistorische Forschungen/Studies in Contemporary History, Online-Ausgabe, 2 (2005), H. 1, URL: http://www.zeithistorische-forschungen.de/1-2005/id=4760, Druckausgabe: S. 131–142.

33 Das visuelle Stereotyp findet sich bereits im hölzern argumentierenden Einführungsfilm für Gedenkstättenbesucher, den die DEFA 1961 produziert hat. Dazu: Eva Hohenberger, Gedenken als Gebrauch. Über die Auftragsfilme der KZ-Gedenkstätte Buchenwald, in: montage/av. Zeitschrift für Theorie & Geschichte audiovisueller Kommunikation, jg. 15, Heft 1 (2006), S. 153–181, hier S. 172.

34 Vgl. das Album und die Einzelbilder aus der Schmuhl Collection des United States Holocaust Memorial Museum, die die Fotosammlung der Gedenkstätte Buchenwald online zugänglich macht: http://www.fotoarchiv.buchenwald.de.

35 Drehbuch und Spielfilm suggerieren also, dass der Vater (ein »guter Genosse«) und sein Sohn wegen Verteilung von Flugblättern gegen Krieg

und »Hitlerdiktatur« in »Schutzhaft« gekommen seien, ein widerständiges Handeln, das der NS-Staat im März 1943 im Fall der »Weißen Rose« mit Hinrichtung bestraft hat, nicht mit Deportation ins KZ.

36 Es waren Dr. Robert Jan van der Pelt, Prof. Dr. Julius H. Schoeps und Susanne Hantke, deren Statement die ARD aber nicht auf ihrer Homepage präsentiert hat. http://www.daserste.de/unterhaltung/film/themenabend-nackt-unter-woelfen/film/gutachter-experten-100.html

37 Eines dieser Spiegelbilder der sich staunend selbst betrachtenden Männer gleicht auffällig der Physiognomie von James Woods, dem Darsteller von Karl Weiss in der legendären TV-Mini-Serie *Holocaust* (1978). Die Filmfigur Weiss ist zeitweilig in Buchenwald interniert. Die Besetzung dieses Komparsen ist vermutlich nicht Zufall, sondern Zitat-Gruß von Regisseur Kadelbach an die amerikanische Holocaust-Filmwelt.

38 Die Farbaufnahmen vom 18.4.1945 hat sehr wahrscheinlich der Militärfotograf Ardean R. Miller gemacht, vgl. das online-Fotoarchiv der Gedenkstätte Buchenwald: http://www.fotoarchiv.buchenwald.de.

39 Unter den Teppich kehren? Gespräch mit Nico Hofmann und Volkhard Knigge im Chrismon-Magazin vom Mai 2015: https://chrismon.evangelisch.de/artikel/2015/unter-den-teppich-kehren-31075 (1.8.2016)

40 Dieser Film über fünf Freunde im Zweiten Weltkrieg führt handwerklich durchaus eindrucksvoll einen tragisch inszenierten deutschen Opfergang vor Augen. Polnische Partisanen sind so antisemitisch dargestellt wie Nationalsozialisten, und eine deutsche Nicht-Jüdin liebt einen deutschen Juden, wird vom bösen Nazi vergewaltigt und stirbt den Märtyrertod, während ihr Freund, der Jude, überlebt. Dieses TV-Event offenbarte die noch stets enorme gesellschaftliche und familiale Abwehrenergie, die es vielen Deutschen nicht erlaubt, sich die (Ur-)Großväter und -mütter anders als tragisch vorzustellen: als eine »fröhliche, lebenshungrige, unpolitische Generation [...], die durch den Krieg verroht und letztlich sein Opfer wurde«. (Herbert) Zur Kritik siehe u. a. Jan Süselbeck, Fünf Freunde. Nico Hofmann hat es wieder getan: Die ZDF-Serie *Unsere Mütter, unserer Väter* setzt neue Maßstäbe in der massenmedialen Verharmlosung deutscher Schuld im Zweiten Weltkrieg, in: http://www.literaturkritik.de/public/rezension.php?rez_id=17761 und Ulrich Herbert, Nazis sind immer die anderen. Der ZDF-Dreiteiler *Unsere Väter, unsere Mütter* zeigt oft Verschwiegenes – doch das Entscheidende fehlt: Die Begeisterung der Jugend für Hitler, in: tageszeitung vom 21.3.2013, http://www.taz.de/!5070893/ (1.8.2016).

41 Im DEFA-Film weint das Kind am lächelnden Leichnam seines letzten Retters, des »alten Mannes«, der in der Stunde der Befreiung vor Freude tanzte – und starb. Drehbuch-Autor Bruno Apitz hatte diese Figur für den Film erfunden und selbst gespielt.

42 http://zentralrat.sintiundroma.de/nackt-unter-woelfen-zentralrat-deutscher-sinti-und-roma-erhebt-schwere-vorwuerfe-gegen-die-ard-2/ (1.8.2016)

43 Ich danke Harry Stein (Kustos der Gedenkstätte Buchenwald) für Gespräche und Einsicht in die relevanten Archivunterlagen.

44 So Stefan Kolditz bei einer Podiumsdiskussion in Weimar mit Romani Rose, Hermann G. Abmayr und dem Autor am 20.10.2015. Undenkbar war es wohl auch, weil die ARD dann den (Marken-)Titel »Nackt unter Wölfen« nicht mehr hätte rechtfertigen können. Ein »inspired by true events« wäre vermutlich die klügere Grundlage für ein wirklich frei gestaltbares, souveränes, selbstreflektiertes Kinoerzählen mit historischem Bezug. Die unmittelbar nach der ARD-Premiere am 1. April 2015 ausgestrahlte Dokumentation *Buchenwald – Heldenmythos und Lagerwirklichkeit* des MDR unterließ es ebenfalls, über die Details der Rettung der zwölf Kinder und den Tod der vielen anderen präzis aufzuklären – die Doku wollte das System Buchenwald korrekt betrachten, nicht Einzelschicksale, hieß es in einer Erklärung des MDR. Nach Petra Sorge, Die ARD und der vergessene Sinto-Junge aus Buchenwald, in: Cicero vom 2.4.215, online unter: http://www.cicero.de/salon/willy-blum-der-vergessene-sinto-junge-aus-buchenwald/59076 (18.8.2016)

45 Mit Dank an Daniel Schuch für den Hinweis: https://www.youtube.com/watch?v=FqwAvAQHA0 (1.12.2015, das Video ist inzwischen entfernt worden).

■ Jan Kleinmanns

Weniger als Fußball. Das Deutsche Fußballmuseum in Dortmund

Dauerausstellung

Begleitband: Manuel Neukirchner (Hg.), Mehr als ein Spiel. Das Buch zum Deutschen Fußballmuseum, Essen (Klartext) 2015, 258 S., zahlr. Abb., 19,95 €

Der Fußball hat seine »Kathedralen«: das Camp Nou in Barcelona oder auch das Wembley Stadion in London. So erzählt es auch die Ausstellung des Deutschen Fußballmuseums, einem, so die Eigenzuschreibung, »Ballfahrtsort«. Doch wohin pilgerten zehntausende Interessierte, die das Museum binnen der ersten Monate besuchten? Mit welcher Perspektive wird hier die weite Geschichte des Fußballs erzählt?

Der im Spätherbst 2015 eröffnete und gegenüber dem Dortmunder Hauptbahnhof gelegene Neubau soll der Ort sein, an dem die »vielfältigen sportlichen, politischen, kulturellen, sozialen und ökonomischen Aspekte, Bedeutungen und Botschaften des Fußballs« veranschaulicht werden und ihre Heimat finden. War die museale Bearbeitung des Gegenstands zuvor oftmals den Fußballvereinen, wie im nahegelegenen »Borusseum« von Borussia Dortmund, oder Wechselausstellungen, wie »Wir gegen uns. Sport im geteilten Deutschland« des Hauses der Geschichte (2010), überlassen, begann der Deutsche Fußballbund (DFB) nach einem längeren Ausschreibungsverfahren 2012 mit dem Bau eines eigenen Museums in Dortmund. Dem eigenen Anspruch nach will das Deutsche Fußballmuseum alles sein, was man sich von einem solchen Haus nur wünschen kann: »Ballfahrtsort«, ein »lebendiges Forum der Begegnung und Diskussion« und auch ein »Ort des Lernens« – so präsentiert es sich auf der eigenen Webpräsenz (www.fussballmuseum.de) und in der Begleitpublikation.

Herzstück dieses Konzepts ist die Dauerausstellung des Hauses. Sie ist in zwei Teile geteilt, die Geschichte der deutschen Nationalmannschaft und die des Vereinsfußballs. Der erste Teil nimmt die gesamte zweite und einen Teil der ersten Etage des Museums ein. Dabei umfasst er zwei Haupträume im zweiten Obergeschoss, ein 3D-Kino als Verbindung zwischen den beiden Ausstellungsgeschossen und einen weiteren Raum für Pokale. Die Geschichte des Vereinsfußballs findet auf der ersten Etage des Museums mit drei Haupträumen ihren Platz. Insgesamt bietet das Museum eine Ausstellungsfläche von etwa 7000 m^2.

Beim Betreten des Museumsbaus wird man vom Foyer über eine Rolltreppe ins zweite Obergeschoss befördert. Flankiert wird diese Treppe von einem Wimmelbild mit Fußallfans: Familien, Kuttenträger, Fahnenschwenker. Sie sind auch zu hören: Fangesänge, Diskussionen über die Aufstellung und andere Gesprächsfetzen wuseln an einem vorbei. Man wird auf den ersten Ausstellungsraum »eingestimmt«. Dass eine multimediale Kulisse um die Besucherinnen und Besucher herum gestrickt wird, die sie »mitreißen« sollen, ist Leitmotiv des Hauses – der erste Ausstellungsraum ist hierfür exemplarisch: Er ist ein rundes Raumelement zum »Wunder von Bern«, also dem Weltmeisterschaftstitel 1954 und seiner mythischen Verklärung zum emotionalen Gründungsmoment der Bundesrepublik und der »neuen« Nationalmannschaft. In der Mitte des Elements befindet sich, durch eine Lichtinstallation golden schimmernd, der signierte Spielball dieses Fußballspiels. Eingerahmt wird er von einer Sitzbank auf der einen und Glasvitrinen mit den aufgedruckten Nationalspielern in Lebensgröße auf der anderen Seite. Hinter diesen Drucken befinden sich Exponate zur Lebensgeschichte des jeweiligen Spielers. Während Besucherinnen und Besucher diese nun betrachten, wird der Raum alle paar Minuten in ein Dämmerlicht getaucht und Regengeräusche, angelehnt an das viel zitierte »Fritz-Walter-Wetter«, erklingen. Nach wenigen Momenten nimmt die Lichtstärke, begleitet von der deutschen Nationalhymne, wieder zu, ehe sich zum Ende erneut der Scheinwerfer anschaltet, der den Finalball anleuchtet. Sollte in einigen Museen das postheroische Zeitalter bereits eingeleitet worden sein, hier nicht. Helden und ihre Momente sind etwas, auf das man sich, will man das Museum erleben, einlassen muss. Verbindet man Fußball jedoch weniger mit Glanz und mehr mit dem Gefühl nasser Asche unter den Schuhen, fühlt man sich hier trotz der »Schlechtwetterinstallation« eher fremd.

Dieser Eindruck zieht sich auch durch die weitere Ausstellung. An das Themenelement zum WM-Sieg 1954 schließt der erste große Hauptraum an. Seine rechte Seite wird von einer Sektion zur Geschichte des DFB bestimmt. Sie ist als chronologische Faktenschau aufbereitet und mit einzelnen Exponaten garniert – die jeweiligen Exponate sind nur mit einer Jahreszahl versehen, die wiederrum an der Wand des Raumes mit einem Kommentartext versehen ist. Wichtige Kapitel wie der Fußball im »Dritten Reich« werden hier schnell und oberflächlich in kleinen Seitennischen abgehandelt.

Zur Linken stehen vier raumhohe Wandelemente, auf denen, ganz dem Muster der Inszenierung des 1954er-Raums folgend, in regelmäßigen Abständen Videosequenzen aus der Geschichte der Nationalmannschaft gezeigt werden. Hinter diesen Elementen, zwischen denen man hindurchgehen kann, erstreckt sich ein Bereich zur Geschichte des DDR-Fußballs. Schlaglichtartig werden Aspekte wie die Geschichte der DDR-Oberliga, die Kontrolle des Fußballs durch das SED-Regime oder auch der mäßige internationale Erfolg von DDR-Mannschaften beleuchtet.

An diesen ersten, großen Hauptraum schließt sich das Herzstück der ersten Ausstellungsebene an: der Themenraum zur Fußballweltmeisterschaft 2014. Der Raumeindruck wird durch einen mehrere Meter großen Ball in der Mitte des Raumes bestimmt, auf den Filmausschnitte projiziert werden und der von einer kreisrunden Schautheke umschlossen ist. Nach dem bereits bekannten Prinzip verdunkelt sich auch dieser Raum regelmäßig für eine Filmvorführung. Es wird die Geschichte der »goldenen Generation« erzählt, die sich auf den weiten, 2006 beginnenden Weg zum Weltmeisterschaftstitel 2014 machte. Es ist die Meistererzählung, deren Ende durch eine goldene, mit dem Bild des im Torschuss befindlichen Mario Götze verzierte Fahne markiert wird. Es bleibt die Überhöhung dieses Triumphes, der, folgt man der Erzählung, ansteckend wirken kann. Folgt man der Erzählung nicht, so bleibt der Eindruck eines Altars der bunten und bewegten Bilder, auf dem das gezeigt wird, an das sich der Fußballfan ohnehin schon gewöhnt hat. Teleologie, die dem einen oder anderen sicherlich mundet, die aber nicht zu einer kritischen Auseinandersatzung mit dem Thema Fußball anregt – obwohl dies angesichts der Begleitumstände der WM 2014 durchaus angebracht wäre.

Auf der Rückseite des Raums befindet sich eine Schautheke der Firma Adidas. Adidas, schon »ewig«, jedoch mit kurzen, vergessenen Unterbrechungen Ausstatter der Deutschen Fußballnationalmannschaft, ist einer der Hauptsponsoren dieses Fußballmuseums. Dass das Emblem der Firma und ihr Markenzeichen, die drei Streifen, auf den Sportartikeln ohnehin schon allgegenwärtig ist, ist durch eben diese Ausstatterrolle bedingt – die Schautheke, auf der aktuelle Trends in der Sportartikelproduktion aufgezeigt werden, ist jedoch bloße Werbung und vermutlich Resultat dessen, dass das Museum kostendeckend wirtschaften soll. Sie raubt dem Raum aber den ohnehin nur marginal vorhandenen, durch die enorme Geräuschkulisse der Videoinstallationen beschädigten Museumscharakter: Eine Auseinandersetzung mit den Ausstellungsstücken ist durch das mediale »Sperrfeuer« jeweils nur für wenige Minuten möglich, was den Eindruck verstärkt, dass die Objekte in ihrer Gesamtheit nicht eine Sammlung sporthistorischer Exponate bilden, die in einem sorgsamen konzipierten Zusammenhang stehen, sondern nur die mediale Installation garnieren. Der Aufgabe, über Exponate Inhalte zu vermitteln, wird die Ausstellung hier nicht gerecht.

Als Übergang in die zweite Museumsebene dient ein 3D-Projektionskino, in dem ein Film zum WM-Erfolg 2014, moderiert von Spielern der Nationalmannschaft, gezeigt wird – es ist zugleich auch Einstimmung auf eines der »Highlights« des Fußballmuseums: Schon beim Betreten des abgedunkelten Raums im 1. OG des Hauses springen die Kostbarkeiten der sakral anmutenden »Schatzkammer« ins Auge, des Raums, in dem die vier Weltmeisterschafts- und die drei Europameisterschaftspokale der Herrennationalmannschaft aufgestellt sind. Sie funkeln und glitzern – die Kameras der Besucher werden gezückt und die unvermeidlichen »Selfies« geschossen. Der Saal ist dunkel gehalten und die Pokale stehen, von unten beleuchtet, im Raum.

Die Trophäen der Frauennationalmannschaft, die immerhin zwei Mal den WM-Titel und acht Mal den EM-Titel erringen konnte, fehlen jedoch in der »Schatzkammer«. Sie stehen bereits im zweiten Obergeschoss, recht lieblos an einer Schauwand drapiert. Leider dürfte die Mehrzahl der Besucher diese Pokale auch nicht vermissen, weil die Geschichte des Frauenfußballs in diesem Museum sowie in der bundesdeutschen Öffentlichkeit nur eine Nebenrolle einnimmt. Zwar gibt es bereits im ersten zentralen Ausstellungsraum Bereiche, in denen die Geschichte des Frauenfußballs in Deutschland erzählt wird – sie fällt im Vergleich zum Herrenfußball jedoch überaus knapp aus: ja, es wird auf das Frauenfußballverbot des DFB für die Jahre 1955–1970 eingegangen, ja, es wird im DDR-Teil der Ausstellung erwähnt, dass es dort ab 1968 organisierten Frauenfußball gab – aber nein: die Chance, den Wissenshorizont der Besucher zu erweitern und mehr als die kleineren Spielbälle und die ewig gleichen Porzellanteller und -tassen zu zeigen, die die Nationalspielerinnen nach dem Gewinn der EM 1989 erhielten, wird verpasst. Darüber hinaus findet Frauenfußball in der weiteren Ausstellung keinen Platz mehr. Das ist skandalös.

Gestalterisch bildet der nun an die »Schatzkammer« anschließende Ausstellungssaal zur Fußballtaktik mit seiner hellen Beleuchtung den Auftakt zum zweiten Museumsteil. Er moderiert mit dem gemeinsamen Element der Taktikgeschichte zwischen »Nationalmannschaft« und »Vereinen«. Spieltaktische Entwicklungen, wie etwa der »Voetbal Total«, bei dem jeder Spieler jede Position einnehmen können soll, oder der als Destruktivfußball verschriene »*Catenaccio*«, der vor allem die Unterbindung des gegnerischen Spielflusses zum Ziel hat, prägten gleichermaßen Vereins- und Nationalmannschaftsfußball. So bietet sich an dieser Stelle eine Plattform, die räumlich wie inhaltlich zwischen beiden Teilen des Museums angesiedelt ist.

Man verlässt diesen Raum durch einen langen Flur, dessen Schaukasten-Wände mit allerlei Ausstellungsobjekten zur Deutschen Meisterschaft vor Einführung der Fußballbundesliga dekoriert sind. Neben der hohen Qualität der Ausstellungsstücke, wie der lange Zeit verschollenen »Victoria«, dem Wanderpokal für den Deutschen Fußballmeister von 1903 bis 1944, fällt vor allem ihre hohe Exponatdichte auf. Entlang des Flurs finden sich diese auf der rechten wie auf der linken Seite des Besuchers. Ein Hin- und Hergehen zwischen beiden Seiten oder ein genaues Objektstudium verbieten sich, da man so den Weg der anderen Besucher, die nur den nächsten Ausstellungsbereich erreichen wollen, mehrfach kreuzt oder sie aufhält. Das ist schade, da einige der Exponate, wie beispielsweise Fußballschuhe von Kriegsgefangenen, durchaus zum Nachdenken über den Stellenwert des Fußballs für die Menschen und die Gesellschaft anregen könnten.

Am Ende dieses Vitrinengangs findet man sich im nächsten großen, dem vorletzten Raum, wieder. Auch dieser ist, wie schon der erste große Ausstellungsraum, in drei Teile geteilt. Der mittlere Teil wird zu beiden Seiten mit Schaukästen zu den verschiedenen Bundesligajahrzehnten eingefasst. Rechts davon finden sich mehrere Multimediastationen und -räume, in denen Besucherinnen und Besucher entweder selber einen Bundesliga-Spielausschnitt kommentieren oder wahllose »Highlights« der Fußball-TV-Historie anschauen können. Die zentralen Ausstellungskomponenten dieses Raums, die Informationsstände zu den verschiedenen Bundesligajahrzenten, sind hingegen sehr bieder gehalten. Auf interaktiven Karten werden die jeweiligen Erst-, Zweit- und Drittligisten gezeigt. In dahinter befindlichen Schaukästen finden sich Devotionalien aus den sechs Bundesligajahrzenten. Dieses Konzept ist informativ, jedoch wenig fesselnd. Ganz im Gegensatz zum Filmangebot dieses Raums: Über den Köpfen der Besucherinnen und Besucher befindet sich eine Bildschirminstallation, auf der Höhepunkte der Bundesligageschichte zu sehen sind.

Dies dient gleichsam als Auftakt für den letzten Raum, einem weiteren Kino, das ebenfalls als eine Highlight-Schau mit Filmfetzen fungiert. Um diesen runden Kinoraum herum sind allerlei Ausstellungsstücke zur Fankultur gruppiert, wie »Koan Neuer«-Plakate aus München, die 2011 gegen die Verpflichtung von Manuel Neuer gerichtet waren, oder das Megaphon eines »Anheizers«. Mit einer kurzen Geschichte der Schiedsrichter, der Schiedsrichterskandale, aber auch des gestiegenen Stellenwerts des Schiedsrichterwesens im modernen Fußball, schließt dieser letzte Raum im Fußballmuseum.

Die Geschichte des Vereinsfußballs und die Geschichte der Nationalmannschaft weitestgehend voneinander losgelöst erzählen zu wollen, ist legitim. Jedoch wirkt der zweite Teil der Ausstellung, verglichen mit dem ersten Teil, blutleer und vermittelt den Eindruck eines Pflichtteils. Dass hierbei der (nicht-professionelle) Vereinsfußball derart knapp dargestellt wird, dass er kaum mehr wahrgenommen werden kann, ist vor allem deshalb enttäuschend, weil der weit überwiegende Teil der Sporttreibenden des DFB weder in der Nationalmannschaft noch in den Bundesligavereinen dem Fußballsport frönt. Es ist fraglos nachvollziehbar, dass in einem Museum der Blick weniger auf den SV St. Tönis oder den SV Brackel 06 und mehr auf die Spitzenklubs und Nationalmannschaft(en) dieser Republik gelenkt wird. Doch lässt genau dies das Deutsche Fußballmuseum seltsam unverbunden mit den Millionen von Amateurfußballerinnen und -fußballern wirken, deren Geschichte und deren Lebenswelt hier keinen Platz finden. Dass die Geschichte des DFB spätestens mit seiner Gründung am 29. Januar 1900 begann, rückt darüber hinaus in der Ausstellung weit in den Hintergrund. Die Zeit vor dem Wunder von Bern (1954) und vor der Einführung der Bundesliga (1963) wurde zu einer Nebengeschichte degradiert. Nicht, dass man die Geschichte des Fußballs nicht auf diese Weise erzählen dürfte, nicht, dass die zweite Hälfte dieser Geschichte nicht bedeutsam wäre, doch ist es vielleicht dieses Ungleichgewicht, das nach dem Besuch einen Eindruck des Unvollständigen zurücklässt. Die große Aufgabe, die Geschichte des Fußballs in Deutschland zu vermitteln, gelingt auf diese Weise nicht. So spiegelt die Ausstellung nur Teilaspekte des Gegenstandes wider und es bleibt nach dem Besuch das Gefühl, dass nur bereits vorherrschende, mediale Sehgewohnheiten der Besucher bestätigt werden sollten. Man holt sie ab mit in bunte Filmchen und in glänzende Pokale gegossenen, erwartbaren Geschichten zum Spitzensport Fußball, lässt sie in Nostalgie schwelgen, regt damit aber an den wenigsten Stellen zum Denken an. Das ist weniger als das, was Fußball kann.

■ Schuld, Schulden und andere Verbindlichkeiten

Thomas Macho unter Mitarbeit von Valeska Neumann (Hg.), Bonds. Schuld, Schulden und andere Verbindlichkeiten, München (Wilhelm Fink) 2014, 548 S., 133 Abb., 1 Poster, 49,90 €

»Weder zur Furcht noch zur Hoffnung besteht Grund, sondern nur dazu, neue Waffen zu suchen.« Dieses Zitat von Gilles Deleuze beschliesst den pointiertesten Beitrag in diesem Sammelband, der unsere verschuldete Gegenwart mit den Mitteln der Kulturwissenschaften auslotet. Maurizio Lazzarato, italienischer Philosoph im Pariser Exil, folgt Deleuzes Einschätzung, dass in der Kontrollgesellschaft nicht mehr der »eingeschlossene«, sondern »der verschuldete Mensch« maßgebend sei. Solcherart Zeitdiagnostik mit historischer Tiefenschärfe verspricht auch der Sammelband als Ganzes. Liefert das Buch, wenn nicht Waffen, so doch Wege, neue Blickwinkel einzunehmen (Deleuzes kämpferische Aussage liegt quer zur Tonalität der meisten Beiträge)? Die Frage soll offen bleiben, denn die Texte lassen sich erfreulicherweise nicht über einen Kamm scheren. Doch wenngleich eine Vielzahl an Einschätzungen versammelt sind, vermisst man Positionen, die Bedeutungsbildung als eine praktische Tätigkeit verstehen.

Einleitend hält Herausgeber Thomas Macho fest, es gelte, der Polysemie des Schuldbegriffs beizukommen, die unseren politischen Alltag prägen: einer Dreifaltigkeit »der genealogischen« Schuld, das heißt, der herkunftsmäßigen Verpflichtung, der »moralischen« Schuld und der »ökonomischen« Schuld. »Bindung« tritt als begriffliche Klammer auf, um die Mischformen von Ökonomie, Moral und abkunftmäßiger Prägung aufzuspüren, die im Begriff »Schulden« verborgen liegen. Denn »Schuld« und »Schulden«, darauf hat der französische Linguist Émile Benvéniste vor langem hingewiesen, entstammen dem Vokabular der Macht und der Verpflichtung; die Begriffe bezeichnen Beziehungen, die Bindungen einrichten, die den einzelnen Tauschakt überdauern.

Der Sammelband geht auf eine Konferenz zurück, die Ende 2012 im Berliner »Haus der Kulturen der Welt« mit Interventionen aus Künsten, Wissenschaften und Journalismus stattfand. Dies geschah im Moment einer frühen Kulmination der europäischen Schuldenkrise, die sich seither als Debattenkaskade niederschlägt. Der Beitrag von Sigrid Weigel nimmt Bezug auf aktuelle Diskussionen um griechische Reparationsforderungen und die deutsche Vergangenheitspolitik. Sonst taucht die Tagesaktualität eher im Bemühen auf, das Geschehen auf den Finanzmärkten in ein kulturwissenschaftliches, mancherorts auch systemtheoretisches Vokabular zu übersetzen.

Der Sammelband will Orientierung bieten. Dazu bildet ein beigelegtes Poster den »Bonds Industrial Complex« in einem Diagramm ab: Pfeile, Kreise, Piktogramme bannen das Geflecht von Marktinfrastrukturen, Marktregulativen, Handelsplätzen. Am Rand der Grafik stehen mit »student debts«, »housing debts« und »medical debts« die sozialen Brennpunkte, die die Schuldenindustrie befeuern. Manche Beiträger/innen sehen einen möglichen Zugang zum Thema in der Auseinandersetzung mit den Einordnungen und Grenzziehungen, durch die Schulden als soziale Tatsache erfasst werden. Der instruktive Aufsatz von Anna Echterhölter fragt danach, in welchen historischen Momenten Geld als »neutral« kodiert wurde und andere Vorstellungen, die dessen Ursprung in asymmetrischen Machtverhältnissen sahen, verworfen wurden. Ihr überzeugender Versuch, Geldfunktionen zu historisieren, fokussiert schließlich auf die zu beobachtende Proliferation von Geldentstehungstheorien nach 1900.

Der bereits angesprochene Text von Maurizio Lazzerato nimmt die Bewertungsweisen, die durch Schulden stattfinden, als Ausgangspunkt. Die »Subjektivierungsbedingungen«, unter denen die Kapitallogik eingeimpft und inkorporiert wird, vereinzeln die Objekte ihrer Unterwerfung, adressieren mit hochgradig schematischen Techniken – etwa der Kreditkarte – die Schuldner/innen als Einzelne, und sie kolonisieren deren Lebenszeit. Lazzarato kontrastiert sein Argument mit Auffassungen, die er kondensiert zugespitzt einem Ökonomen, einem Anthropologen und einem Philosophen zuschreibt. Zu deren Gegenpositionen gehört die Idee, dass Geld nicht, wie Lazzarato proklamiert, eine formmäßig intrinsisch an Schulden gebundene Unterwerfungstechnik bildet, sondern, weil anonym vermittelnd und übertragbar, von den Bindungen der Schuld befreie. Dies kulminiere in der Verbriefung von Wertpapieren, einer modernen Ablösung von den Fesseln der primordialen Vergemeinschaftung. Dem hält Lazzarato entgegen, dass nur an einem, dem oberen, sozialen Ende der Verwertungskette Schulden fungibel und übertragbar erscheinen. Am unteren Ende herrscht gewaltförmige Haftung: Während die einen *too big to fail* sind, werden andere in die Schuldsklaverei verschickt. Schließlich liegt keine geringe Ironie darin, dass die von Lazzarato kritisierte Annahme, das Medium Geld befreie und entbinde (gewissermaßen als spätmoderne Version von Montesquieus These des *doux commerce*, des zivilisierenden Handels), in manchem anderen Beitrag dennoch aufscheint.

Um die Bindung durch Schulden aufzuzeigen, ziehen eine Reihe der Autor/innen Geschichte heran. Die Historie fungiert dabei als ehrfurchtgebietende Größe, nicht als Raum verschiedener Möglichkeiten. »Das begann schon in der Antike und zog sich durch die gesamte Geschichte«, heißt es bei Christina von Braun über die Neigung von Herrschern, ihre Gewalt der Geldschöpfung zu missbrauchen. Wiederholt wird die »historische und anthropologische Konstante« der Schulden beschworen. Von Braun schreibt von »Kulturräumen« und gesellschaftlicher »Langzeiterinnerung«, um darzulegen, wie die Kulturtechnik des Pflügens und altgriechische Kulthandlungen die kulturelle Matrix der Finanzmärkte abgeben. Aber wenn die Letztbegründung des Geldes im Götteropfer festgemacht wird, wird nicht nur die Unveränderbarkeit von Hierarchien sondern auch eine Fixierung auf oberste Instanzen sprich den Staat betont (wie unlängst Nigel Dodd in the *The Social Life of Money* festgestellt hat). Mehr noch, Geschichte gerät zur Autoritätsgeste. Statt einer Vielzahl verschlungener Wege wird eine grosse Schneise präsentiert. Historisches Geschehen gefriert so zu einem einzigen erhabenen Muster. Das ist bedauerlich für all diejenigen, die sich für Anthropologie nicht wegen angeblicher Konstanten interessieren, sondern wegen der Wandelbarkeit von Menschenbildern und wegen der Vielfalt der Techniken, die – im doppelten Sinn – Menschen möglich machen.

In seinem eindrücklichen Buch *The Bonds of Debt* von 2011 (auf das, wenn ich richtig sehe, im vorliegenden Sammelband nirgendwo Bezug genommen wird) hat der Literaturwissenschaftler Richard Dienst argumentiert, dass Schulden, weil sie eine grundlegend relationale Tatsache sind, dazu einladen, verschiedene Beschreibungsweisen zu suchen, und sich nicht auf eine einzige Definition festnageln lassen. In dem Sammelband hingegen herrschen in der Mehrheit kultureller Höhenkamm, Zivilisationsvergleich und philosophischer Kanon vor oder es werden apriorische Annahmen zum menschlichen Wesen und ökonomischem Verhalten behauptet. So verengen sich schlussendlich die Möglichkeiten, über Schulden nachzudenken. Und doch gibt es Ausnahmen – zu den bereits genannten Beiträgen gesellt sich etwa der Essay von Christian Kassung über die Standardisierung von Geld und das Aufkommen von Münzautomaten im 19. Jahrhundert, in dem die Materialität des Geldes auf alltägliche Bewegungsabläufe und auf das bekannte Fahrschein-und-Zigaretten-Automaten-Problem bezogen wird, dass nämlich die verfluchte Maschine die Münzen schluckt, aber nichts ausspuckt dafür.

Überhaupt, was die Wissenschaft nicht kann, das vermag die Kunst. Werden Praktiken jenseits der Hochkulturwissenschaft klein gehalten, so entschädigt einen im Band die künstlerische Intervention von Jota Izqierdo. Der Künstler mit Wohnort Mexico City packt den Neoliberalismus von unten. Seine Installation *capitalismo amarillo: inhabit the copy* folgt den Kopien von *fashion brands* und den rasend schnellen Adaptionen der *riddims*, der Instrumentaltracks in Musikstilen wie Reggaeton oder Cumbia. Klar, jede solche Intervention ist gleich wieder überholt. So hat der *Post-World Pop Star* MIA (alias Maya Arulpragasam) wenige Monate nach der »Bonds«-Konferenz, im Herbst 2013, für Versace eine teure Linie mit gefakten Versace-Drucken geschaffen, dadurch den *favela chic* wieder einmal in die Modewelt getragen und der Verwirrung zwischen Kopie und *brand* einen weiteren Dreh verliehen. Doch wenn man den praktischen Zeichenverkehr zwischen Kopie und *brand* verfolgt, ergeben sich Entdeckungen und es tun sich Querverbindungen auf. Ein solches Vorgehen entspricht vielleicht nicht schlecht Deleuzes Aufruf, neue Waffen zu suchen, und eröffnet Möglichkeiten, die kollektive Gegenwart auch historisch zu bestimmen.

Mischa Suter (Basel/Zürich)

■ Kriegsknechte um 1500

Stefan Xenakis, Gewalt und Gemeinschaft. Kriegsknechte um 1500 (Krieg in der Geschichte; Bd. 90), Paderborn (Ferdinand Schöningh) 2015, 405 S., 7 s/w-Abb., 46,90 €

Im Zentrum der Studie stehen die Kriegsknechte, die der Schwäbische Bund in der Phase zwischen 1499 und 1526 in Dienst genommen und mit denen er vier Kriege geführt hat, angefangen vom Schweizer-/Schwabenkrieg über den Landshuter Erbfolgekrieg und den Zug gegen Herzog Ulrich von Württemberg bis hin zum Bauernkrieg. Die Kernfrage der Untersuchung zielt auf Gewaltphänomene ab, die für die Kriegsknechte als Sozialverband konstituierend waren. Dabei konnten Gewaltanwendungen den Zweck der Gemeinschaft darstellen. Mehr noch: Gewaltakte ließen den Sozialverband überhaupt nur zustande kommen und sorgten für sein Bestehen.

Dabei sieht sich die Arbeit weniger von der Neueren Militärgeschichte inspiriert (auch wenn die Einflüsse nicht geleugnet werden) als vielmehr von der soziologisch geprägten Neuen Gewaltforschung. Besonders der zweckrationale Ansatz für den Einsatz von Gewalt nach Heinrich Popitz wird rezipiert, dann auch die situationsbezogenen Ansätze nach Randall Collins und Wolfgang Sofsky. Vor allem zwischen diesen beiden Erklärungsmustern changiert die Arbeit, wenn sie Gewalttaten aus rationalen Motiven oder einer sozial-situativen Dynamik heraus erklären will.

Für den ins Auge gefassten Zeitraum des frühen 16. Jahrhunderts kann sich die Untersuchung auf eine Reihe von bereits publizierten Chroniken sowie Briefschaften von Teilnehmern in diesen Kriegen stützen. Vor allem aber zieht der Autor viele bislang kaum ausgewertete Korrespondenzserien heran, die vor allem in der städtischen Überlieferung des Schwäbischen Bundes die militärischen Ereignisse dieser Zeit beleuchten. Schreiber dieser Briefe waren Hauptleute und Räte des Schwäbischen Bundes, so dass diese Quellen aus einer eher obrigkeitlichen Sicht verfasst sind; die Perspektive der Kriegsknechte selbst, die ja der eigentliche Untersuchungsgegenstand sein sollen, wird lediglich durch drei Tagebücher vertreten. Dazu kommt noch ein ausgewertetes Skizzenbuch, aus dem sieben Abbildungen im Buch gezeigt werden.

Von den vier Abschnitten der Untersuchung beschreibt der erste Teil die Gemeinschaft der Knechte in typologischer Hinsicht. Es geht, stark an Pierre Bourdieu orientiert, um die Werte der Söldnerverbände sowie ihren inneren Aufbau und ihre Hierarchien; auch die soziale Positionierung spielt eine Rolle, nicht nur unter den Kriegsknechten selbst, sondern auch in Hinsicht auf die frühneuzeitliche Gesellschaft insgesamt. Zunächst wird die Ämterstruktur des Söldnerverbands dargestellt und damit das soziale Kapital, über das er verfügte. Die Hauptleute nahmen eine Schlüsselposition ein: ihnen waren die Kriegsknechte persönlich verpflichtet, und ihnen oblag es, für die Disziplin und Kampfbereitschaft ihrer Söldner zu sorgen. Austariert wurde die Struktur im Verband durch Ehrvorstellungen, die sich sowohl auf die Einzelperson eines Kriegsknechts, aber eben auch kollektiv auf den Söldnerverband selbst beziehen konnten. Mit dem Stichwort der sozialen Praktiken, die konkret das sogenannte

Schreien als Artikulierung gemeinsamer Interessen sowie die Gemeine (also die Versammlung der Kriegsknechte) und die Schlachtordnung (verstanden als kollektives Verhalten im Kampf) thematisieren, wird deutlich, dass der Söldnerverband nicht als festgefügte Gemeinschaft existierte, sondern sich in einem steten und immer zu wiederholenden Prozess der Vergemeinschaftung befand. Für diese permanente dynamische Konstituierung spielte Gewalt eine wichtige Rolle – nach innen, aber auch nach außen.

Die folgenden drei Abschnitte wenden sich diesem vergemeinschaftenden Gewalthandeln der Kriegsknechte zu, exemplifiziert an Meutereien, Kampfhandlungen sowie Plünderungen. Im Fall von Meutereien ging es um die Teilhabe an Ehre und/oder Geld. Je nach Verlauf kam es zu verschiedenen Gewaltdrohungen und -anwendungen, die in entsprechenden Situationen kommuniziert wurden. Im Rahmen von Meutereien angedrohte oder verübte Gewalt führte dabei zu einer Stärkung des Söldnerverbands, ja ironischerweise machten Gehorsamsverweigerung gegenüber dem Kriegsherrn und Aufkündigung der Folgebereitschaft – also desintegrative Handlungen – die Kriegsknechte zu einem »geschlossene[n] Machtblock«.

Bei den Kampfhandlungen selbst werden ganz unterschiedliche Situationen vorgestellt; zum einen waren dies Feldschlachten, die offensiv oder defensiv geführt wurden, sowie Belagerungen, die im Erfolgsfall mit der Übergabe oder Erstürmung des Orts endeten. Aufschlussreich sind hier Beobachtungen zur Kommunikation zwischen den kämpfenden Parteien, wobei die nicht nur von den militärischen Autoritäten, sondern auch von den Kriegsknechten geführt wurde: »Autonomes Agieren« bestimmte also auch hier den Kampf und damit das Ausmaß der Gewaltanwendung. Sehr erhellend sind die Ausführungen zu den Schlachtausgängen, bei denen sich infolge einer Massenpanik feste Formationen auflösten und die zurückflutenden Kriegsknechte in einer »Menschenjagd« niedergemetzelt wurden – exzessive Gewalt, die durch hohe emotionale Aufladung in der Schlacht, starke Feindbilder und soziales Gefälle zwischen Jägern und Gejagten bedingt war.

Bei Plünderungen schließlich zeigt sich, wie divergent die Befunde sind. Geregelte Vorgänge wie das (Brand-)Schatzen standen neben ungestümen Raubzügen, wirtschaftliches Kalkül gegen offenbar bewusst verbreiteten Schrecken und die Interessen der Kriegsherrn gegen die der (einzelnen) Kriegsknechte.

Mit den hier vorgelegten Analysen vermag der Autor ein differenziertes Bild der Gewaltanwendungen bei den Kriegsknechten im frühen 16. Jahrhundert zu zeichnen. Gelungen ist die gut geschriebene Studie vor allem in ihrem stringenten Aufbau, durch eine plausible Gliederung und eine konsequente Verbindung der verschiedenen theoretischen Angebote mit den historischen Befunden. So kann der Autor insgesamt überzeugend darlegen, welche Bedeutung Werte im Söldnerverband für Gewaltanwendungen hatten (etwa verschiedene Formen der Ehre, innen gemeinschaftsstabilisierend, bei Ehrverletzung aber eskalierend nach außen), welche Rolle kommunikative Strukturen spielten (vor allem bei Meutereien und Belagerungen, wobei Kommunikation nicht unbedingt immer Gewalt verhinderte) und welche Mechanismen gewaltverschärfend oder deeskalierend wirkten, so etwa das Auslösen von Panik (und die dann erfolgende Menschenjagd der sich auflösenden feindlichen Formation) oder die Bildung einer Schlachtordnung als habituelles Schema der Söldner.

Am Ende systematisiert Xenakis die Gewaltphänomene dahingehend, dass er den Söldnerverband einmal als »komplexe Gewaltgemeinschaft« begreift, insofern er lediglich zum Zweck der Gewaltausübung gebildet wurde, ihn dann aber auch situativ als »primäre Gewaltgemeinschaft« einstuft, die vor allem durch Gewaltausübung gebildet oder zusammengehalten wurde.

Dies ist in sich stringent und nachvollziehbar. Allein blendet die enge Fokussierung auf die Gewaltphänomene andere Aspekte zu sehr aus. In vielen Fällen bleiben die hierarchischen Strukturen, innerhalb derer Gewalt vorkam, unklar. In welchem Maße die militärischen

Autoritäten, die ja eingangs vorgestellt wurden, die Gewaltausbrüche jeweils verhinderten, kanalisierten oder beförderten, wird im Einzelnen nicht wirklich klar. Genauso wenig, ob Gewalthandlungen, die ja korrekterweise selbst kommunikative Akte waren, nicht auch die Befehlshaber, Kriegsunternehmer und Kriegsherren (die in der Studie überhaupt wenig zur Sprache kommen) als eigentliche Adressaten hatten? Hier hätte auch eine tiefergehende Erörterung geholfen, ob die (mangelnde oder infrage gestellte) Legitimität bestimmter Gewaltakte – seien es Meutereien, seien es Plünderungen – eskalierend gewirkt hat.

Gewalt als für den Söldnerverband konstituierend zu erkennen, ist nicht banal, sondern im Gegenteil der vielleicht interessanteste Befund, gerade auch in Hinsicht auf die soziale Ausgrenzung der Kriegsknechte aus der frühneuzeitlichen Gesellschaft. Wenn dauerhaft Gewalt ausgeübt werden musste, um die Söldnergemeinschaft als soziale Ordnung zu stabilisieren und diese Gewalt gerade auch nach außen hin kommuniziert werden musste (etwa im als sinnlos erachteten Zerstören von Gütern), dann konnte die Stigmatisierung der Kriegsknechte als Außenseiter im Laufe des 16. Jahrhunderts kaum ausbleiben. Aber diese Gedanken weisen über diese Arbeit hinaus, die für das frühe 16. Jahrhundert grundlegende Erkenntnisse zur sozialen Dynamik in Söldnerverbänden vermittelt und für die vormoderne Gewaltforschung wegweisend sein wird.

MICHAEL KAISER (BONN)

■ Aus der Werkstatt des Mediziners Martin Fogel

Maria Marten / Carola Piepenbrink-Thomas, Fogels Ordnungen. Aus der Werkstatt des Hamburger Mediziners Martin Fogel (1634–1675), Frankfurt/Main (Vittorio Klostermann) 2015, 336 Seiten, 76 Abb., 98,00 €

Im Jahr 1970 wagte es der Stahlberg Verlag, Arno Schmidts Monumentalwerk *Zettel's Traum* zu veröffentlichen. Das aus 130.000 Notizkärtchen zusammengestellte Werk galt als unrezensierbar, da in seiner Gänze unlesbar. Glücklicherweise ist die einzige Parallele zwischen *Zettel's Traum* und *Fogels Ordnungen*, dass dem Leser Einblick in die beeindruckende private Zettelwirtschaft eines Gelehrten gewährt wird: in diesem Fall der des Mediziners Martin Fogel (1634–1675), der es auf immerhin 32.500 handschriftlich hinterlassene Notizzettel gebracht hat. Sie werden, wie ein Großteil seiner Bibliothek, heute in der Gottfried Wilhelm Leibniz Bibliothek in Hannover verwahrt. 105

Fogel notierte nicht einfach nur das ihm wissenswert Erscheinende: er schnitt, sortierte, klebte, signierte, kopierte, unterstrich, bündelte – und strukturierte so seine Zettel, die von Papierstreifen in Fingerbreite bis zu Oktavblättern reichen. Dieser Nachlass wurde, nachdem Leibniz ihn nach Hannover gebracht hatte, nicht nur im 18. Jahrhundert intensiv genutzt, dabei in seiner Ordnung verändert und sogar Einzelnes erneut zerschnitten. Er erlitt zudem 1946 einen Hochwasserschaden. Daher darf die Rekonstruktion dieses gewaltigen gelehrten Unternehmens, seines Erkenntnisinteresses und der zugehörigen Methodik als Hauptleistung der vorliegenden Untersuchung gelten. Sie stellt eine wertvolle, da aus einem umfangreichen Originalbestand gewonnene Ergänzung früherer Arbeiten zu frühneuzeitlicher Wissensorganisation und deren *paper technologies* dar.

Nach einem kurzen Abriss der Geschichte des Nachlasses analysiert der Band in drei umfangreichen Einzelkapiteln die Ordnungsprinzipien und Netzwerke, die sich in Fogels Bibliothek, seiner Zettelsammlung und schließlich auch in seiner Korrespondenz und seinen Veröffentlichungen abbilden. Die Rekonstruktion der Fogelschen Bibliothek auf der Grundlage eines Auktionskatalogs, der für den Verkauf des Nachlasses unmittelbar nach Fogels Tod angefertigt wurde, bietet dabei interessante Einblicke in die konkrete Umsetzung von Wissensorganisation. Vor allem aber die Analyse der Fogelschen Zettelsammlung vermag den im Buchttitel evozierten »Werkstatt«-Charakter des Gelehrtenzimmers vorbildlich zu zeigen, unterstützt durch die instruktive Auswahl an Abbildungen verschiedener Zettelformate. Weniger zufriedenstellend ist der in der Einleitung geäußerte Anspruch, einen »Beitrag zu zukünftigen Kategorisierung von Gelehrtenbibliotheken leisten« zu wollen, umgesetzt.

Das Unterkapitel mit der Fragestellung »War Fogels Büchersammlung eine wissenschaftliche Bibliothek?« (Kap. II.1.3) zeigt dabei am deutlichsten methodische Schwächen. Maria Marten bekennt einleitend die Schwierigkeit, aus bibliothekshistorischer Sicht zu definieren, was eine »wissenschaftliche« Bibliothek ausmache. Sie möchte gleichwohl in Fogels Sammlung einen »neuen Typ von Bibliothek« erkennen, der widerspiegele, dass Forschung als ein dynamischer Prozess begriffen wurde, während der »alte Typ« die Bibliothek als Archiv gesicherten Wissens verstanden habe. Letzteres wird jedoch nicht belegt. Es bleibt zudem im Hinblick auf die später folgende, dann von Carola Piepenbring-Thomas präzise durchgeführte Analyse von Fogels Aufstellungspraxis (nicht wie seinerzeit üblich nach Größe, sondern nach zehn Wissensgebieten, die den *artes liberales* entsprechen, und mit einer erkennbaren Binnenstruktur) rätselhaft, was die »im Übrigen nicht-systematische Anordnung« als solche definiert. Geradezu anachronistisch mutet für das 17. Jahrhundert die Unterscheidung in »gelehrte« und »ungelehrte« Bücher an, die in ihrem Vorhandensein für Fogels lebendige, hier wohl als wissenschaftlich gedeutete Bibliothekskultur sprechen sollen. Insgesamt hat es diesem die Bibliothek betreffenden Kapitel nicht gut getan, dass es von zwei Autorinnen zusammengestellt wurde, deren Beiträge nicht hinreichend aufeinander abgestimmt wurden.

Die wirkliche Stärke von *Fogels Ordnungen* liegt dagegen darin, dass die Autorinnen den Blick des Lesers auf zu Unrecht vernachlässigte Praktiken gelehrter Wissensproduktion lenken. Die handschriftlichen Notizen frühneuzeitlicher Gelehrter werden gewöhnlich immer in irgendeiner Weise in Relation zu deren Publikationen gesetzt. Die Autorinnen können jedoch zeigen, welchen Stellenwert Manuskripte *per se* in der *respublica litterarum* einnahmen: Fogel verwaltete den handschriftlichen Nachlass seines Lehrers Joachim Jungius, inklusive dessen eigener Zettelsammlung von ca. 150.000 Stücken. Der Besitz dieser Manuskripte beförderte bei Fogel nicht nur die Entwicklung einer eigenen Methodik des Aufzeichnens, er war auch eigens Anlass für den Sekretär der *Royal Society*, Henry Oldenburg, den Kontakt mit Fogel zu suchen. Daniel Georg Morhof (1639–1691) rief für seinen *Polyhistor* die Gelehrtenwelt dezidiert zur Auflistung unpublizierter Manuskripte auf (Fogel meldete ihm seine) und handschriftliche Nachlässe wurden teuer verkauft. Manuskripte hatten somit den Stellenwert sehr seltener Bücher.

Gleichzeitig macht die Untersuchung aber auch deutlich, dass eine Zeit, die Papier als teures Material erachtete, wiederum nicht alles für wertvoll hielt, was auf diesem Papier gedruckt oder geschrieben wurde. Die Rückseiten des makulierten Papiers, auf dem Fogel seine Notizen machte, zeigen, dass auch damals die Kehrseite der Gelehrsamkeit der Alltag war. Fogel zerschnitt großformatige Drucke und makulierte alte Einkaufszettel, er recycelte Zeitschriftenblätter und Aufzeichnungen zu Patienten, verwendete Geschäftspost seiner Eltern und – die eigene Korrespondenz. Angesichts der zahlreichen edierten und unedierten Gelehrtenkorrespondenzen der Frühen Neuzeit, die uns das Bild zu vermitteln scheinen, jeder Gelehrte habe Briefe gewissermaßen wie eine postalische Visitenkartensammlung und Beweis seiner Zugehörigkeit zur *respublica litterarum* aufbewahrt, relativiert Fogels Beispiel diese lediglich aus der erhaltenen Überlieferung konstruierte Deutung und verweist nicht nur auf die Wissensproduktion, sondern auch auf die Wissensvernichtung in einem Gelehrtenhaushalt.

Die hier vorliegende Untersuchung geht somit weit über eine bloße bibliothekshistorische Darstellung hinaus; sie liefert wichtige Einsichten nicht nur in die Wissenschafts- und Wissensgeschichte (z. B. durch die Begriffsbestimmung von *experientia* vs. *experimentum*), vertieft unsere Kenntnisse von wissenschaftlichen Praktiken, Austausch sowie Teamwork und erschließt ein Stück der Alltagsgeschichte des frühneuzeitlichen Gelehrtenhaushaltes. Durch die Zusammenführung all dieser Aspekt stellt *Fogels Ordnungen* eine gleichzeitig spannende wie bereichernde Lektüre dar.

SABINE SCHLEGELMILCH (WÜRZBURG)

■ Gehörlose in der französischen Spätaufklärung

Jonathan Kohlrausch, Beobachtbare Sprachen. Gehörlose in der französischen Spätaufklärung. Eine Wissensgeschichte (Histoire; Bd. 70), Bielefeld (transcript) 2015, 316 S., 39,99 €

In einem oft zitierten Aufsatz prophezeite Catherine Kudlick 2003, dass man sich am Anfang eines großen historiographischen Projektes befände. Mit dem Heranziehen eines ›anderen Anderen‹, und zwar der Zuschreibung ›behindert‹, werde sich das Verständnis von westlichen Gesellschaften grundlegend verändern. Dreizehn Jahre später können wir feststellen, dass sie scheinbar recht behielt, denn *Disability History* hat sich gewissermaßen institutionalisiert. Der nicht nur von Kudlick aufgestellte, sondern auch davor und danach immer wiederholte Anspruch, *Dis/ability* als Teil des Standardrepertoires analytischer Werkzeuge in der historischen Forschung zu etablieren, wurde bisher aber noch lange nicht erfüllt. Das soeben erschienene Buch von Jonathan Kohlrausch zeigt nicht nur, dass es möglich ist, sondern liefert zugleich auch einen wesentlichen Beleg für den Mehrwehrt dieses methodischen Zugangs.

Kohlrausch widmet sich einem Themenfeld, das besonders oft sowohl von Wissenschafts- als auch *Disability*-HistorikerInnen betreten wurde: Gehörlosenunterricht im Frankreich des 18. Jahrhunderts. Die Arbeit ist in einigermaßen chronologischer Reihenfolge rund um eine kleine Anzahl zentraler Protagonisten gegliedert und verfolgt die Fragestellung, wie sich der sprechende Gehörlose als Objekt des Wissens in der französischen Spätaufklärung etablierte. Damit verbunden wird untersucht, unter welchen Voraussetzungen seine Sprache verstanden werden konnte und vor allem wer auf welche Weise in diesem Kontext Deutungsmacht erfolgreich beanspruchen konnte.

Gehörlose, die mit Gebärden-, Schrift- oder Lautsprache kommunizierten, waren zwar kein neues Phänomen. Wie Kohlrausch zeigt, wurden sprechende Gehörlose aber erst zu einem wissenschaftlich relevanten Gegenstand, als der Pädagoge und Schriftsteller Jacob Pereire seine gehörlosen Schüler in den 1740er Jahren vor gelehrten Gesellschaften präsentierte. Hier wird deutlich, dass der Umstand, dass ein gehörloser Mensch Worte artikulierte, schrieb oder gebärdete, allein nicht ausreichte, um seine Sprache zu einem Ereignis in der anthropologischen Wissenswelt zu machen. Es bedurfte eines Hörenden wie Pereire, mit Zugriff auf Gehörlose und der Zertifizierung durch ebenso hörende Akademiemitglieder, um das Sprechen der Gehörlosen wahrhaftig zu machen. Gehörlose selbst – ironischerweise gerade wenn sie die Kenntnis der französischen Sprache erlangt hatten – konnten diese Sprache nicht einsetzen, um selbst ihr Sprachvermögen zu bestätigen. Die Deutungsmacht blieb stets bei den hörenden ›Experten‹.

Der bekannteste Schüler Pereires, Saboreux de Fontenay, begnügte sich nicht mit der Rolle als wissenschaftliches Objekt, sondern beanspruchte den Status des Gelehrten und verfasste selbst Schriften zum Thema Gehörlose und Sprache. In diesen nahm er, insbesondere mit seiner Sprachanalyse, die nicht die Artikulation, sondern die visuellen Formen der Lautsprache (Schrift und Handalphabet) betonte, eine deutlich andere Position als Pereire ein. Kohlrausch argumentiert – anders als die bisherige Forschung –, dass de Fontenay sich und nicht seinen Lehrer als Subjekt seines Spracherwerbes betrachtete und die Deutungsmacht hierüber bei sich selbst verortete. Diese Ebene seiner Schriften wurde aber vom zeitgenössischen Lesepublikum ignoriert, da ihm die Rolle des Gegenstands der Wissenschaft zugeschrieben wurde, nicht aber die des Akteurs. Eindrucksvoll ist die Feststellung Kohlrauschs, dass genau diese ableistische Vorannahme sich nicht zuletzt in der *Disability History* tradiert hat.

Den Gegensatz de Fontenays bildet in der bisherigen Historiographie der Gehörlosen Charles-Michel de l'Épée, der als Urheber der gebärdensprachigen Unterrichtsmethode gilt. Grundlage seiner Pädagogik waren die von ihm entwickelten ›methodischen Gebärden‹, ein der grammatischen Struktur der Lautsprache angepasstes Gebärdensprachsystem. Wie Pereire präsentierte auch de l'Épée seine SchülerInnen vor Zeugen, um dem Erfolg seines Unterrichts Geltung zu verschaffen, was die Notwendigkeit der Beglaubigung durch hörende Zeugen weiter bestehen ließ. Auch hier wird somit eine Figur der Gehörlosengeschichte wesentlich umgedeutet, da hervorgehoben wird, dass auch de l'Épée als ›Vater der Gehörlosen‹ seine SchülerInnen nicht in einer Position präsentierte, in welcher ihnen Deutungsmacht über ihr Sprachvermögen zukam.

Das letzte Kapitel der Untersuchung widmet Kohlrausch dem gehörlosen Buchbinder Pierre Desloges, der 1779 eine Schrift über die Gebärdensprache veröffentlichte. Dort trat er selbstbewusst als Gelehrter auf und prangerte die Vorurteile und das Unwissen der hörenden Welt über die Gehörlosen und ihre Sprache an. Wie Kohlrausch zeigt, wurde Desloges aber schon in der Publikation selbst die von ihm beanspruchte Rolle abgesprochen. So negiert der eigene Herausgeber bereits in seinen Kommentaren die Funktion Desloges als Beobachter. In der folgenden Debatte wiederholt sich dieses Muster, auch von Seiten de Fontenays, der Desloges allenfalls über sich selbst, aber nicht über Gehörlose im Allgemeinen Deutungsmacht zugestand.

Als Fazit hält die Abhandlung fest, dass die Sprache der Gehörlosen in der französischen Spätaufklärung nie von ihnen selbst ausgehend Glaubwürdigkeit erlangen konnte. Ein hörender Vermittler war immer notwendig, und sein Zugriff auf das gehörlose Objekt ermöglichte ihm einen Statusgewinn in der sich im Wandel befindenden Öffentlichkeit. Das Wissen der Gehörlosen und ihre Rolle beim eigenen Spracherwerb sowie als Vermittler und als Lehrer anderer Gehörloser wurden konsequent von der Wahrnehmung der gelehrten hörenden Welt ausgeschlossen. Obwohl sie in der Debatte als Gegner auftraten, hatten dabei die gehörlosen Autoren Desloges und de Fontenay bedeutende Ähnlichkeiten, da sie nicht nur sich selbst, sondern auch andere Gehörlose als Akteure im Spracherwerb präsentierten. Diese Sichtweise wurde aber unter hörenden Gelehrten nicht rezipiert, da Gehörlosen stets nur der Status des wissenschaftlichen Objekts zugeschrieben wurde.

Kohlrausch legt mit dieser Arbeit eine theoretisch wie empirisch äußerst tiefgehende und tragfähige Studie vor. Er besitzt die Fähigkeit, die Bedeutung der kleinsten Details, Verschiebungen und Unterschiede in der Argumentationsweise der Protagonisten glaubwürdig herauszustellen und kommt so bei einer Thematik, die schon oft behandelt wurde, zu erstaunlichen, aber gut begründeten Ergebnissen. Damit ist *Beobachtbare Sprachen* nicht nur eine Analyse des Umgangs mit der Sprache der Gehörlosen in der Spätaufklärung, sondern auch eine Kritik der bisherigen Forschung zum Thema. Kohlrauschs Studie macht deutlich, dass Gehörlosengeschichte sowohl in der Wissenschaftsgeschichte als auch der *Disability History* verankert sein sollte.

Kaum thematisiert wird jedoch die Rolle anderer Räume als die gesellschaftlich dominante, hörende Gelehrtenwelt bzw. Öffentlichkeit. Kohlrausch erwähnt durchaus die belegte damalige Pariser Gehörlosengemeinschaft, räumt ihr aber keine bedeutende Rolle in der Analyse ein. Dass gebärdensprachige Gemeinschaften kaum Schriftgut hinterlassen, ist ein gravierendes Problem für die historische Forschung. Nichtdestotrotz hätte eine Bezugnahme auf beispielsweise Nancy Frasers Begriff der Gegenöffentlichkeit dazu beitragen können, die Akteure auch in anderen Sphären zu verorten. Ebenso fällt auf, dass postkoloniale Theorie, wie sie in den Arbeiten zu *Deaf History* von Brenda Jo Brueggemann und Christopher Krentz eingesetzt wurde, keine Berücksichtigung fand. Diese Perspektiven hätten die Analyse durch eine stärkere Hervorhebung der mit dem wissenschaftlichen Milieu verbundenen sozialen Herrschaftsstrukturen noch bereichert.

Beobachtbare Sprachen ist dessen ungeachtet eine vorbildliche und in jeglicher Hinsicht – methodisch, theoretisch und empirisch – bedeutsame Arbeit. Es bleibt zu hoffen, dass sie Anstoß und Bezugspunkt weiterer Forschung wird.

Ylva Söderfeldt (Aachen)

■ Elektrotherapie, elektrischer Stuhl und psychiatrische Elektrotherapie in den USA

Markus Hedrich, Medizinische Gewalt. Elektrotherapie, elektrischer Stuhl und psychiatrische Elektrotherapie in den USA, 1890–1950 (Histoire; Bd. 67), Bielefeld (transcript) 2014, 343 S., 23 Abb., 6 Tab., 34,99 €

»Dosis sola facit venenum« (»Allein die Dosis macht das Gift«) – das paracelsische *dictum* weist auf ein ethisches Dilemma der Medizin hin: Da im Prinzip jedes Heilmittel bei entsprechender Dosierung zum tödlichen Mittel werden kann, geraten Ärzt_innen zu potenziellen oder tatsächlichen Expert_innen für Folter, Mord oder Todesstrafe, ähnlich wie man in früheren Zeiten Henkern gewisse heilkundliche Kenntnisse zuschrieb. Ob jede in bester ärztlicher Absicht getroffene medizinische Maßnahme den Patient_innen tatsächlich nützt, ob die »wahren« Motive zur Indikation im Spannungsfeld zwischen Individuum und Gesellschaft immer bewusst sind oder auch offengelegt werden, bereits dies alles steht dahin. Doch was hat es noch mit dem Gebot des »primum nil nocere« (»zuerst einmal nicht schaden«) zu tun, wenn Ärzte sich als Foltergehilfen und Henker in den Dienst nehmen ließen und lassen? Ihr Wissen an sich entzieht sich moralischen Kategorien, je nach Kontext kann es sein Vorzeichen ändern. Es ist das Verdienst des vorliegenden Buches, diesen beunruhigenden strukturellen Zusammenhang am Beispiel der psychiatrischen Elektrotherapie und ihren Verknüpfungen zur Todesstrafe durch den elektrischen Stuhl aus geschichtswissenschaftlicher Perspektive in den Blick genommen zu haben. Dieses Vorhaben erscheint auch deswegen vielversprechend, da neben zahlreichen weiteren Quellen ansonsten grundsätzlich der Öffentlichkeit nicht zugängliche Akten des New York State Office of Mental Health (OMH) ausgewertet werden konnten, die der Autor als »spektakulär« bezeichnet.

Doch trotz der unbestreitbaren Vorzüge der Quellenauswahl und der grundlegenden Fragestellung zum Verhältnis von Heilen und Töten in der Medizin wirft das Buch letztlich mehr Fragen auf als es beantwortet. Eine erste könnte sich bereits an den Titel des Buches knüpfen, der suggeriert, der Themenkomplex werde bezogen auf die gesamten USA abgehandelt. Der Text fokussiert allerdings – nach knappen einleitenden Worten zu den »europäischen Elektrophysiologie(en)« – ausschließlich auf den Staat New York, an sich schon ein sehr umfangreiches und interessantes Unterfangen, das sich ruhig hätte im Titel widerspiegeln dürfen.

Der Text gliedert sich in sieben Abschnitte. Nach einer Einleitung und einem Theorie-Kapitel geht es zunächst um die in psychiatrischem Kontext eingesetzte, mittels schmerzhafter Stromstöße vorgehende Elektrotherapie; im folgenden vierten Kapitel wird ereignisgeschichtlich die Erfindung des elektrischen Stuhls nachgezeichnet. Das fünfte Kapitel thematisiert Verknüpfungen und Wechselwirkungen von elektrischem Stuhl und inzwischen etablierter psychiatrischer Elektrotherapie, während das letzte Hauptkapitel die sich seit 1940 verbreitende neue Form der Elektrotherapie, die epileptische Anfälle auslösende Elektroschocktherapie, aufgreift, und am Ende im siebten Kapitel ein Fazit gezogen wird.

Die Darstellung der europäischen »Vorgeschichte» der Elektrotherapie im ersten großen Hauptkapitel ist kein zentrales Anliegen des Buches, doch bereits hier könnten sich kritische Fragen ergeben. So wäre es vielleicht einer Überlegung wert gewesen, welchen Platz Franz Anton Mesmer (1734–1815) und der animalische Magnetismus in dieser Entwicklung einnehmen, spielte doch in der Gedankenwelt des weithin bekannten heilenden Magnetiseurs Elektrizität durchaus eine Rolle. Dies wird nicht thematisiert, verständlich vielleicht, folgt man der Auffassung des Autors, die ›romantische Medizin‹ habe so gut wie kein verwertbares physiologisches Wissen produziert und der deutschsprachige Raum habe sich vorübergehend »fast vollständig aus der Erforschung der Bioelektrizität abgemeldet«. Insofern ist es konsequent, dass der Autor vor allem die aus heutiger Sicht naturwissenschaftliche Seite der Entwicklung im Blick hat, beispielsweise die Beschreibung der Nervenleitgeschwindigkeit durch den Physiologen und Physiker Hermann von Helmholtz (1821–1894) im Jahr 1850 (im Zusammenhang des Buches ist zudem die große Geschwindigkeit der Impulsweiterleitung im Nervensystem von besonderer Bedeutung, da sie später als Begründung dienen sollte, dass der elektrische Stuhl schneller töte als ein Gedanke). Auf jeden Fall werden die Grundlagen von der Irritabilitätslehre bis zur europäischen Elektrophysiologie insgesamt nur recht knapp und schlaglichtartig beleuchtet.

Dann steht die *Great Metropolis* New York im Mittelpunkt und mit ihr George M. Beard (1839–1883), die Neurasthenie und ihre Bezüge zur Elektrizität. Die elektrotherapeutische Gemeinschaftspraxis wird beschrieben, in der Beard seit Ende der 1870er Jahre mit Alphonse D. Rockwell, einem der drei späteren Erfinder des elektrischen Stuhls, praktizierte. Der Autor liefert hier, wie auch im folgenden Text, eine packende Schilderung der Ereignisse, die zur Entwicklung des elektrischen Stuhls führten, jedoch auch ein signifikantes Beispiel für die Vorgehensweise seiner Studie, Spezifisches in allgemeinere Kategorien auszuweiten und daraus weitreichende Schlüsse zu ziehen. Aus einer Textstelle des von Beard und Rockwell verfassten Traktats über den medizinischen Gebrauch der Elektrizität (1871), in dem sie Hysterie als eine Steigerung der Neurasthenie bezeichnen und dies mit der Degenerationslehre in Verbindung bringen, leitet der Autor ab, »die Elektrotherapie des Wahns« (sic!) werde mit »den darwinistischen Hereditätslehren verknüpft«. Von einem Befund Volker Roelckes, nach dem *Heredität* für Beards Konzept nur eine marginale Rolle gespielt hat, erfährt man immerhin aus einer Fußnote (S. 67/68). Doch der Text fährt fort mit der genannten Verknüpfung als »erste[r] epistemische[r] Verdichtung […], in der sich pönale psychiatrische Elektrotherapie und die rassistischen Hereditätslehren diskursiv verbanden. Diese Verdichtung stellte gleichsam den Kondensationskeim des ersten elektrischen Dispositivs dar, aus dem sich die dispositive ElektroMacht [sic!] ab 1890 überhaupt entwickelte«. Die postulierte eigenartig anonym bleibende ›ElektroMacht‹ erscheint in den weiteren Ausführungen des Buches wie ein hinter den Kulissen agierender eigenständiger Akteur, ganz gleich ob es sich um das »elektrische Dispositiv 1: psychiatrische Anstalts-Elektrotherapie«, das »elektrische Dispositiv 2: elektrischer Stuhl« oder um ihre Verschmelzung in der Entwicklung der Elektroschocktherapie handelt, deren »Einführung den Zenit der ElektroMacht in den USA markierte«.

Die Darstellung der Entwicklungen in der Anstaltselektrotherapie und insbesondere der personellen Verknüpfungen zur Todesstrafenreform und zur Erfindung des elektrischen Stuhls im Einzelnen sind zweifellos interessant, die Deutung als medikalisiertes Töten überzeugend, spielten doch Ärzte und ihr Wissen hierfür eine große Rolle. Diese Ärzte, darunter vor allem Psychiater, werden als »Netzwerk« gedeutet, wobei die Rollen der einzelnen Mitglieder des »Netzwerkes« und ihre Verknüpfungen untereinander nur ausnahmsweise deutlich gemacht werden. Dabei könnten sich durch genauere Analysen hierzu möglicherweise Antworten auf offene Fragen finden lassen, beispielsweise, warum zwar Eugenik und Elektrotherapie auch anderenorts weite Verbreitung fanden, der elektrische Stuhl jedoch gerade im Staat New York entwickelt wurde.

Umgekehrt stellt sich für die Einführung der Elektroschocktherapie die Frage, ob sich ihre rasche Umsetzung in den Anstalten im Staat New York tatsächlich von anderen Regionen und Ländern abhebt, in denen sie nicht von der Erfindung des elektrischen Stuhls katalysiert worden sein konnte. Als eine »die

›Aktion T4‹ einleitende pönale Performanz des Todes« wiederum kann die Elektroschocktherapie nur für das nationalsozialistische Deutschland interpretiert werden. Dabei wird die Frage nach einer Dialektik von Heilen und Vernichten in der NS-Psychiatrie nicht gestellt, die dazu geführt haben könnte, dass gerade Anstaltsinsassen ermordet wurden, die als Versager_innen der damals modernen »Schocktherapien« galten.

Ein Herzstück des Buches ist zweifellos die Analyse der ansonsten nicht zugänglichen OMH-Akten, neben eigens geführten Büchern über (Schock-)Therapien und Inspektionen auch Krankenakten aus zwei staatlichen Anstalten. Auf dieser Basis lasse sich, so der Autor, die Elektroschocktherapie »erstmals *en detail* geschichtswissenschaftlich analysieren«, wobei er für die Darstellung dieser Maßnahme sechs der »spektakulären« Akten genauer betrachtet (und an anderer Stelle angegeben hat, dass er insgesamt lediglich 30 Krankengeschichten zu Grunde legt). Krankenakten als Quellen historischer Forschung werden nicht problematisiert, auch die umfangreiche Forschung zu diesem Thema scheint nicht rezipiert worden zu sein. Dabei hätte insbesondere das Buch *Zwang zur Ordnung* von Marietta Meier und anderen (Zürich 2007) wertvolle Hinweise für eine umfassendere Interpretation der Elektro(schock)-therapie geben können, machen die Autor_innen dieser hervorragenden Studie doch deutlich, dass therapeutische und disziplinarische Indikationen von (Zwangs-) Maßnahmen keineswegs immer voneinander getrennt werden können, sondern dass sie häufig in einem ambivalenten Motivationsfeld verschmelzen. Der Autor der vorliegenden Studie dagegen verwendet die Krankengeschichten eher als »Beweise« für den rein strafenden Charakter der Maßnahmen, ohne die eigenen Schlüsse selbstkritisch anzuzweifeln und alternative Interpretationen zu diskutieren. So bleibt zum Schluss der Gesamteindruck, dass die Lektüre dieses Buches weniger elektrisiert als irritiert.

MAIKE ROTZOLL (HEIDELBERG)

■ Strategien der Sichtbarmachung des Körpers im 20. Jahrhundert

Sybilla Nikolow (Hg.), Erkenne Dich selbst! Strategien der Sichtbarmachung des Körpers im 20. Jahrhundert (Schriften des Deutschen Hygiene-Museums Dresden; Bd. 11), Köln/Weimar/Wien (Böhlau) 2015, 391 S., 125 Abb., 39,90 €

»Das größte Wunder des Lebens, größer als alle Wunderwerke der Technik, das ist der Mensch.« Diese Worte drangen den Besucherinnen und Besuchern der Wanderausstellung *Das Leben* 1936 bei der Betrachtung des Gläsernen Menschen durch einen Lautsprecher in die Ohren und verwiesen auf die Besonderheit dieses Ausstellungsobjekts. Denn erst seit wenigen Jahren wurden wissenschaftliche Erkenntnisse über den Körper und seine Gesunderhaltung in Museen und Ausstellungen visuell, materiell und haptisch aufbereitet und einem Laienpublikum zugänglich gemacht.

Der Geschichte dieser Sichtbarmachung des Menschen im 20. Jahrhundert sowie den neuartigen Visualisierungsstrategien und -praktiken widmet sich der vorliegende Sammelband. Er fasst im Wesentlichen die Ergebnisse eines seit 2010 von der VolkswagenStiftung geförderten Forschungsprojekts zur visuellen Gesundheitsaufklärung anhand von Wissensobjekten aus dem Deutschen Hygiene-Museum Dresden (DHMD) sowie einer im Zuge dessen veranstalteten wissenschaftlichen Konferenz im Herbst 2013 zusammen. Kooperationspartner und Initiatoren waren neben dem DHMD das Max-Planck-Institut für Wissenschaftsgeschichte Berlin sowie die Universität Bielefeld.

Die Wissenschaftshistorikerin Sybilla Nikolow, die das Projekt geleitet hat, eröffnet den Sammelband mit einem Beitrag zu den »wissenschaftlichen Stillleben« des Körpers im 20. Jahrhundert, also plastischen Modellen des Menschen oder seiner Bestandteile. Sie beleuchtet deren Entstehungshintergründe und die damit in Zusammenhang stehenden Debatten in der Zeit um 1900, in der sich das klassische Forschungs- zu einem modernen

Wissenschaftsmuseum wandelte. Darüber hinaus nimmt sie in ihren Ausführungen auch die Grenzen der Sichtbarmachung des Körpers in den Blick und diskutiert zudem die Folgen der zunehmenden Anwendung vermeintlich objektiver Prüftechniken zur Rationalisierung des Körpers sowie der Ökonomisierung des Körperwissens.

Nach dieser Einleitung durch die Herausgeberin folgen 18 Aufsätze, von denen hier aber nur einige herausgegriffen werden können. Die Einzelbeiträge gliedern sich in drei Sektionen auf: »Orte«, »Praktiken« und »Medien der Visualisierung«. Der Ausrichtung des Forschungsprojektes entsprechend, handelt es sich bei den meisten Beiträgen um Fallstudien zu Objekten des Dresdner Hygiene-Museums. Ergänzt werden diese durch Seitenblicke auf weitere Bereiche der Sichtbarmachung des Körpers wie beispielsweise die von Ludmilla Jordanova kritisch hinterfragten öffentlichen Ausstellungen zur Medizin, in denen Körperphänomene auch von zeitgenössischen Künstlern wie Marc Quinn oder Mary Kelly darstellerisch übersetzt wurden.

Im ersten Abschnitt »Orte« geht es zunächst ganz allgemein um die Etablierung der Technik-, Hygiene- und Sozialmuseen um 1900 als »Museen der Zukunft« und deren verändertes Sammlungs-, Vermittlungs- sowie Objektverständnis. Claudia Stein zeichnet in ihrem Artikel beispielsweise die Diskussionen um die Frage nach, was eigentlich ein »hygienisches Ausstellungsobjekt« sei, denen sich die Ausstellungsmacher der Historischen Abteilung der *Internationalen Hygiene-Ausstellung 1911* in Dresden stellen mussten. Im Grunde ging es den Organisatoren der Ausstellung um eine »Neuschreibung der Geschichte vom Standpunkt der Hygiene aus«, für die sie auf Alltagsobjekte wie Kleidung, Ernährung oder Behausungen setzten, die sich bewusst von rein medizinischen Exponaten unterschieden.

Das DHMD, das aus dieser Hygiene-Ausstellung hervorging, erarbeitete sich dank seiner innovativen Objektpräsentationen einen Sonderstatus unter den Wissenschaftsmuseen des 20. Jahrhunderts. Das Besondere war zudem die Herstellung der Ausstellungsexponate in den museumseigenen Werkstätten. Hier erwiesen sich das DHMD und sein Verwaltungsdirektor Georg Seiring von Beginn an als äußerst geschäftstüchtig, wie Thomas Steller in seinen Ausführungen deutlich macht. Er analysiert, inwiefern sich ökonomische Überlegungen auch auf die Vermittlungspraxis auswirkten und zeigt, wie das DHMD als »Hygiene-Konzern« prominent an der wissenschaftlichen Popularisierung und Institutionalisierung des Hygienediskurses der Weimarer Republik beteiligt war.

In der Sektion »Praktiken« – dem Kernelement und innovativem Ansatzpunkt des Bandes – stehen zwei Strategien der Sichtbarmachung des Körpers im Fokus, nämlich die Ausleuchtung des Körperinneren sowie die Visualisierung von Körperfunktionen mit Hilfe diagnostischer Instrumente. Anna Maerker befasst sich mit sehr frühen von Anatomen und Künstlern geschaffenen Abbildern des menschlichen Körpers. Anhand von anatomischen Modellen des 17. bis 19. Jahrhunderts geht sie der Frage nach, welcher Nutzen diesen Objekten zugeschrieben wurde. Dieser Zugriff ermöglicht ihr, den Zusammenhang zwischen Visualisierungs- und Popularisierungsstrategien aufzuzeigen sowie spezifische Macht- und Geschlechterkonstellationen aufzudecken, beispielsweise zwischen Experten und Laien sowie zwischen Anatomen und Hebammen. So dienten geburtshilfliche Modelle im 18. Jahrhundert einerseits dazu, geheimes Wissen aufklärerisch sichtbar zu machen, andererseits aber auch, um die Kenntnisse der Hebammen der Macht männlicher Gelehrter zu unterwerfen. Ebenfalls sehr konsequent setzt Christian Sammer das den Sammelband umspannende Konzept um, das die Visualität, Materialität und den kognitiven Gehalt der Vermittlungsobjekte gleichermaßen erfassen will. Sammer bettet die Prestigeobjekte des DHMD, die sogenannten Gläsernen Figuren, die nach dem Zweiten Weltkrieg auch im Gesundheits-Museum in Köln gefertigt wurden, in den »Krieg der Systeme« ein und verdeutlicht, wie stark deren Produktion, Gestaltung und Präsentation im Wettstreit zwischen Ost und West symbolisch aufgeladen wurde.

Gesellschaftspolitische Hintergründe spielen auch in den Beiträgen zu den Demonstrations- und Prüfapparaten eine wichtige Rolle. Wie sich sportärztliche Leistungsmessungen in die allgemeine Rationalisierungs- und Leistungskultur der Weimarer Republik einfügten, legt Noyan Dinçkal dar: So wurden die Besucher von Sportausstellungen beispielsweise dazu animiert, ihre Leistungsfähigkeit mit Hilfe von Apparaten zu ermitteln, um das eigene Selbst planmäßig zu verwalten und zu verbessern. Nur kurze Zeit später formten die Nationalsozialisten diese bisher ausschließlich der Selbsterfahrung dienenden Instrumente zu Prüfapparaten, denen bereits das Potenzial zur biopolitischen Erfassung und Kontrolle der Bevölkerung eingeschrieben war. Sybilla Nikolow demonstriert sehr anschaulich, wie eine aus zwölf Stationen bestehende Prüfstrecke, die Teil der Ausstellung *Gesundes Leben – Frohes Schaffen* von 1938 war, zur Propagierung des NS-Körperkonzepts in Dienst genommen wurde.

In der letzten Rubrik befassen sich die Autorinnen und Autoren mit der medialen Vermittlung von Körperwissen in Filmen und Ausstellungsbroschüren, auf Plakaten sowie über interaktive Installationen. In Anna-Gesa Leuthardts Analyse bisher wenig beachteter »populärer Führer« zu den Ausstellungen des DHMD aus der Zeit von 1946 bis 1952 wird deutlich, dass sich nicht alles Wissen um den Körper und seine Gesunderhaltung visualisieren ließ, sondern manches Detail sinnvoller in textlicher Fassung dargeboten werden konnte. Anja Laukötters Medium Film wiederum ist deutlich besser erforscht. Sie betrachtet daher gezielt den Zusammenhang von Wissen und Emotionen am Beispiel der Sexualaufklärungsfilme der 1920er bis 1980er Jahre. Laukötter stellt dabei unter anderem interessante Parallelentwicklungen zwischen Ost und West fest, zum Beispiel in Bezug auf den Wandel der didaktischen Methodik – weg von negativen Emotionen und Belehrungen hin zu positiven Botschaften und einer feinfühlig-humorvollen Ansprache.

Auch wenn nicht in allen Aufsätzen der Anspruch umgesetzt wird, Objekt- und Medienanalyse zusammenzubringen und die Visualisierung des Körpers als Teil der Wissensproduktion mitzudenken, ist dennoch ein sehr lesenswerter Band entstanden, der eben von dieser innovativen Betrachtungsweise getragen wird. Die multidisziplinäre Perspektive auf die Objekte des DHMD erweitert den Forschungsstand des ansonsten gut erforschten Museums und seiner Sammlung sinnvoll. Weiterführende Fragen zur Rezeption der neuartigen Körperobjekte wurden in einigen Beiträgen angeschnitten. So kommt Maerker darauf zu sprechen, dass sich Besucherinnen und Besucher von Museen und Ausstellungen das anatomische Wissen häufig zu anderen Zwecken aneigneten, als es von den Auftraggebern oder Produzenten der Körpermodelle intendiert war. Hier könnte sich die objektbezogene Forschung noch stärker einbringen und neue Impulse für die Geschichte der Gesundheitsaufklärung setzen, beispielsweise bei der Frage nach der Wirkmächtigkeit dieser Wissensobjekte in Bezug auf das Konzept des »präventiven Selbst«, welches die Gesundheitskultur des 20. Jahrhunderts dominierte.

Jenny Linek (Greifswald)

■ Ethnische »Säuberungen« in der Moderne

Michael Schwartz, Ethnische »Säuberungen« in der Moderne. Globale Wechselwirkungen nationalistischer und rassistischer Gewaltpolitik im 19. und 20. Jahrhundert, München (Oldenbourg Verlag) 2013, 697 S., 69,80 €.

Das Hauptanliegen von Schwartz' Studie ist es, die »Wechselwirkungen und Folgewirkungen der sich weltweit verdichtenden Politik ethnischer ›Säuberungen‹ im Laufe von zweihundert Jahren deutlich zu machen«. Allerdings ist die Studie, anders als es der Titel suggeriert, keine globale Geschichte von Vertreibungen, sondern vielmehr eine Kontextualisierung der Vertreibung der Deutschen nach 1945 in globaler Perspektive.

Welche Definition von »ethnischen Säuberungen« verwendet wird, ist eine der ersten

Fragen, die sich beim Lesen des Buches stellt. Schwartz orientiert sich an der Definition einer UN-Expertenkommission, die 1992 angesichts der Ereignisse im ehemaligen Jugoslawien zum Ergebnis kam, dass bei »ethnischen Säuberungen« bestimmte Gruppen, die ethnisch oder religiös »anders« seien, verfolgt und mittels Gewalt aus einem bestimmten Gebiet vertrieben würden. Eine »ethnische Säuberung« müsse also, so Schwartz, vom »Genozid« unterschieden werden, denn intendiert sei nicht die Vernichtung oder Ermordung der ethnischen oder religiösen Gruppe. Inwieweit es analytisch sinnvoll ist, sich bei geschichtswissenschaftlichen Untersuchungen an juristische Begriffsdefinitionen zu halten, wird von Schwartz nicht problematisiert. Stattdessen führt er zunächst verschiedene Forschungsansätze zum Phänomen der »ethnischen Säuberung« aus, die er kritisch diskutiert. Gegenüber anderen geschichtswissenschaftlichen Konzepten, die »ethnische Säuberungen« auf das 20. Jahrhundert begrenzen (wie beispielsweise Michael Mann in »Die dunkle Seite der Demokratie«), führt Schwartz Fallbeispiele an, die bis zum Beginn des 19. Jahrhunderts zurückreichen.

In den Kapiteln II und VI befasst er sich mit den beiden Weltkriegen und ihren Nachwirkungen, da er sie als »die bisher schlimmsten Gewalteskalationen moderner ethnischer ›Säuberungen‹« ausmacht. In Kapitel III thematisiert Schwartz die »außereuropäischen Lernorte« (Siedlerkolonien und koloniale Zwangsumsiedlungen), Kapitel IV den »Balkan als europäischen Lernort« zwischen 1804 und 1919. Im fünften Kapitel diskutiert er die politischen Entwicklungen vom Versailler Modell des Minderheitenschutzes zum Lausanner Konzept des Bevölkerungsaustausches und dessen Auswirkungen bis 1939. Das letzte Kapitel behandelt zwei »postkoloniale« Fallbeispiele des Bevölkerungstransfers zwischen Indien und Pakistan sowie Israel und Palästina unter dem Titel »globalisierte Gewaltpolitik«.

Dass Schwartz' hauptsächliche Perspektive die deutsche Geschichte ist, zeigt sich an der Auswahl der Fallbeispiele deutlich. Im zweiten und dritten Kapitel etwa diskutiert er die Fragen, ob es eine Kontinuität zwischen deutschen Umsiedlungs- und Siedlungsplanungen vom Ersten zum Zweiten Weltkrieg oder vom Massenmord an den Herero zum Massenmord an den Juden gegeben habe. Letzteres beantwortet er auf der Grundlage seiner zugrunde liegenden juristischen Definition, die die Absicht der Vernichtung in den Fokus stellt: »Im Unterschied zum NS-Genozid ging es den europäischen Kolonialeroberern bis 1914 nicht eigentlich um Ausrottung [...], sondern um Vertreibung und Unterwerfung«. Die Ermordung der Herero sei gleichwohl eine »ethnische Säuberung« gewesen. Seine weiteren kolonialen Fallbeispiele von Zwangsumsiedlungen reißt er zu stark aus dem jeweiligen Kontext der Aufstandsbekämpfung und ethnisiert sie somit. Denn ob das Phänomen des Bevölkerungstransfers aus militärischen Gründen der vermeintlichen »Pazifizierung« tatsächlich notwendigerweise mit Ethnizität verbunden war, hinterfragt er nicht. Seine These lautet stattdessen: »Die in Kuba oder Südafrika eingeübte Deportationsgewalt sprang zwischen 1914 und 1918 sowie erst recht zwischen 1939 und 1945 auf Europa über. Dabei wurde die ursprünglich zeitweiliger militärischer ›Befriedigung‹ dienende Methode der Massendeportation zum Instrument für dauerhafte ethnische ›Säuberung‹«. Diese These des Transfers der kolonialen Praxis der Vertreibung nach Europa bleibt letztendlich eine These.

In Kapitel V zeichnet Schwartz den Weg von der Versailler Ordnung zum legitimierten Bevölkerungstransfer durch das Lausanner Abkommen nach. Er arbeitet heraus, dass Zwangsumsiedlungen nicht nur für die Nationalsozialisten, sondern auch für demokratische Regierungen vor, während und nach dem Zweiten Weltkrieg eine gangbare Option wurden. Dies ist unbestreitbar, doch Schwartz' Begründung sicherlich nicht erschöpfend; denn er hebt vor allem auf die »Vorerfahrungen« der Generation, die die Balkankriege 1912/13 und die Massendeportationen des Ersten Weltkrieges miterlebt hatte – unter anderem Hitler, Churchill und Stalin – ab. Seine Interpretation, dass die Umsiedlungen von »Volksdeutschen«

durch die Nationalsozialisten zwischen 1939 und 1941 auf das Vorbild des Lausanner Vertrages zurückzuführen seien, verkennt zudem die situativen Dynamiken von Umsiedlungsprozessen und die spezifischen Interessen der jeweiligen Akteure.

Am Anfang des sechsten Kapitels geht Schwartz der Frage nach, ob das Dritte Reich ein Imperium gewesen sei. Den Unterschied zwischen »Hitlers Imperium« und anderen Imperien verortet er in der exklusionistischen »Rassenhierarchie«. Das »deutsche Rassen-Imperium« habe »nur Menschen ›deutschen Blutes‹ akzeptiert«. Kritisch könnte man hier einwenden, dass immerhin mehrere Hunderttausend nichtdeutsche Männer in den Wehrmachts- oder Waffen-SS-Verbänden im Zweiten Weltkrieg kämpften. Auch mit der Frage, ob NS-spezifische Konstruktionen von »Rasse« und »deutschem Blut« deckungsgleich mit Ethnizität sind, hält sich Schwartz nicht auf, wie die Verwendung dieser Begrifflichkeiten zeigt. Den Terminus »Volksdeutsche« benutzt er gar für von Deportationen betroffene Gruppen im Russischen Reich während des Ersten Weltkrieges, obwohl diese Gruppen zeitgenössisch zumeist als »deutsche Kolonisten« oder »deutsche Bauern« bezeichnet wurden und der Begriff »volksdeutsch« erst in den 1930er Jahren von den Nationalsozialisten zu einer handlungsleitenden Kategorie gemacht wurde. Auch dass der Autor an späterer Stelle »Volksdeutsche« und »Auslandsdeutsche« während des Zweiten Weltkrieges gleichsetzt, obwohl ein eklatanter Unterschied im Besitz der deutschen Staatsangehörigkeit bestand, signalisiert ebenfalls eine Tendenz zur Konstruktion von ethnischer Zugehörigkeit.

Auch Schwartz' Umgang mit Zahlen erstaunt. Im Kapitel zum Zweiten Weltkrieg und seinen Nachwirkungen stützt er sich bei der Anzahl von deportierten Juden und Polen aus dem »Reichsgau Wartheland« und anderer annektierter und besetzter Gebiete auf veraltete, und zudem nicht primär mit Vertreibung und Umsiedlungspolitik befasste Forschungsliteratur. Neuere und quellengesättigte Studien über die NS-Umsiedlungs- und Besatzungspolitik berücksichtigt er nicht. Die Massengewalt gegenüber Juden passt hingegen nur in Schwartz' Konzept der »ethnischen Säuberung«, solange es um Auswanderung und den »Madagaskar-Plan« geht. Die Deportationen von Juden nach Transnistrien werden nur kurz erwähnt, Deportationen der jüdischen Bevölkerung aus den Niederlanden, Norwegen, Frankreich und weiteren europäischen Ländern kommen nicht vor. Obwohl er durchaus einen Zusammenhang zwischen den Deportationen jüdischer und nichtjüdischer Gruppen konstatiert, arbeitet er diese Wechselwirkungen nicht heraus. Die selbstverordnete analytische Grenze der auf Strafverfolgung ausgelegten Definitionen von »ethnischen Säuberungen« und »Genozid« werden an diesen Stellen mehr als deutlich – und damit auch die geschichtswissenschaftliche Konsequenz der Entkontextualisierung.

Im Schlusswort schließlich erwähnt Schwartz einen Aspekt der »ethnischen Säuberung«, den er in seinen vorherigen Ausführungen kaum beachtet hat, nämlich die sozioökonomischen Interessen. Bei modernen ethnischen ›Säuberungen‹ ginge es nicht nur um politische und kulturelle Dominanz, sondern immer auch um eine gewaltsame Umverteilung von materiellen Werten und sozialen Positionen. Er resümiert, dass für »fast alle« seiner behandelten Fälle die Aussicht auf »materielle Umverteilung« ein ausschlaggebender Faktor für die breite »gesellschaftliche Unterstützung einer primär von Eliten aus politischen Gründen vorangetriebenen ethnischen ›Säuberung‹« gewesen sei. Schade nur, dass er diesen Aspekt nicht vertiefend untersucht.

Insgesamt hat Schwartz zwar eine neue Perspektive auf die Geschichte der Vertreibung der Deutschen nach 1945 eröffnet, da er sie in einer *long durée* und in einer globalen Perspektive beleuchtet. Wer sich damit auseinandersetzen möchte, dem sei die Lektüre seines Buches geraten. Eine Globalgeschichte über das Phänomen Vertreibung im 19. und 20. Jahrhundert muss jedoch erst noch geschrieben werden. Und besonders eines zeigt sich deutlich – auf der Grundlage des analytischen Konzeptes der »ethnischen Säuberung« kann dies nicht geschehen, denn der Ansatz simplifiziert die Komplexität.

Alexa Stiller (Bern)

■ Entwicklungspfade in Indien

Corinna R. Unger, Entwicklungspfade in Indien. Eine internationale Geschichte 1947–1980, Göttingen (Wallstein Verlag) 2015, 319 S., 5 Abb., 34,90 €

In dieser Monographie wird untersucht, wie sich die indische Entwicklungs- und Modernisierungspolitik zwischen 1947 und 1980 entwickelte und veränderte. Corinna Unger beschäftigt sich zum einen mit den Entwicklungskonzepten, die die politischen Entscheidungsträger und »Experten« auswählten, und zum anderen mit dem Wissen, das diese Auswahl begründete und die praktische Umsetzung der Konzepte leitete. Der erste Teil des Buches konzentriert sich auf die Bemühungen des jungen indischen Staates, die Landwirtschaft zu modernisieren und die ländlichen Gemeinden zu »entwickeln«. In den 1950er Jahren gab es dafür die sogenannten *community development programs*. In den 1960er und 1970er Jahren wurden dann von der sogenannten Grünen Revolution Wunder erwartet, konkret: die Steigerung der Nahrungsmittelproduktion aufgrund von technischen Innovationen und fortschrittlichen Anbaumethoden. Im zweiten Teil des Buches stehen die Industrialisierung, vor allem der Bau von Staudämmen und Hüttenwerken, sowie die Stadtplanung im Mittelpunkt.

Der Untertitel des Buches lautet »Eine internationale Geschichte«, und das nicht ohne Grund. Unger knüpft in dieser Arbeit an die jüngsten Entwicklungen auf dem Gebiet der *international history* an und liefert dazu einen wichtigen Beitrag. Während sich historische Forschungen im Bereich der internationalen Beziehungen traditionell mit Staaten als Akteuren und ihren wechselseitigen Beziehungen beschäftigt haben, richten Historiker seit kurzem den Blick auch auf nichtstaatliche Akteure. Unger konzentriert sich in der vorliegenden Arbeit nicht nur auf Regierungen, sondern auch auf Organisationen wie die Weltbank und die Welternährungsorganisation sowie auf Unternehmen und Stiftungen wie die amerikanische Ford Foundation und die Rockefeller Foundation. Die indische Regierung hieß die Zusammenarbeit mit diesen Stiftungen mehr als willkommen, da sie lieber Unterstützung von privater Seite als von westlichen Regierungen annahm, denn letzteres wurde von ihr angesichts der gerade erreichten Unabhängigkeit Indiens und seiner Position als blockfreier Staat während des Kalten Krieges durchaus als heikel wahrgenommen.

Das Buch zeigt, dass das Jahr 1947, in dem Indien unabhängig wurde, zwar politisch einen grundlegenden Wandel bedeutete, die grundlegenden Konzepte und Praktiken der Modernisierungspolitik aber bis in die 1960er Jahre davon weitgehend unbeeinflusst blieben. Dies zeigt sich besonders gut an der anhaltenden Popularität eines so flexiblen Instruments wie der Agrargenossenschaft. Gegen Ende des 19. Jahrhunderts in Europa entwickelt, um die »Agrarfrage« zu bewältigen, fand das Modell unter britischer Kolonialherrschaft seinen Weg nach Indien. Nach der Unabhängigkeit gelang es Premierminister Nehru, die Genossenschaft als authentisch indisches Phänomen zu präsentieren, indem er sie mit den vorkolonialen *panchayats*, der ältesten Form der Lokalverwaltung in der Region, verband. Auch für die US-Regierung und private Stiftungen waren Genossenschaften nach dem Zweiten Weltkrieg ein geeignetes Mittel, um die ländliche Armut zurückzudrängen, die Lebensbedingungen zu verbessern und die landwirtschaftliche Produktion zu erhöhen.

Die Attraktivität der Genossenschaft lag im neutralen Charakter des Konzepts begründen, denn es erlaubte allen Akteuren, es auf ihre eigene politische und ideologische Weise zu interpretieren. Während Nehru auf den kollektiven Charakter der Genossenschaft als Instrument der Nationsbildung verwies, betonten amerikanische Organisationen immer wieder den liberal-demokratischen Charakter der Genossenschaft, der verhindern sollte, dass ein Nährboden für den Kommunismus entstünde. Beiden war sowohl eine stark paternalistische Haltung als auch das Bemühen zu eigen, die Lebensbedingungen der Bauern und Landarbeiter zu verbessern, ohne die soziale Stabilität im Land, beispielsweise durch die Einführung von einschneidenden Landreformen, in Gefahr zu bringen.

In den 1950er Jahren wurde die indische Modernisierungspolitik durch eine Betonung der Genossenschaften und die so genannten *community development programs*, die auf politische Bildung ausgerichtet waren, geprägt. Diese Programme umfassten sowohl eine elitäre wie eine gemeinschaftliche Komponente: einerseits waren sie auf die lokale Ebene gerichtet und die Beteiligung der Bevölkerung das Maß für ihren Erfolg. Auf der anderen Seite wurden die Programme von Experten initiiert und gesteuert. In den 1960er Jahren wurde diese Politik zunehmend als zu paternalistisch und nicht ehrgeizig genug kritisiert. Sie musste einem festen Glauben an die Grüne Revolution weichen, an die Rationalisierung und Mechanisierung der Landwirtschaft, die zu einem großen Anstieg der Nahrungsmittelproduktion führen sollte. Dies brachte in verschiedener Hinsicht eine Verschiebung mit sich: von einem sozialwissenschaftlichen zu einem technologischen und naturwissenschaftlichen Ansatz, von einem Schwerpunkt auf dem Kollektiv hin zu einer zentralen Rolle des Einzelnen und seines Alltags. Das Resultat war, dass die Modernisierungspolitik ab den 1960er Jahren technokratischer wurde.

Die zweite Ebene der Modernisierungspolitik bildeten ab den 1950er Jahren Projekte, die zum Ziel hatten, die Industrialisierung und städtische Entwicklung Indiens voranzutreiben. Die indische Wirtschaft wurde mit Hilfe von protektionistischen Maßnahmen vor dem internationalen Wettbewerb geschützt; das sollte dem Land die Möglichkeit geben, eine Wirtschaftsordnung zu entwickeln, die aus zwei Sektoren zusammengesetzt war: einem Sektor, der Konsumgüter herstellte, und einem anderen, der Kapitalgüter produzierte. Die Erfahrungen der Sowjetunion in den 1920er und 1930er Jahren prägten die wirtschaftspolitischen Überlegungen der indischen Regierung. Eine zentrale Stadtplanung, die sich systematisch mit der Modernisierung der Städte beschäftige, entstand erst ein Jahrzehnt später. Die industriellen und städtebaulichen Projekte hatten miteinander gemein, dass sie neben rein wirtschaftlichen Zielen immer auch politische und soziale Veränderungen anstrebten. So war es aus Sicht der westlichen Planer notwendig, indischen Arbeitskräften die ›richtige Arbeitsethik‹ und den ›nötigen Unternehmergeist‹ beizubringen. Der Beirat der Deutschen Stiftung für Entwicklungsländer stellte vor diesem Hintergrund 1963 fest: »Die Menschen in diesen Ländern leben fast durchweg von der Hand in der Mund und denken auch in entsprechenden Kategorien. Will man mit der wirtschaftlichen Entwicklungshilfe Erfolge erzielen, muss in geduldiger, langwieriger Erziehungsarbeit dieses Denken der Menschen umgeformt werden«.

Der Wert der vorliegenden Studie liegt darin, dass sie den Fokus nicht nur auf die *epistemic communities* der beteiligten Experten und das Wissen sowie die Ideen, die sie generierten, legt, sondern auch den Prozess vom Reißbrett bis zur Praxis nachzeichnet. Diese Entscheidung ermöglicht interessante Einblicke. So zeigt sich, dass selbst für die Jahre, in denen die Modernisierungspolitik zunehmend technokratischere Züge annahm (ohne die Einbeziehung derer, für die sie geplant war), man nicht von einer Modernisierungspolitik ausgehen kann, die wie ein hegemoniales Projekt aufoktroyiert wurde. Beispiele aus der Praxis zeigen vielmehr, dass die Realität komplexer war. Es ging nicht nur um eine Änderung der Pläne in der Umsetzung, sondern auch um die Bereitschaft der Fachwelt, örtliche Gegebenheiten und Probleme zu berücksichtigen, lokales und religiöses Wissen zu nutzen und manchmal sogar *Bottom-up*-Initiativen in ihre eigenen Programme zu integrieren. Ländliche und städtische Planung war ein relativ offener Prozess mit mehr Raum für *trial and error* als Planungsgeschichten gemeinhin vermuten lassen.

Unger verwendet daher auch das Konzept des *low modernism*, das Jess Gilbert in Reaktion auf den *high modernism* von James C. Scott geprägt hat, der sich auf autoritäre und gescheiterte Formen staatlicher Planung beschränkte. Der Begriff *low modernism* impliziert eine gewisse Form des Glaubens an Planung, bei der die lokale Ebene und die an den Projekten beteiligten Menschen mitberücksichtigt werden. Die Frage, die sich stellt und die weitere Studien beantworten müssen, ist, ob sich *high modernism* als analytisches Konzept überhaupt für das Verständnis von Planungspraktiken eignet. Es deutet sich an, dass sich auch Formen staatlicher Planung in nicht-demokratischem Kontext – abgesehen von den extremsten Projekten – durch ein gewisses Maß an *planning by doing* auszeichneten.

In der Praxis scheiterten viele der von Unger beschriebenen Projekte, das heißt, sie konnten die Erwartungen, die die Planer in sie setzten, nicht erfüllen. Die Autorin zeigt, dass dafür eine Vielzahl von Faktoren verantwortlich war. Teils waren die Ambitionen zu hoch und ideologisch gefärbt und eine Enttäuschung war unvermeidlich. Teils waren es vor allem Missverständnisse und gegenseitiges Unverständnis bei der Umsetzung, eine träge Bürokratie und starre Hierarchien sowie unzureichend qualifizierte Arbeitskräfte, was jeweils zu praktischen Problemen führte. Unger widerlegt damit das gängige Bild von wirklichkeitsfernen Experten, denen die Verantwortung für das Scheitern großer Entwicklungsprojekte zuzuschreiben ist.

Wie das Beispiel der *Village Level Workers* zeigt, lässt sich keine eindeutige Rollenverteilung zwischen ihnen und den Planungsbehörden ausmachen. Erstere fungierten in den *community development programs* vielmehr als Vermittler zwischen den Behörden und der lokalen Bevölkerung. Diese Beamten hatten selbst einen ländlichen Hintergrund und durch ihre Position einen sozialen Aufstieg erlebt. Allerdings befanden sie sich in einem Dilemma: Sie betrachteten die Umgebung, aus der sie stammten, als rückständig, standen aber gleichzeitig selbst am unteren Rand der Verwaltungshierarchie, weshalb ihre Rolle nicht in einem einfachen Gegensatz zwischen technokratischen Planern und Geplanten gebracht werden kann.

Im Falle der *Village Level Workers* ist es der Autorin gelungen, der Ebene der lokalen Praxis sehr nahe zu kommen. Dennoch wird die Stimme derjenigen, die von den Modernisierungsprogrammen betroffen waren, nur am Rande oder durch den Blickwinkel von Experten wahrgenommen. Das hängt mit einem Problem zusammen, das alle Forscher, die sich mit Planung befassen, zu bewältigen haben: sie müssen sich auf Primärquellen (Berichte, Auswertungen) stützen, die von den Experten in der Regel selbst erstellt wurden. Im Gegensatz zu Kulturanthropologen können sie ihre wichtigsten Akteure nicht mehr befragen. Davon unbenommen ist es Corinna Unger mit dieser Arbeit gelungen, einen wesentlichen Beitrag zur historischen Forschung über Planungs- und Modernisierungspolitik zu leisten, das existierende Bild zu differenzieren und die Komplexität der historischen Realität bloßzulegen.

LIESBETH VAN DE GRIFT (UTRECHT)

■ Oppositionelles Denken zur Nation im ostmitteleuropäischen Samizdat

Gregor Feindt, Auf der Suche nach politischer Gemeinschaft. Oppositionelles Denken zur Nation im ostmitteleuropäischen Samizdat 1976–1992 (Ordnungssysteme. Studien zur Ideengeschichte der Neuzeit; Bd. 47), Berlin/Boston (De Gruyter) 2015, 403 S., 49,95 €

Die Forschung zum osteuropäischen Samizdat und zur Opposition gegen den Staatssozialismus hat sich lange auf deren Beitrag zu den Revolutionen von 1989 und auf Konzepte wie Menschenrechte, Zivilgesellschaft oder die zweite Öffentlichkeit konzentriert (Gordon Skilling, Gale Stokes, Timothy Garton Ash, Barbara Falk). In letzter Zeit haben sich jüngere Forscher wieder den klandestin produzierten Publikationen des osteuropäischen Untergrunds zugewandt (Friedericke Kind-Kovács, Jesse Labov, Jonathan Bolton). Zu diesen kann auch Gregor Feindt gezählt werden. Er postuliert, dass der Samizdat »einen entscheidenden Entwicklungsschritt oppositionellen Handelns und Denkens« dargestellt habe. Feindts Forschungsbeitrag besteht in der Analyse des Konzepts »Nation« in der politischen und historischen Gedankenwelt non-konformistischer Denker in Polen, Ungarn und der Tschechoslowakei.

Er konstatiert, dass »die Nation [...] eine selbstverständliche, ja die offensichtliche Bezugsgröße ihrer Überlegungen zur politischen Gemeinschaft und zur Organisation sozialer Ordnung« gewesen sei. Da sie auch im Staatssozialismus der Machtlegitimation diente, sei zu eruieren, wie Oppositionelle sie für ihre Zwecke umgedeutet hätten. Der Autor geht von zwei Idealtypen *»oppositioneller Nation«* aus: 1.) die ethnisch homogene, national-konservative Variante, die die Faktizität der Nation voraussetzt; 2.) die meist post-revisionistische, liberale Variante einer Wahlgemeinschaft, die sich eher der artifiziellen Konstruktion der Nation bewusst ist.

Auf der Suche nach politischer Gemeinschaft ist in fünf Kapitel unterteilt: Nach der Einleitung zu Literatur, Quellenlage und Theorie zeichnet das erste Kapitel die Entstehungsgeschichte der »Opposition im spätsozialistischen Ostmitteleuropa« sowie Parallelen und Spezifika der drei Länder nach. Das zweite Kapitel, »Aufbrüche mit der Nation«, beschäftigt sich mit dem Verhältnis von nonkonformistischen Theorien nationaler Gemeinschaft zu oppositionellen Aktivitäten. Wie im gesamten Band liegt dabei der Schwerpunkt auf Polen. Anhand einiger Samizdat-Zeitschriften wie *Bratniak* und *Krytyka* und Gruppierungen wie ROPCiO, PPN und KOR kontrastiert Feindt die ideologisch konträren Positionen zu Nation, Gesellschaft, Regime und katholischer Kirche. Mit Blick auf den tschechischen Samizdat benennt der Autor einige paradigmatische Publikationen (unter anderem von Jan Patočka und Petr Pithart), die zunächst die »Kleinheit« tschechischer Geschichte bemängelten. Sie hätten dann versucht, das ihnen zufolge kleingeistige Jammern über ein von Niederlagen geprägtes historisches Schicksal zu überwinden.

Im dritten Kapitel, »Eine neue Vergangenheit der Nation«, beschäftigt sich der Autor mit dem Wandel der »Meistererzählungen nationaler Geschichte«. In Polen habe das 1981 verhängte Kriegsrecht die ideologischen Gräben innerhalb der oppositionellen *Solidarność* vertieft. Zuvor waren konträre Einstellungen zur katholischen Kirche und zu historischen Anknüpfungspunkten wie Roman Dmowski und polnische Heimatarmee – Faktoren, die über ein in- oder exklusives Nationsverständnis entschieden – noch mit national-religiöser Appellation befriedet worden. Es folgen spannende Ausführungen zum tschechoslowakischen Samizdat, die gelungen an die Erklärungen im zweiten Kapitel zur Debatte um die nationalgeschichtliche »Kleinheit« anknüpfen. In der mehrbändigen Samizdatausgabe »Recht auf Geschichte« wandte sich das Autorentrio »Podiven« (Petr Pithart, Milan Otáhal, Petr Příhoda) entschieden gegen Selbstmitleid und »den permanenten ›Selbstbetrug‹ der tschechischen Geschichtsdeutung« und bot eine alternative Allgemeingeschichte, die Traumata wie 1938, 1948 und 1968 integrierte ohne zu überspitzen.

Das vierte Kapitel, »Eine Nation unter anderen«, das sich mit den Beziehungen zu Nachbarnationen beschäftigt, wartet mit Überraschungen auf. So habe man in Polen relativ entspannt, weil »strategisch motiviert«, über eine mögliche deutsche Einheit nachgedacht. Hiermit verband man Hoffnungen auf Sicherheit und die eigene Souveränität. Akzeptanz und Solidarität hätten in den 1980ern auch die verwandten, aber von Feindt getrennt erörterten Diskussionen um Polens Ostgrenze und die Beziehungen zu den östlichen Nachbarnationen Ukrainern, Weißrussen und Litauern charakterisiert. Das Russland-Bild, das notgedrungen Teil der Debatte war, sei erstaunlich differenziert gewesen. Hitziger verliefen die Diskussionen im Samizdat der Tschechoslowakei über die Zwangsmigration der Sudetendeutschen nach 1945: Anstoß war die Veröffentlichung eines Artikels des Slowaken Jan Mlynárik im Ausland, der erstmals Sudetendeutsche als Individuen und Opfer präsentierte. Die folgende Kontroverse offenbarte Vorurteile zwischen Tschechen und Slowaken sowie das Beharren auf vermeintlich historischen Notwendigkeiten und der ausschließlichen Opferrolle der Tschechen. Ungarn spielt in der Untersuchung generell eine untergeordnete, im vierten Kapitel jedoch aufschlussreiche Nebenrolle. Feindt erklärt hier, wie einige Samizdat-Autoren das Eintreten für ungarische Minderheiten in den Nachbarländern dazu nutzten, die Aufmerksamkeit auch auf die »eigenen« Minderheiten, Roma und Juden, zu lenken.

Der Mitte der 1980er in allen drei Ländern geführten Diskussion um Mitteleuropa misst Feindt eine eher geringe Bedeutung zu. Wichtig sei die Mittlerrolle westlicher Intellektueller, einiger Emigranten und Exilzeitschriften (Tamizdat) gewesen. Insgesamt konstatiert Feindt aber, dass »Mitteleuropa« zwar kurzfristig inspiriert habe, letztlich aber nur so lange als Projektionsfläche dienen konnte, »wie die Debatte nicht über einen bereits vorhandenen [...] Konsens hinausging«.

Im letzten Kapitel folgert Feindt, dass die »*oppositionelle Nation*« primär einen »Möglichkeitsrahmen« dargestellt habe, »in dem Nationsvorstellungen formuliert werden und zugleich als oppositionell gelten konnten«. Wie jeder Nationalismus habe sie politische, das heißt hier »oppositionelle Gemeinschaft« gestiftet. Kritisch beurteilt der Autor den Umgang der westlichen historischen Forschung mit den Diskussionen im Samizdat, denen ein genuiner Beitrag zur Ideengeschichte lange abgesprochen worden sei. Ähnliches hat bereits Barbara Falk kritisiert und widerlegt. Die Feststellung, dass es ein Fehler des Westens war, sich auf eine Minderheit westlich-orientierter Dissidenten zu konzentrieren, haben Experten und Insider, zum Beispiel bei Helsinki Watch und European Nuclear Disarmament, schon bei Zeiten gemacht.

Letztlich attestiert Feindt dem Entwurf der oppositionellen Nation zwar eine temporär erfolgreiche, aber begrenzte Wirkkraft. Er konstatiert, »dass der oppositionelle Beitrag zur Idee der Nation in der Verarbeitung von Heterogenität lag«. Die ideologisch diverse Zweckgemeinsaft war jedoch wenn nicht schon 1989 dann spätestens Anfang der 2000er nichtig geworden, als späte Anhänger nationalistisch-exklusiver, anti-westlicher Narrative die Oberhand gewannen. Somit liegt Feindts Beitrag eben darin, gegen eine »Missachtung konservativ, national orientierter oder gar autoritärer Spielarten des ostmitteleuropäischen Nonkonformismus« zu argumentieren.

Die Diskussion um Mitteleuropa, Nachbarn und Minderheiten stellt Feindt primär als »Dialoge innerhalb einer Nation über andere« dar. Einer starken Betonung von Interdependenzen und gegenseitigen Einflüssen steht er skeptisch bis ablehnend gegenüber. Diese Sicht, die auf dem fast ausschließlichen Bezug auf den Samizdat basiert, hätten Interviews wahrscheinlich justiert. Auch die in Paris redigierte ungarische Zeitschrift *Magyar Füzetek* fehlt, welche beispielhaft die polnisch-ungarische Solidarität illustriert hätte. Die Bedeutung der »Roma-Frage« für die ungarische Demokratische Opposition sowie das kritische akademische Establishment, besonders der Soziologie, schätzt er fälschlich als gering ein.

Lobend sollen Struktur und Stil hervorgehoben werden: jedes Kapitel ist übersichtlich aufgebaut sowie überzeugend eingeführt und abgerundet. Nur die Nummerierung hätte leserfreundlich überarbeitet werden können. *Auf der Suche nach politischer Gemeinschaft* ist eine überzeugende, in sich schlüssige Analyse der Entwicklung ostmitteleuropäischer, oppositioneller Nationsvorstellungen. Die Leistung liegt nicht nur im transnationalen Vergleich, sondern gerade in der differenzierten Analyse der unterschiedlichen Positionen innerhalb der drei Länder. Feindt ergänzt die vorhandene Literatur überzeugend. Studierende der osteuropäischen Zeitgeschichte und andere, die sich für die aktuelle politische Lage interessieren, sollten das Buch lesen.

Victoria Harms (Marburg)

Popgeschichte

Alexa Geisthövel/Bodo Mrozek (Hg.), Popgeschichte. Band 1: Konzepte und Methoden, Bielefeld (transcript) 2014, 280 S., 29,99 €
Bodo Mrozek/Alexa Geisthövel/Jürgen Danyel (Hg.), Popgeschichte. Band 2: Zeithistorische Fallstudien 1958–1988, Bielefeld (transcript) 2014, 384 S., 34,99 €

Mit der Feststellung »Ohne Pop keine Zeitgeschichte« plädieren die Herausgeber/innen der vorliegenden Bände für eine systematische Einbeziehung der Popkultur in die Zeitgeschichtsschreibung. Ohne eine Reflektion von popkulturellen Phänomenen seien »die Massendemokratien der zweiten Hälfte des 20. Jahrhunderts nicht mehr angemessen zu beschreiben«. Man mag darüber stolpern, dass Popkultur hier schon a priori als Phänomen demokratischer Gesellschaften interpretiert wird (was in den empirischen Fallbeispielen – etwa in Hinblick auf die DDR – durchaus gebrochen wird). Der Feststellung selbst und der hiermit verbundenen Forderung nach einer konzeptionellen Verständigung über methodische und theoretische Ansätze, Frageperspektiven und spezifische Herausforderungen des Quellenzugriffs kann man jedoch uneingeschränkt zustimmen.

Die Beschäftigung mit unterschiedlichen Kulturen des »Populären« hat in der Geschichtswissenschaft eine lange Tradition, und auch das Bewusstsein für die historische Relevanz popkultureller Phänomene ist mittlerweile fest etabliert. Trotzdem stellt die Forderung, »Pop« als integralen Bestandteil einer Kulturgeschichte des Politischen aufzufassen, durchaus eine Herausforderung für die Geschichtswissenschaft dar. Dies gilt in doppeltem Sinne: Für Zeitgeschichte heißt es, popkulturelle Phänomene nicht nur in ergänzend-illustrativer Perspektive aufzugreifen. Für die Popgeschichte bedeutet es, ihre Fragenstellungen und Erkenntnisse in den Kontext einer Politik-, Sozial- und Kulturgeschichte des 20. Jahrhunderts zu verorten. In Abwandlung des programmatischen Beginns der Einleitung lässt sich also auch formulieren: Ohne Zeitgeschichte keine Popgeschichte.

Das Werk teilt sich in zwei Bände mit insgesamt 27 Aufsätzen. Während der erste Band unter dem Schlagwort »Konzepte und Methoden« verschiedene Forschungsperspektiven und Anknüpfungspunkte zu anderen Feldern der Zeitgeschichte aufzeigt, enthält der zweite Band Fallstudien zu den 1950er bis 1980er Jahren. Im ersten Band werden zentrale Begriffe und Kategorien wie Geschlecht (Uta G. Poiger), Generationalität (Lu Seegers) und Subkultur (Bodo Mrozek) sowie Forschungsfelder wie Politikgeschichte (Detlev Siegfried), Körpergeschichte (Alexa Geisthövel), Technikgeschichte (Heike Weber) oder Emotionengeschichte (Henning Wellmann) diskutiert.

Die einzelnen Beiträge können im Folgenden nicht im Detail vorgestellt werden. Angesprochen sei hier der Aufsatz von Lu Seegers zur Verbindung von »Pop und Generationalität«, weil er exemplarisch das Potenzial eines popgeschichtlichen Ansatzes verdeutlicht. Seegers bezieht sich in ihrem Beitrag auf eine breite Definition von Pop und analysiert Musik, Mode, Zeitschriften und spezifische Gemeinschaftserfahrungen als Marker der generationellen Distinktion, nicht zuletzt in Abgrenzung zur Generation der Eltern. Ihr Aufsatz zeigt äußerst überzeugend, wie der Blick auf Phänomene der Pop- und Konsumkultur das klassische Konzept der – männlichen und bürgerlichen – »politischen Generationen« hinterfragen und für andere Erfahrungsdimensionen öffnen kann – nicht zuletzt auch für Formen der »stillen Generationalität«, die nicht über die Bezugnahme auf politische Großereignisse gestiftet wurden.

Der zweite Band beinhaltet empirische Fallbeispiele, in denen die dargestellten Kategorien und Schlüsselbegriffe in produktiver Weise aufgegriffen werden. Einige der hier wiederkehrenden Bezugspunkte wie Medien, Konsum oder Jugend sind wenig überraschend. Interessante Verbindungen ergeben sich jedoch, sobald sich Kategorien wie »Raum«, »Körper« oder »Technik« über die verschiedenen Fallstudien hinweg weiterverfolgen lassen. So zeigen die Aufsätze zu Ostberliner Beatfans, dem Londoner Notting Hill Carnival und den westdeutschen Diskotheken der 1970er Jahre jeweils, wie urbane Räume durch unterschiedliche Akteure angeeignet wurden. Der Beitrag von Sebastian Klöß zum Notting Hill Carnival erklärt beispielsweise die Genese des Straßenfestes als Reaktion auf britische *race riots* der späten 1950er Jahre und als Mittel der Identitätsbildung der vor allem karibischen Community des Stadtviertels. »Pop« war in diesem Kontext eher ein Schimpfwort und verwies auf eine vermeintliche Kommerzialisierung des Festivals, das nach Wahrnehmung der Akteure auf diese Weise seine kulturelle Identität eingebüßt habe.

Die Bearbeitung, Nutzung und Inszenierung des eigenen Körpers verbindet die Aufsätze zu deutschen und französischen Rock'n'Roll-Fans mit Beiträgen zu Diana Ross und den Supremes oder der frühen bundesrepublikanischen Punk-Szene. Florence Tamagne zeigt beispielsweise, wie in Frankreich in den frühen 1960er Jahren neue Körperpraktiken des Tanzens auf Rock'n'Roll-Konzerten und anderen Massenveranstaltungen als Ausdruck gewalttätigen Chaos und krimineller Ausschreitung wahrgenommen und als *moral panic* einer körperlich enthemmten Jugendgeneration interpretiert wurden.

Technischer Wandel und Ökonomisierung lassen sich sowohl für die Entstehung neuer Radiostationen in den USA der späten 1960er Jahren, der Markteinführung der Maxi-Single im Kontext der Discokultur oder der »Erfindung der Weltmusik« in der zweiten Hälfte der 1980er Jahre in den Blick nehmen. Im letztgenannten Beitrag zeigt Glaucia Peres da Silva beispielsweise, wie »Weltmusik« am Ende der 1980er Jahre als Marketing-Kategorie etabliert wurde, um ein sehr diverses Feld von Musikstilen für den westlichen Konsummarkt zu bündeln. Während viele Protagonist/innen dabei das Ziel verfolgten, nichtwestlichen Musiker/innen größere Aufmerksamkeit zu verschaffen, wurde gleichzeitig diskutiert, inwiefern in dieser Kategorisierung auch Tendenzen einer neokolonialen Bevormundung und Inszenierung des vermeintlich Authentischen lagen.

Schon diese kurze Vorstellung der Beiträge deutet an, wie vielfältig die empirischen Beispiele sind. Liest man beide Bände als theoretisch-programmatische Bestandsaufnahme, so bleibt der Eindruck jedoch etwas ambivalenter: Auf der einen Seite wird durchaus der Anspruch erhoben, das Feld der Popkultur systematisch für die Geschichtswissenschaft zu erschließen. Eine sich hieraus ableitende Theoriebildung wird jedoch – mit durchaus nachvollziehbaren Gründen – eher zurückgewiesen. In der Tat kann man der Wahrnehmung zustimmen, dass Pop im akademischen Feld »übertheoretisiert« und »empirisch unterforscht« sei und der wichtigste Beitrag der Geschichtswissenschaft daher in einer möglichst differenzierten Analyse konkreter Fallbeispiele und Zusammenhänge liege. Auf diese Weise bleibt jedoch die Frage, mit welchem Gegenstand man es bei der Popgeschichte zu tun hat, zum Teil unklar. Eine sehr weite Definition (etwa im Sinne von: das Populäre) lässt sich ebenso herauslesen wie eine enge Eingrenzung, die vor allem auf die Popmusik der vergangenen sechs Jahrzehnte fokussiert. Der Ansatz, Pop als Quellenbegriff zu analysieren, ist einem historischen Zugang natürlich affin, steht aber in gewisser Spannung zu dem formulierten Ziel, die Popgeschichte als ein Analysekonzept in die Zeitgeschichte einzuführen – und damit dem Anspruch, nicht nur mediale Selbstproklamationen zu reproduzieren, sondern auch nach heterogenen Aneignungsformen zu fragen.

In den Fallbeispielen spiegelt sich diese Tendenz, Pop als historischen Gegenstand eng an zeitgenössische Zuschreibungen zu binden. Das zeigt sich an einem gewissen Übergewicht an Beiträgen, die auf Popmusik als zentrales Phänomen verweisen (wobei die meisten Beiträge jedoch deutlich machen, dass es sich hierbei eben nicht nur um Musik, sondern um ganz unterschiedliche Formen der Subjektivierung handelt – beispielsweise über Kleidung, einen spezifischen Habitus oder konkrete Orte der Vergemeinschaftung). Ebenso lässt sich ein klarer Fokus auf Nordamerika und Europa feststellen, der nur an wenigen Stellen durchbrochen wird. Folgt man einer zeitgenössischen

Verwendungsweise des Begriffs, so ist diese Schwerpunktsetzung folgerichtig. In der Verwendung als Analysekategorie ließe sich jedoch durchaus fragen, ob sich im globalen Kontext auch alternative Formen von Pop auffinden ließen. Hier hätte ein global geweiteter Blick – beispielsweise auf Ästhetik und Ökonomie des indischen Mainstream-Kinos, die Rezeption von Rap-Musik in Afrika oder die hoch diversifizierten japanischen Popkulturtraditionen – ein irritierendes Potenzial entwickeln können, das sich auch für die theoretisch-methodischen Überlegungen hätte fruchtbar machen lassen. Der Beitrag von Marcel Streng zur westdeutschen Rezeption asiatischer Kampfkünste deutet dieses Potenzial an.

Zuletzt kann man wohl auch eine gewisse Beschränkung auf popkulturell verifizierte Künstler konstatieren: Obwohl Pop immer wieder damit spielt, die Grenzen zwischen Populär- und Hochkultur zu verwischen, werden auch in der Popkultur klare Grenzen zwischen anerkannten und nicht anerkannten Künstler/innen und Kunstformen gezogen. Folgte man also der Definition von Pop als Sammelbegriff heterogener Ausprägungen populärer Kultur, so ließe sich feststellen, dass Leben und Werk von Roger Whittaker, Garth Brooks oder Dieter Thomas Heck weiterhin auf eine popgeschichtlich informierte zeithistorische Analyse warten.

Diese Anmerkungen schmälern nicht die immense Leistung der Bände, sondern zeigen, wie groß das Feld ist, das sich hier eröffnet. Die Bände erschließen für den deutschsprachigen Raum zum ersten Mal systematisch den Bereich popkultureller Fragestellungen in der Zeitgeschichte und liefern sowohl Bausteine einer theoretisch-methodischen Fundierung als auch empirisch gesättigte Fallbeispiele. Sie werden mit Sicherheit eine Reihe weiterer Forschungen stimulieren.

Benjamin Möckel (Köln)

Abstracts

Christoph Augustynowicz
Decay, excommunication and holiness between West and East. The belief in Vampires as religious-syncretic phenomenon?

This article pursues the question, to which extent imaginations about vampires added to Europe's mental map along the vector of Western (»progressive«) and Eastern (»backward«) European dichotomy. The analysis focuses on two aspects: The constitution of inclusion, exclusion, and delimitation in terms of civilization and their manifestation in the vampire-figure on the one hand, and their dismantling and correction by ambivalent and syncretic phenomena, embodied by the vampire, on the other hand. The article deals with: 1) Practices of creation of meaning: Where and under which circumstances did beliefs in vampires exist and how was the discourse of vampirism created in this respect? 2) Conflicts and coexistences: Between which patterns of interpretation do the belief in and the discussion about vampires create delimitations and unambiguities, yet also syncretisms and ambivalences?

Anja Burghardt
Holy Workers and Cathedralesque Factories. Syncretism in the Journal *Sovetskoe foto* (1960s–1970s)

A peculiar feature of the photographs of workers and factories in the journal *Sovetskoe foto* during the 1960s and 1970s is the recourse to patterns of depiction, which are familiar from depictions of the sacred in art. Thus e.g. factories are reminiscent of cathedrals or the cupolas of baroque churches, and postures of workers remind one of saints; the captions cite icons and others genres of religious art. The paper argues that those (groups of) persons, who are depicted in such a way, are thereby elevated and marked off as praiseworthy. Being the official organ of the journalists' and photographers' union of the USSR, the journal was in line with the official antireligious stance and politics of the state. In this sense the journal is an example of syncretism, i. e. an insoluble interweaving of sacred and secular elements.

Axel Doßmann
The Remake *Naked Among Wolves* (2015). On the Limits of Emotional Realization and Historical Justice in Germany's Public Television

Nico Hofmann has taken the opportunity provided by a new critical edition of the GDR's worldwide bestselling novel *Naked Among Wolves* (1958) by Bruno Apitz to produce another filmic adaptation for Germany's first public television channel ARD. In their filmic adaptation of 1963, East Germany's DEFA had turned the adventurous story of how a Jewish child in Buchenwald concentration camp was saved by members of the camp's Communist underground into an icon of Socialist realism. In that film, Buchenwald symbolizes the victory of the Communist International over Fascism. ARD's remake draws a very different picture of the prisoners' fatherly love for the child and the brutal terror meted out by the SS, and it particularly stresses the moral price that prisoner functionaries had to pay for maneuvering in the »gray zones« of a concentration camp. With its many historical details and accurate costumes the remake claims to be »authentic«; however, the novel's mythical story gets in the way of an enlightening presentation of a historical subject. ARD's remake commits new historical injustices and fabricates sentimental images of German father-martyrs saving Jewish concentration camp inmates. The review analyses the remake as an example of the current tendency in Germany's *Geschichtskultur* to depoliticize and privatize the reasons for resistance and humanity.

Thomas P. Funk
»Like moving pictures at the cinema«. Epistemes of Cinematographic Objectivity in the Records of Therese of Konnersreuth's Visions

From the late 1920s on to her death, Therese Neumann of Konnersreuth, Bavaria (1898–

1962), was well-known as a stigmatist and victim soul. Venerators were convinced that her repetitive visions of the passion of Christ – more than 700 in 36 years – were exact re-enactments of Christ's real historic suffering and death. My article reconstructs the way her friends – priests, theologians and noblemen of the »Konnersreuther Kreis« (Konnersreuth Circle) – reported on her visions, manufacturing an increasingly consistent chronological narration. In the making, the text was purified from traces of the process of production, especially those of Therese Neumann's interactions with her reporters. I focus on the inherent tension between references to the »epistemic virtue« (Lorraine Daston) of mechanical objectivity that claims to be value-free, and the virtue of the »eyewitness« who verifies truth by the authenticity of his subjective confession. I understand the entanglement of these arguments as a strategy to both defend the transcendent truth of Catholic faith and criticize the immanent framing of modern science with its own devices. The numerous comparisons of Therese's visionary experience with cinematography can be understood as the reporters' efforts to mediate between pretensions to scientific objectivity and their »authentic« experience of numinous presence – a presence which urged them to leave their standpoint of scientific observers and take action.

Klaus Kempter
Robert Kurz, »critique of value« and the radical theory of society, or: why Karl Marx is still relevant for historiography

Robert Kurz (1943–2012) is known for his reading and interpretation of Karl Marx's theory, a crucial contribution to the »critique of value« paradigm, which he developed as an independent scholar, outside of academe. Turning against the traditional Marxism of modernization, class struggle and the transhistorical philosophy of history, he focuses on the »esoteric« Marx who conceived of modern society as a fetishistic totality, dominated by the blind automatic subject of the valorisation of value.

The present contribution contextualizes Kurz's voluminous work. It enriches the ongoing theory-oriented historical debate by incorporating Kurz's ideas about the genesis of the capitalist mode of production, the history of its implementation and its further progress, its crises and foreseeable demise. In this reading, Marx's work is still fundamentally relevant for the understanding of modernity.

Michael G. Müller
Orthodoxy and Syncretism in the protestant context. Negotiating Protestant Orthodoxy in Gdansk in the Late 16th Century

This case study of confessional conflict in late 16th Century Gdansk enquires into how confessional (protestant) orthodoxy was defined and demarcated in the local/regional context in the post-Reformation period. Main-stream historiography on the Reformation in Central Europe suggests that, by the 1570s, the boundaries between the protestant confessions were rather clearly defined, and that lay authorities were more or less free to establish the confessional order of their choice in the given protestant territory – according to the principle of *cuius region eius religio*. The present study challenges these views in two respects. It demonstrates, on the one hand, that even in the late 16th century there was nothing like a clear-cut model of protestant orthodoxy (whether Lutheran or Calvinist), and that the confessional profiles of territorial churches much rather emerged from local/regional negotiation processes. On the other hand, it shows that in these negotiation processes it could become highly controversial who would have the authority to define orthodoxy: While academic theology claimed authority, and local or regional magistrates used their prerogatives in order to implement ecclesiastical discipline, it could also happen that ›the common man‹ insisted on their own understanding of the true faith and enforced a re-definition of the community's confessional profile.

AUTORINNEN UND AUTOREN

Christoph Augustynowicz
ist Historiker und ao. Univ.-Professor an der Universität Wien. Forschungsschwerpunkte: Beziehungen der Habsburger zum östlichen Europa in der Frühen Neuzeit; galizisch-polnische Grenzraumforschung; Sozialgeschichte Polen(-Litauens) unter besonderer Berücksichtigung der Juden; Bilder und Stereotype des östlichen Europa (Vampir(ismus)glaube); Historiographiegeschichte (Ostmitteleuropa-Konzeptionen).
E-Mail: christoph.augustynowiczt@univie.ac.at

Anja Burghardt
ist Slavistin, promovierte über die Lyrik der russischen Dichterin Marina Cvetaeva (1892–1941) an der Universität Salzburg. Sie war wissenschaftliche Mitarbeiterin in der DFG-Forschergruppe *Narratologie* (Universität Hamburg), an der Universität Salzburg, ein Semester *Research Fellow* am IFK (Wien), seit 2015 ist sie Akademische Rätin am Institut für Slavische Philologie an der LMU München. Forschungsschwerpunkte: russische Photographie, russische und polnische Literatur (v. a. des 19. und 20. Jahrhunderts), Literaturtheorie.
E-Mail: anja.burghardt@lmu.de

Axel Doßmann
ist Historiker und Akademischer Rat (auf Zeit) am Lehrstuhl für Geschichte in Medien und Öffentlichkeit an der Friedrich-Schiller-Universität Jena. Forschungsschwerpunkte: Mediengeschichte von Gesellschaftsverbrechen, Gestaltung von Geschichte im Hörfunk, Film und Museum sowie Zeugenschaft und Erfahrungsgeschichte in Wissenschaft, Bildung und Kunst.
E-Mail: axel.dossmann@uni-jena.de

Thomas P. Funk
ist Ethnologe und Religionswissenschaftler, promoviert am Institut für Europäische Ethnologie der Humboldt-Universität zu Berlin zum Thema: *»Sakrale Landschaft« Konnersreuth. Konkurrierende Raumproduktionen zwischen religiöser Verehrung, Kulturerbe und touristischer Inwertsetzung.*
E-Mail: thomas_p_funk@gmx.de

Klaus Kempter
ist Historiker und Geschäftsführer der Neuphilologischen Fakultät der Universität Heidelberg und lehrt als Privatdozent am dortigen Historischen Seminar Neuere Geschichte.
E-Mail: kempter@uni-hd.de

Jan Kleinmanns
ist Historiker und arbeitet an der RWTH Aachen am Institut für Geschichte, Theorie und Ethik der Medizin. Er ist Doktorand an der Universität Bonn mit dem Thema *Öffentlichkeit und Eigen-Sinn im DDR-Breitensport.*
E-Mail: kleinmanns@uni-bonn.de

Michael G. Müller
ist Frühneuzeithistoriker und Professor für Osteuropäische Geschichte an der Martin-Luther-Universität Halle-Wittenberg. Forschungsschwerpunkte: vergleichende Verfassungs-, Sozial- und Kulturgeschichte Ostmitteleuropas vom 16. bis 19. Jh. Aktuelles Projekt: Bekenntniskonflikte und Religionsfrieden in Mitteleuropa im 16. Jh.
E-Mail: michael.mueller@geschichte.uni-halle.de